ゲオルグ・フォン・クロー
ヨハン・ルース 著

オーガニゼーショナル・エピステモロジー

髙橋量一
松本久良 訳

文眞堂

ORGANIZATIONAL EPISTEMOLOGY

by

Georg von Krogh & Johan Roos

© Georg von Krogh and Johan Roos 1995
Letter © Kenneth R. Slocum 1995

First published in English by Palgrave Macmillan, a division of Macmillan Publishers Limited under the title Organizational Epistemology by Georg von Krogh and Johan Roos. This edition has been translated and published under license from Palgrave Macmillan. The authors have asserted their right to be identified as the authors of this Work. Japanese translation rights arranged with Palgrave Macmillan, a division of Macmillan Publishers Limited, Hampshire through Tuttle-Mori Agency, Inc., Tokyo

訳者まえがき

　本書 ORGANIZATIONAL EPISTEMOLOGY は，ゲオルグ・フォン・クローとヨハン・ルースによる大胆かつ挑戦的な力作である。

　本書の著者の一人であるゲオルグ・フォン・クローは，マネジメントに関する広範な領域に関心を寄せているようだが，やはりその中心はなんと言ってもナレッジということである。彼は本書を執筆した後に近著「ナレッジ・イネーブリング」（原著は英語版の *Enabling Knowledge Creation*，共著）を上梓したが，同書は全米出版協会による 2000 年度「最優秀ビジネス書賞」に輝いている。

　そこではナレッジのマネジメントにかわってイネーブリング（実現可能にすること）という概念が強調されている。そして，同書は「知識創造企業」（*The Knowledge-Creating Company*）（野中・竹内著）の続編に相当すると明言しているが，それは方法論としての知識創造ということをより実践に応用可能にする道を開くことを狙っている。その意味においては，知識の創造・創出から創出した知識の実現・展開へという見方もできるであろう。

　ひるがえって，こうした一連の流れから鑑みると本書はゲオルグ・フォン・クローによるものなのだが何か異質なものに見えてくるのではなかろうか。結論から言うと，本書は近著よりもより川上の源流に近いところにあるという表現が可能なのではないか。本書でも知の（自己）創出や展開ということがキーとなっているが，源流付近でいかにして社会および個人の知が展開し組織知が湧き出てくるのか，こうしたことをオートポイエーシス理論を基軸にして語りかけてくるのが印象的である。

　本書（原著）が世に出てからしばらくが経過しているので，そろそろ「ナレッジ・イネーブリング」と同じようにエピステモロジーの続編を（その実践編ということではなくてよいが）期待するところである。知識創造という考え方が経営の枠を超えてなお広がりつつある中，こうした新しいオーガニゼー

ショナル・エピステモロジーについて深く考えることは意義があるにちがいない。

　ヨハン・ルースは，複雑系研究で知られるマイケル・リーサックとの共著 *The Next Common Sense*（邦訳「ネクスト・マネジメント」）で知られている。彼は2000年にスイスにイマジネーション・ラボ・ファウンデーション（Imagination Lab Foundation）という研究機関を創設し代表をつとめている。また，2007年からはEuropean Academy of Management（EURAM）の協力のもと，イノベーティブな研究成果に対してイマジネーション・ラボ賞を贈呈し主に若手研究者の育成に貢献している。

　本訳書を完成させるプロセスにおいて全体を通して何度も読み合わせをし問題点を修正し合ったが，最終的にとりわけ髙橋が第1・3・5・6章を松本が第2・4・7・8・9・10章の責任を持つこととなった。そして，亜細亜大学大学院生の矢吹円氏には文書の管理などでお世話になった。

　また，本書は哲学から自然科学まで多様な知識が援用されているが，不自然な訳出があればそれは経営学が専門のわれわれ訳者の門外漢ゆえの稚拙である。御容赦頂きたい。さらに理解の一助となればとの思いから巻末に厚かましくも特別寄稿論文なるものを掲載させて頂いた。御一読いただけたら幸甚です。

　訳者の共同作業と本訳書が世に出る機会，および助言と激励を頂戴した法政大学経営学部 遠田雄志教授に心より感謝申し上げます。

　最後に，この挑戦的な訳書の出版にあたって常に寛容な対応をしてくださった文眞堂および前野隆氏に感謝申し上げます。

　本訳書の読者の皆様方の自己言及の旅が実り多いものとなりますように。

訳者　髙橋量一　松本久良

目　　次

訳者まえがき
図表目次 …………………………………………………………………… iv
序文　Kenneth R. Slocum ………………………………………………… 1

第1章　組織知という概念について …………………………………… 3

　　イントロダクション ………………………………………………… 3
　　われわれは何を知るのか？ ………………………………………… 4
　　組織知 ………………………………………………………………… 6
　　本書の概要 …………………………………………………………… 7

第2章　これまでのオーガニゼーショナル・エピステモロジー … 9

　　哲学の中のエピステモロジー ……………………………………… 9
　　オーガニゼーショナル・エピステモロジー ……………………… 12
　　コグニティビストのエピステモロジー …………………………… 15
　　コネクショニストのエピステモロジー …………………………… 25

第3章　オートポイエーシス・システム …………………………… 38

　　レンズ ………………………………………………………………… 38
　　オートポイエーシス・システムの特徴 …………………………… 40
　　適用上の注釈 ………………………………………………………… 48

第4章　組織知—個人の組織知（と社会の組織知）— ……………… 55

　　組織の知 ……………………………………………………………… 55
　　知の具現化 …………………………………………………………… 56

　　　　知，弁別，価値，そして自己言及の基本 …………………………… 60
　　　　個人知としての組織知 ……………………………………………… 63
　　　　（社会知としての組織知） …………………………………………… 69

第 5 章　スケーリング理論で（社会の組織知を）読み解く ……… 78

　　　　スケールを理解する ………………………………………………… 78
　　　　スケール横断的に相似であるスケーリング ……………………… 84
　　　　組織とマネジメント研究における自己相似性に関する考察 …… 92
　　　　オートポイエーシスは，自己相似的でありうるか？ …………… 96

第 6 章　組織知と言語化 ……………………………………………………105

　　　　世界は言語によって生み出される …………………………………105
　　　　語の用法 ………………………………………………………………109
　　　　組織における議論 ……………………………………………………116
　　　　言語化の安定 …………………………………………………………129

第 7 章　言語化とその先にあるもの ……………………………………143

　　　　テキストと社会の組織知 ……………………………………………143
　　　　組織と環境 ……………………………………………………………149

第 8 章　組織知の展開の妨げとなるもの ………………………………160

　　　　妨害の 3 要因 …………………………………………………………160
　　　　コミュニケーションの非作動 ………………………………………160
　　　　同意にとっての障壁 …………………………………………………162
　　　　自己相違 ………………………………………………………………165

第 9 章　オーガニゼーショナル・エピステモロジーの未来 ………169

　　　　方法論 …………………………………………………………………169
　　　　組織知を研究するに際して …………………………………………171
　　　　組織の閉鎖性について ………………………………………………173

第10章　新しいエピステモロジーの実例：センコープ社（SENCORP）のマネジメント・モデル ……………… 177

 イントロダクション ……………………………… 177
 センコープ社 ……………………………………… 177
 マネジメント・モデルおよび理論に共通するテーマ …… 178
 センコープ社のマネジメント・モデルとその展開 ……… 182
 センコープ・モデルから得られるもの ………………… 195

後記：最後の自己言及 …………………………………… 201

特別寄稿論文

知のニュー・フロンティアへ …………………… 髙橋　量一 … 203
 ―21世紀の組織認識論―

 ジレンマ，トリレンマの狭間で ………………………… 203
 生命メタファーのニュー・フロンティア ……………… 204
 Weick 理論との高い共通性 ……………………………… 211
 機能主義と解釈主義の相克を越えて …………………… 221

ニュー・オーガニゼーショナル・エピステモロジー …… 松本　久良 … 227
 ―その整理と意義―

 メタファー・パラダイムと組織論 ……………………… 227
 Krogh & Roos 理論とオートポイエーシス ……………… 230
 自己言及性と組織の境界 ………………………………… 234
 オーガニゼーショナル・エピステモロジーと実践 …… 242
 結びにかえて ……………………………………………… 248

参考文献 …………………………………………………………… 252
索引 ………………………………………………………………… 271

図表目次

図表 6.1　　言語化の変遷 ………………………………………………113
図表 6.2　　一般的な議論 ………………………………………………118
図表 6.3　　自己相似的な議論の原理 …………………………………125
図表 10.1　　根源的な知の連続性(i) …………………………………183
図表 10.2　　根源的な知の連続性(ii) …………………………………184
図表 10.3　　２つのマネジメントの諸特性 …………………………187
図表 10.4　　２つのマネジメントの方法論の比較 …………………188
図表 10.5　　A・B・Cそれぞれの内部プロセス ……………………189
図表 10.6　　ポピュレーション・バルブ(i) …………………………190
図表 10.7　　ポピュレーション・バルブ(ii) …………………………190
図表 10.8　　知のスケールの比較 ……………………………………192
図表 10.9　　組織構造の比較 …………………………………………194
図表 10.10　　企業知のベースとなるもの ……………………………195
図表 10.11　　知のプロセスにおけるデータとインフォメーションとの関係
　　　　　　………………………………………………………………199

序　文

親愛なる読者の皆様へ

　　　　　　　1994 年 11 月 11 日　ニューメキシコ州サンタフェより

　本書の背景およびパースペクティブをご理解いただくために，巻頭にひと言ご挨拶申し上げたいと思います。人はどのようにして物事を知るようになるのか，本書はまさにこのことについて書かれています。

　これを書いている今，（著者の）Georg von Krogh, Johan Roos の両名と，第 10 章に参画しこの序文を書かせていただいているわたくし Kenneth R. Slocum は，ここニューメキシコ州にあるサンタフェ研究所で開催されている実務家と研究者が一堂に会する学会にそろって出席しているところです。学会での議論のテーマは，微生物学からマクロ経済学，さらにその中間に位置するものまで，実に様々なスケールの学問領域に及んでいます。

　この学会に参加することによって何か価値あるものが会得できるのではないか，このように 3 人ともが期待しているはずです。とはいうものの，何を得られるのか，そうした知見を得ようとすればどの道を行ったらよいのか，これを確信し得る者はいないはずです。しかし確かに言えることがあります。それは，そうした知を獲得しようとするプロセスこそが重要である，ということです。

　そうしたプロセスはわたしたち 3 人それぞれの間でよく鍛え上げられているし，それについてよく理解もされているはずです。わたしたちは，プロセスから何が生起するかなんて前もって分かるすべもありません。わたしたちはただここで注意深く耳を傾け，そして聞いたと思うことについて互いに話し合うことしかないのです。

　わたしたちは理解・吸収した事柄についてそれぞれが自分の個人的見解を差し出す，するとそれが他者の見解を育てることに貢献することになるのです。

そうしたことを根気よく繰り返すことによって，過去の理解の上に予期せぬ思考の小枝が新たに育って伸びてくるのです。

　本書は，それぞれ異なるスケールを持ちながらもプロセスを同一化する著者たちの産物であるとも言えるでしょう。本書は（KroghとRoosによって）注意深く練り上げられた産物でありますが，それはそれぞれの著者が日頃から考え語っていることが融合されるよう企図されたものなのです。そのような本書を御堪能いただき，思いをめぐらせていただき，語り合っていただけたら幸甚です。

愛を込めて
Kenneth R. Slocum

第1章
組織知という概念について

イントロダクション

　本書の目的は，組織知についての理解を促進する観察スキームを提示することにある。そのために本書では，個人的および社会的レベルでの組織知の展開について，具体的に，詳しく解説し，議論している。この観察スキームが意図しているのは読者の知的展開である。とはいえ，組織知の展開に関して，本書で述べられていることが疑いようのない「真実」であるなどというつもりは毛頭ない。本書は，そうしたスキームを展開しようとする著者達の処女航海であり，現時点における素朴なレポートにすぎないとも言える。このような研究は今後も続けられていくにちがいない。

　われわれは，個人的知識と社会的知識に分けて，双方の特性を論じるべきであると考えた。そのために，本書では以下の2点を試みた。第1に，伝統的な用語に囚われずに知の特性を記述できる言葉を編み出すことである。第2に，組織知を生成する，何度も繰り返される厄介で複雑なプロセスを記述できる言葉を編み出すことである。適切な概念を編み出すことができて初めて，組織知という概念をイメージできるようになると考えているからである。こうした着想は，オートポイエーシス理論とスケーリング理論から導かれた。本書で提示されるこれらの用語や概念が，読者が組織知について自分なりのイメージを描く際の端緒にでもなれば幸いである。もちろん，それらのどれに意味があるのかないのかを決めるのはあなたが読者自身である。

　いかなる知に関する研究においても，定義の問題を避けては通れない。これは今に始まった問題ではない。Socratesは，ある対話の中で，若き数学者Theaetetusと知とはいかなるものか議論している。知識とその応用との混同

を整理した後，議論は次の3つの点を中心に展開された。すなわち，(1) 感覚的認知としての知識，(2) 正しい意見としての知識，(3) 理にかなった説明を伴った正しい意見としての知識，についてである。Socratesとの対話を通して，Theaetetusが正しいと主張した定義は最終的にはことごとく論破されてしまう[1]。

20世紀においても，およそ50年前にLudwig Wittgensteinが「知」とはやすやすとは正確に定義できないものであると指摘した。彼はさらにこの定義の欠如ゆえに，その正しい使い方が極めて困難だ，と人びとが思い込んでしまうのではないかと危惧する。「知という語の正確な使い方など存在しない。だが，少なくともその語の実際の使われ方と符合するような諸々の使用法を作り上げることは可能である」[2] というのが彼の言わんとするところである。

文献の中に蓄積された英知に従って，本書では「組織知」というフレーズを正確に定義しようとは試みない。その代わりに，その使用法を提示することで，組織知というフレーズのコンテキストを創出しようと試みている。言うまでもなく，本書は，知というものが組織においていかにして生じるか，の記述を目的としている。

SocratesやTheaetetus，Wittgenstein以降，現在に至るまで，知の精確な定義は存在しない。とはいえ，人生や経験と緊密に結びついているゆえに人間は「知る」のだ，という考えは的を射ている[3]。われわれは生きている限りは（少なくとも意識している限りは），新しい経験を知るようになる（われわれは経験するということを知り，知るということを経験し…という循環性にもかかわらず，そう言えるのである）。

われわれは何を知るのか？

「知っている人間」という考え方が，日常的なレベルで問題になることはあまりない。本書でも，われわれはなぜ知っているのか，組織はなぜ知っているのか，という点にまで踏み込んでは探らない。こうした疑問に興味がないとか，これらが組織における知識の理解にとって重要ではない，などと言ってい

るのではない．いずれにせよ，これらの本源的問題を徹底的に議論しようとすれば，存在に関する哲学的な諸問題（すなわち，人間，肉体，魂，心とは何か）への根本的な探求が必要となるであろうし，それは本書の研究領域を越えている．

われわれは知っている，ということを受け入れるならば，何を知っているのか，さらには，どのようにして知るのか，というような問題が提起されよう．第2章で詳述するように，表象主義に基づく情報処理モデルに従えば，この2つの問題への答えは，明々白々である．最も単純なモデルでは，われわれは情報によって伝達することが可能なものを知るのであり[4]，またわれわれは所与の外部環境に関する情報を処理することで知るようになる[5]．この場合，世界は表象を展開したり改善したりすることを可能ならしめる基準として機能する．

だが，認知主義学派の非常に厳密な仮定を緩めるならば，この2つの問題はもはやそれほど単純なものではなくなる．第1の「私は何を知っているのか」という問題をよくよく考えてみると，あまりの険しさにめまいがするような感覚に襲われる人もいるだろう．たとえば，私はスイスについて知っている，私はスイスのルガーノという町について知っている，私はルガーノにある数軒の素敵なカフェについて知っている，私はその町の歴史について知っている，私はその町の郊外にある湖の深さについて知っているし，また私はその町を抜ける道を知っている，等々．Theaetetus のように，私は当初ルガーノに関する私の認知をこの町に関する私の知識とみなしていたのかもしれない．つまり，私は建物や，湖，町の人びと，さらに周囲の山々を見たり触れたりすることができると．しかしながら，これがルガーノに関する知識といえるのか？ 結局のところ，実際に私が所有している「知識のアイテム」の全リストを作り上げようとしても到底できないだろう．実際，私は自分が何を知っているのかについて考えれば考えるほど，私が実際に知っていることに関していっそう不確かになってしまうように思われるのだ．Theaetetus が知識とは何かということに関して Socrates との問答で経験したであろう苦痛に襲われるのである．

めまいが生じるのは，おそらく，（Euclid の言葉では）どれだけ深く探るべきか，どれほど広く探るべきかといった，知の境界を特定する問題ゆえであ

る。われわれは基準を失っている（基準はわれわれにとってとてつもなく重要なものである。とりわけ，所与の現実を投影しようという意図があるならば）。

「私はどのようにして知るのか？」という第2の問題も，やはり厄介なもので，立ち眩みするような感覚に襲われるかもしれない。たとえば，私はどのようにして知るのか，それはまさしく私の意見なのか，私はこれらの事柄を本で読んだのか，私が感じたのか，私が自分の目で見たのか，誰かが私に教えてくれたのか，（あるいは良いことではないが）私がでっちあげたのか，私はそれを正しく理解しているのか否かを見極めることができるのか（できるとすれば何によって？），等々。

単純なアイディアが難しい問題を生み出し，その答えは強烈なめまいの感覚を引き起こす[6]。古代ギリシャにおけるように，非常に多くの問題に対して，ほんのわずかな答え，あるいは，せめてほんのわずかな正しい定義があるだけだといってよいだろう。本書では，この第2の問題，すなわち組織知が個人的および社会的スケールでどのようにして形成されるのか，というプロセスに焦点を当てることになる。

組織知

「組織知」という概念を提唱すること自体極めて複雑であり，深刻で奥深い困難な諸問題を生み出すことにも繋がる。知識のある個々人が集合すれば，*組織*は知っているということになるのか？ だとすると何を知っているのか？ 組織に参加している個々人の知識の総和以上なのか以下なのか？ どのように知るのか？ いつ知るのか？ 個人の経験と組織の経験は似ているのか否か？ どうして似ているのか？ どうして似ていないのか？

おそらく，ここまで見てきて，組織知に関する本なんてそもそも不可能だとの考えから，本書をほっぽり投げて金を返せと言う読者もいるかもしれない。しかし，それはわれわれから言わせればあまり賢いとは言えない。なぜか？ トートロジーやパラドックスに溢れた問題と解の対話になりかねないからと

いって，*伝統的な見解*を越えるような組織知に関する研究を避けて通るべきではない。

　その性質の悪さ[7]ゆえに問題を避けてしまうよりも，組織知の研究に今こそ乗り出すべきである。そうした研究のための主要な課題は，現存するが発見されていない，したがって地図に載っていない領域，すなわち組織知というものを記述できるようにしてくれる概念を展開することである。この作業にあたっては，魂はまず創り上げられることがなければ決して発見されることもないのである，というNietzscheの考えが支えになる。新たな概念的創造は，さらなる研究にとっての新たな道を切り開くとともに，新しい現象の発見，現在の定義の再考，心地良く刺激的で面白い会話[8]の実現，といったことの可能性を広げる。とはいえ，こうした試みが実際には投機的であることは免れ得ない。

本書の概要

　この険しい道のりの旅は，第2章において，これまでのエピステモロジーである認知主義と結合主義に関する議論をもって始まる。そこでの議論は本書のその他の章と一線を画するものである。新たなオーガニゼーショナル・エピステモロジーを展開するにあたっての理論的レンズは第3章で議論されるオートポイエーシス理論である。組織知を理解するためにこのレンズを用いて，第4章では，組織知を理解するための個人の組織知に焦点が当てられる。個人的および社会的な組織知のダイナミクスを理解するために，第5章ではスケーリング理論について，その基本および応用を理解する。第5章までの段階で，組織知が言語化を通じて，すべてのスケールで形成される方法に関する議論の下地が出来上がっているに違いない。続く第6章と第7章では組織知と言語化が扱われる。組織知にとっての障害については，第8章で論じられる。第9章では，さらなる研究への道筋を紹介し，今後の議論に資するべく試みた。最終章である第10章では，センコープ社（SENCORP）のマネジメント・モデルに関する議論を通して，本書で展開した新たなエピステモロジーの実践的な説明がなされる。

8　第1章　組織知という概念について

注

1　North Fowler（1987），*Plato*より。この類稀な対話でSocratesは，自分の役割は他の学者の（自分自身で思いついた）アイディアを明らかにすることであると何度も強調している。彼は，若く気高い人びとやすべての有望な者に対して助産婦のように振舞った。遂にTheaetetusは気づく。自分がいまだ妊娠しているのにも関わらず，Socratesの助けを借りても知識を正確に定義できなかったという意味で，無知の知を考えていなかったことに。

2　Wittgenstein（1958，27ページ）．

3　もちろん，人生や経験も，知識のように，ほとんど厳密には用いられていない概念である。本書では，われわれの言わんとしていることが読者に伝わるよう願いつつ，それらの語を一貫して用いるべく努めている。

4　これは人工知能研究プログラムによって推し進められてきたアイディアである。

5　Newell and Simon（1956）．

6　このめまいはBernstein（1983）でも遠回しに言及され，「デカルト的不安」というラベルで議論されている。

7　性質の悪い問題の特性についてはRittel（1972）を参照されたい。彼の考えでは，性質の悪い問題には探検と一部試験的なアプローチが必要である。この本では後々，まさにそれが試みられることになる。

8　後ほどこの本で触れるように，会話は知の展開にとって必要不可欠のものである。

第 2 章
これまでのオーガニゼーショナル・エピステモロジー

哲学の中のエピステモロジー

　『エピステモロジー（epistemology）』という語はギリシァ語の *episteme*（知識）と *logos*（理論）に由来する。エピステモロジーはこれまで次のように考えられてきた。それは主に哲学の大分水嶺のうちの一本の支流であり[1]、またそれは方法論であり、さらに人間としてのわれわれが世界を知るようになる手段であると。「...世界の事物や本質は，それ自身客体として，認識我すなわち主体と自らかかわるのだが，そのかかわりあい方次第でいかようにもなりうる」[2]，こういった内容のことをエピステモロジーは現在まで扱ってきたのである。こうしたパースペクティブからすると，その方法論は知識の獲得方法と解釈方法の両面を，したがって論理的側面および認識的側面の両面を包含することになる。ロジックとは，命題を理解することと，論証に際して命題を利用することである。たとえば，確信とアイディアの源泉，正当な議論の構成要素，言語論，様式論，パラドックスと詭弁，などに関する論証において命題が利用される。エピステモロジーとは知識の源泉，性質，妥当性を理解することである。つまり，エピステモロジーとは知識についての知識を提供しようとするものであり，それゆえ，エピステモロジーを知識論とみなす者もいる。エピステモロジーは通常次のようなテーマに言及する。知識の展開における推論の役割，知識の展開における感覚知覚の役割，知識のタイプ，知ることと確信することとの違い，知識の確実性の程度，などである。

　哲学の各分野はいくぶん相互に関連しているので，オーガニゼーショナル・エピステモロジーもいくぶん哲学的な問題と関係している。オーガニゼー

ショナル・エピステモロジーは「組織の形而上学」と結び付いている。つまり，マネジメントおよび組織研究の基本特性について理解するとともに，「存在」と「統合された全体」，すなわち「組織の存在論」と「組織の宇宙論」についても理解することが要求される。戦略経営とか組織研究で精査されてきた数々の現象やプロセスが異なる観点から眺められる，ということを新しいオーガニゼーショナル・エピステモロジーは暗示しているのである。たとえば，「産業」の意味，「組織の変革過程」の境界，「組織行動」というテーマ，「リーダーシップ」の形態，「戦略的問題」のカテゴリー，「サービス業のマネジメント」における思考と行為の役割，「グローバル企業」の組織化原則，といった具合にである。

オーガニゼーショナル・エピステモロジーはさらに組織における価値論とも相互に関連している。これは道徳的な価値や原則と関係しているということであり，言ってみれば，われわれは物事の善悪や正誤をどのようにして理解するのかということであり，すなわち，組織倫理[3]というテーマともエピステモロジーは関係しているということである。新たなるオーガニゼーショナル・エピステモロジーとは，たとえば，年次レポートの作成に際して道徳的な考え方や価値判断とは何でありどのような役割があるのかについて，メディア関連企業の倫理規範について，ウクライナに適用される倫理観のメリットとデメリットについて，等々に関して再考させることにもなろう。さらに，価値論とはマネジメントおよび組織研究において立ち現れる美と好みを理解することでもあり，すなわちそうした美に関する評価も含んだ組織の美学を理解することでもある。ゆえに，美に関する問題は，たとえば組織のデザインにあたっての美のもつ性質，ロンドンでの服装規定などといったことがらについて再考させることにもなろう。

エピステモロジーとは本書では，知識，世界，そしてその両者の関係についての理論なりアイディアの集合体である。それは「*知に関する事柄を取り扱う*」[4]という点で，心の性質をあれこれ考えることになる。そうした着想がエピステモロジーを日常の経験や一般の人々の日々の思考から多少なりとも遠ざけてしまうことは止むを得ない。知，マインド，世界，知識というものは，日常生活の一層の理解を促すことのない，それ自体非常に経験離れした概念[5]で

ある。Goldman は狭隘な定義を採用することに対して次のように警鐘を鳴らしている。彼はエピステモロジーとは次のようなものだと言う[6]。

> 科学者や学者の洗練された専門的な方法ばかりではなく，しろうとの生々しい日常の実地をも含んだ意味での世界というものを，知り理解するための努力の総体である。エピステモロジーは，宇宙の性質，数学の集合論やテンソル，人類が創造したシンボルや文化の枠組み，環境の中の物体のシンプルなレイアウト，というような心が関与するテーマに向けてのカンバスのようなものである。このようなテーマを個別にであろうとまとめてであろうと，ともかく人の心がいかにして扱うか，扱うべきかという問題はエピステモロジーの範疇である。

ゆえに，エピステモロジーでの主要な問題とは次のようなものである。個人や社会的実体はいかにして知るのか[7]？ 言い換えれば，どのようなプロセスを経て個人や社会的実体は世界について知るようになるのか？ だが，こうした問題は十分に検討されてはいない。エピステモロジーの研究はみな，答えようのない知の性質の問題から離れられないでいるからである。

何をもって知識というべきなのか？ 私が知識だと思う何事かを知っていると言えばそれで良いのか？ それとも「知識」として社会的に受け入れられるものでなければならないのか？「事柄」に関する知識とは，スケールダウンした人間の脳のイメージのように，そうした「事柄」に関する見事な表象なのであろうか？ 先の Goldman の記述から分かるように，エピステモロジーは，心が規定的，規範的な方法で知識を扱う様を論じるものでもある。

このようなエピステモロジーの初めの一歩を構成する一連の問題は，哲学や社会科学でこれまでもかなり議論されてきた。特定の学問分野の知的発展をよく理解するため，および科学的な研究のためのフィールドを提供するという2つの目的のために，哲学者，心理学者，社会学者，言語学者，文化人類学者らは，知識の本質に注目してきたのである。知識に関するいかなる研究も自己言及的な特性を有している[8]。つまり，知識について語られることはどんなものでもすべて，語る人の影響を少なからず受けている。

オーガニゼーショナル・エピステモロジー

　このようにマネジメントおよび組織研究の分野ではエピステモロジーの根本的な問題にほとんど注意が払われてこなかった。知識とは分析可能で，ファジーで，代用可能であると当然のように考えられてきた。知識は情報という概念と同義語のように使用されてきた[9]。しかしながら，組織に関する先行研究の中には，知識についての基本となる考え方を有していたり，中にはそれを明確化したりするものもあるにはあったが，基本的には闇に葬られたままである。このようなケースでは，そうした先行研究に基づく以後の研究は，基本的な考え方にさらなる熟慮が加えられることはまずなかった。徐々に姿を現わしつつあるオーガニゼーショナル・エピステモロジーは，本書でさらなる研究がなされるだけの価値のある考えを内に秘めている。

　最初にすべき作業は「オーガニゼーショナル・エピステモロジー」という用語に意味を与えることである。新たなオーガニゼーショナル・エピステモロジーについてのわれわれの解釈は，次の一連の問題に関連した見方，理論，概念の集積物である。

(1) どのように，なぜ組織の中の個人は知るようになるのか。
(2) どのように，なぜ社会的実体としての組織は知るようになるのか。
(3) 何が，個人および組織の知識にとって重要であるか。
(4) 何が，組織知の展開にとっての障害となるか。

　これらの問題は，新たなオーガニゼーショナル・エピステモロジーの範疇でのみ理解することが可能な問題である。たとえば，組織や個々の組織メンバーは何を知るのかとか，彼らはいつ知るのかという問題は，上記の問題リストの射程外の問題である。しかしながら，組織およびマネジメントの知識に関する多くの研究において，知識の内容に関する研究は重要な位置を占めているし[10]，今後もそうあり続けるだろう。管理教育に携わる者は教育プログラムや開発プログラムをデザインするために（たとえば，経営に関する知識，金融の

知識，人的資源の開発に関する知識），マネジャーは職務設計を行うために（たとえば，テクニカル・デザインに関する知識，原材料の性能試験に関する知識，金融市場に関する知識，消費者ニーズに関する知識），人事部は人的資源管理を行うために（たとえば，仕事に適した知識を持った新しい社員を採用する），それぞれ準拠枠を必要とする。知識労働者という概念の登場もまた，知識の内容に関する注目の高まりを表わしている[11]。

「辞典という知識」，「住所録という知識」，「レシピという知識」，「公理という知識」といった類の，特定のテーマにかかわる知識とか特定の業務に関する知識に必ずしも限定されないだけであって，書物とは知識の内容に関するものであるとも言えよう[12]。知識の内容の定義とは相対的なものであろう。われわれのこれまでの研究の中には，知識の内容を分類する場合，それがいかに知識の相関関係に規定されるものかを説明しているものもある。たとえば，自分には仕事を遂行するための知識がないということにある組織メンバーが気付くこともあるだろう（「知識の欠如に関する知識」）。彼はまた，組織の他の人たちは自分が持っていないある種の知識を持っている，という知識を持っているかもしれない（「他人の知識に関する知識」）[13]。特定の知識の内容，範囲，深さ，広がりは，他の知識との関連でのみ理解されるのである。組織の能力や知識は組織の活動にとって何にも増して核となるものである，と言うDorothy Leonard-Bartonはこれと似たようなアプローチを採用している。組織がこうした中核以外の能力を必要とする製品開発を主導していこうとするにつれ，中核能力が組織にとって徐々に明らかになってくる，と彼女は言う[14]。知識の欠如を感じるということは，組織にとって敏感になるという効果がある。

われわれの企図は，知識の内容というものを超越したものであり，むしろなぜ，どのようにというもっと根源的な問題を提示することである。だがわれわれは次のようなことも認識している。知識の内容に対する興味をまったく持たずに純粋にプロセスのみを研究することは，過度に制約を課してしまうことになるであろうし，たくさんのワナに陥ることにもなろう[15]。組織における知識のプロセスに関連した根源的な問題について議論するに際して，知識の内容に言及することは避けて通れないということに何度も気付かされるに違いない[16]。けれども，組織や個々の組織メンバーは*何*を知っているのかということ

はここでの主要な関心事ではない。

「なぜ」と「どのように」というエピステモロジーの問題に焦点を当てるに先立って，組織とマネジメントの研究における代表的なこれまでのエピステモロジーのうちのいくつかについて簡単に批評することから始めよう。一般的に言って，そうしたこれまでの理論の展開は次のような仮定に基づいている。

- 人間の脳の特性と機能
- 知識と情報の特性
- コンピュータの特性と機能
- 組織におけるコミュニケーションと情報の機能

認知科学[17]は，こうした仮定を組織や管理者の認知に応用する一群の学問を喚起するとともに，エピステモロジーの考え方のリーダー的な主唱者となってきた。先行研究の多くが，Fransisco Varela が「認知主義者のパースペクティブ」と呼ぶものに依拠しているようだ。このパースペクティブは，Herbert Simon や Marvin Minsky のような高名な学者によって生み出された。認知システムとは，それが人間の脳であろうとコンピュータであろうと，現実の表象を生み出すものであり，そうした表象を操作することで徐々に学習するものである，というのがメインの主張である。

また，Varela が「創発的パースペクティブ」と呼んだものに理論的根拠を置く一群のマネジメントと組織の研究が明らかに存在し，それらは「結合主義」と言われている[18]。最近では，このパースペクティブは，認知とは個々のシンプルな構成要素間のネットワークの中で創発的に生まれる全体の状態であると考える「ニューラル・ネットワーク・コンピューティング」の進歩の中に見て取れる。自己組織に関するアイディアは，こうしたパースペクティブに基づく典型例である。これら2つのパースペクティブとそれに関連する文献についての本書での議論は，広範に及ぶものであるとか包括的なものであるとは言わない。むしろ，これら2つのパースペクティブのそれぞれと関連する文献のサンプル，すなわち「断片的なもの」を提示しようとするものである。

コグニティビストのエピステモロジー

1950年代の半ば以降，Herbert Simon，Noam Chomsky，Marvin Minsky，John McCarthy その他のアイディアは，「ヒューマン・ナレッジ」という概念が特別な意味を持つ認知科学の成長の原動力となった[19]。Valeraはこうした研究者たちの考え方を「認知主義者（訳者注：以下コグニティビストと表記）のエピステモロジー」と彼が呼ぶパースペクティブに分類している。このパースペクティブは，コンピュータ・サイエンス，神経科学，言語学，心理学，文化人類学，哲学，生物学，組織理論，といった多くの学問分野の発展に影響を与えるようになったものである。コグニティビストのエピステモロジーの最も基本的な（共有されていると言ってもいいかもしれない）アイディア，すなわち「表象主義」というアイディアを概観することからはじめよう。まず表象主義の諸々の仮定を論じて先へ進むことにしよう。次にコグニティビストのエピステモロジーの応用について論じることになる。そして最後に，認知主義の組織論への応用について論じる。

心には様々な方法で現実を表象する能力があるとするアイディア，すなわち，それが物体であれ，事象であれ，状態であれ，外部の世界と部分的にまたは完全に一致するような内部の表象を作り上げること，これがコグニティビストのエピステモロジーの中心にある考え方である。このことはまた，「意図的な心」と言われることがよくある[20]。「現実」と「真実」は特権的地位を占めているが，現実とは内部での表象の準拠点であり，真実とは内的表象と外的世界とが一致する程度のことである。たとえば，あなたの前のテーブルの上にあるリンゴに目をやると，続いて心の中でこのリンゴを表象することになる。あなたはリンゴについての「イメージ」や「概念」を構築しているのである。リンゴに関する知識の「真実」の程度とは，あなたの心の中での表象（形，色，位置関係，リンゴの種類など）がテーブルの実際のリンゴとマッチする程度のことである。あなたの判断はある意味で確かさに関する評価の問題である。というのは，あなたが幻覚を起こしているのか，リンゴがよく作られたプラス

ティック製の模型であるのかを，確実にどっちとはあなたは断言できないからである。

　コグニティビストのエピステモロジーにおける学習とは，新しい経験をつむことによって，世界についての表象を改善することである[21]。Bruner が言っているように，「人は，入ってくる情報を以前に獲得された準拠枠と関連付けることによって...*積極的に知識を構築する*」[22]のである。リンゴの例では，たとえば子供はまずリンゴという言葉を学習し，それからこの言葉を特定の知覚経験とどのようにして関連付けるかを学習するであろう。時が経つにつれて，個人はたとえばリンゴにはたくさんの種類があり，どんな匂いで，どんな色で，どんな大きさか等々を学習するのである。

　コグニティビストのエピステモロジーは表象主義という考え方を具体的な現象（現象的な性質を持った物体，事象，状態）に限定はしない。Richard Rorty は，心がある種の表象能力を持つというアイディアの歴史的観点からのルーツ，およびエピステモロジーの観点からのルーツの双方を辿っている[23]。彼によれば，「メンタル・イメージ」は，現象的な性質を持つ物体，事象，状態だけでなく，それを持たない物体，事象，状態に対しても生起すると言う[24]。たとえば，あなたは兄弟の家の居間にいて，テーブルの上のリンゴを見たことを思い出すかもしれない。この場合，表象がうまく生じるには十分な記憶が不可欠であろう。

　心が表象能力を持つものだとすると，コグニティビストが保持しなければならない仮説とはいかなるものであろうか？　これまでの議論からもわかるように，表象主義をベースとしたエピステモロジーは，目に見える物体の認識に関する仮説，すなわち知覚，メモリー，推論のプロセス，つまりはロジック，確からしさの判断，などに関する仮説を設定しなくてはならないように思われる。

　第1に，認知主義はかなりな程度人間を Rorty がそう呼んだように「ガラスのような存在」とみなす[25]。人間とは外界からの情報に対して透明・無垢なスタンスであるとされる。われわれは感覚によって情報を取り込む。すなわち，見たり，感じたり，味わったり，嗅いだり，聞いたりしてである[26]。そして次にわれわれは，心の中に保管するメンタル・イメージを構築するために，

そうした情報を利用する。こうしたメンタル・イメージは，より正確には物理的特徴によって物体を分類する「カテゴリー表象」（椅子，テーブル，車，ボール等）として説明されよう。目に見える物体の認識については次の文章に縮約されている[27]。「ある物体を知覚するとき，観察者はその知覚表象をカテゴリー表象と比較し，「適合」が見られる場合には，知覚された物体はそうしたカテゴリーの例であると判断される。」一般的に言って，コグニティビストのエピステモロジーに関する文献は次のような事柄についての説明を供与してくれる。観察者はどのようにして網膜の映像から入ってくる情報を処理するのか。どのようにしてカテゴリーは表象されるのか。新しく入ってくる情報はどのようにしてすでに保管されているカテゴリー表象と比較されるのか。カテゴリー表象はどのようにして記憶の中に保管されるのか[28]。

　第2に，コグニティビストのエピステモロジーは，人間の脳を論理と演繹をつかさどる「機械」とみなす。脳は「ロジックを具現したもの」へとうまくモデル化できるとする。つまり，脳は推論のプロセスで論理を使用するとともに，脳はその物理的構造の中で論理原則を具現化するのである[29]。論理とは，観察される現象に関してその真実を明らかにせしめる人間の能力であると考えられている。すなわち，論理は人間が知識を獲得する媒体である[30]。そうした能力とは，「not」，「and」，「or」，「if…then」というかたちのいわゆる「真理関数の連結式」[31]によって，言葉や物体を結びつけるような様々なタイプの命題を作成することである。われわれは日々の言語の中で真理関数の連結式を使っていることに気付くはずである。たとえば，もしAがBの母親で，もしBが私の父親であるならば，その場合Aはわたしの祖母である，というように。事象，現象，状態などについての表象は，真理関数の連結式とそれによって作成される命題とによってなされるのである。連結式と命題は，所与の外部世界と対峙する際に依拠すると考えられる知識のシステムを形成する。世界を知り理解することは，命題をシステマティックに注意深く形成することによって実現されるのである。

　コグニティビストのエピステモロジーでは次のように仮定している。内的に矛盾のない命題を可能にするのが論理能力であり，言い換えれば，どんな命題も矛盾がないという仮定である。現象の真実を明らかにしてくれる，よって知

識と呼べるものを実現するような命題を構築するにあたっては，内的一貫性というものが主要な基準となる．たとえば，リンゴの大きい小さいに同時性というものはあり得ない．命題における内的一貫性という基準はたやすく実現できるとも思える．だがしかし，Cherniak が示しているように，命題の数が少なかったり非常に単純な命題の場合であっても，その目的が何であれ内的一貫性の要求を満たすのは困難であろう[32]．このように論理能力には限界がある．

　論理能力というのは人間の推論のプロセスの一部を形成しているに過ぎない．真実を明らかにするに際しては，確からしさの評価や判断もまたそのプロセスの一部を形成しているのである．コグニティビストが希求するエピステモロジーでは，観察に基づく知識というものが主張されることはほとんどない．たとえば，あなたが自分がテーブルの上に見ているものはリンゴであると主張する場合でも，そうした主張には常に不確実性が存在しているだろう．錯覚，物体の置換，カテゴリー表象のミス，などといったリスクがあるだろう．さらに，日々の状況ではたいていの場合，表象がなされる物体，事象，状態，などのあり様は，表象そのものをより不確実にしてしまうほどもっと複雑だろう．観察や思考に関しての時間的制約というものも存在する[33]．Kahneman と Tversky の実験では，確率を割り振るための参考資料とともにテーマが与えられる．通常，そのテーマは，架空の人物に関して資料に書いてあることに基づいて，その人の職業の種類に確率を割り当てるように求めている．この実験によって，Kahneman と Tversky は，不確実性を伴う複雑な問題に直面すると，単純なヒューリスティックの援用が推論のプロセスの一部を形成するようになる，ということを示したのである[34]．要するに，世界についてのどんな認知的表象にもある程度の不確実性は付き物なのである．論理能力のほかに，人間の脳は，確からしさの判断とヒューリスティックの能力を有する，というのが脳に関するコグニティビストの仮定である．それらの能力が結びつくといっそう正確な表象が展開されることになるのだ．

　コグニティビストのエピステモロジーは認知心理学の発展にも影響を与えた．Varela は以下のような論評を行なっている[35]．

　　(認知心理学では) コンピュータのような性質を持った表象，これが説明のた

めのメイン・ツールである。メンタルに関わる表象もフォーマル・システムの出番であるとみなされる。そして，心の活動とはこうした表象に，確信，欲求，計画，などといった表象を行なう人の個人的な色彩を与えることである。

たとえば，（人，物，事象といった）表象のカテゴリーは，個人のシェマ（訳者注：認知の枠組み）の中に保管されており，またそこから検索されるものであり[36]，さらに，ある事象が何度も生じるならば，それに対応するカテゴリーがスクリプト（訳者注：ルーティンなプログラム）に保管される[37]，というのが認知心理学ではやりのアイディアである。NisbettとRossはシェマとスクリプトの両方をカバーする知識構造なる語を作り出した[38]。

彼らの著作の重要な成果は確からしさの判断とヒューリスティックの能力の発見である。個々人は，あいまい性を克服し，観察できない事象について推察し，因果関係を推論することで，基本的な知識構造を発展させる[39]。それゆえ，個人の知識構造は世界のあるがままの姿とは完全に一致してはいないだろう。

認知心理学で描写されるように，脳は，多くの点で，コンピュータの機能を凝縮している。つまり，脳に似たコンピュータは「ロジックを具現したもの」とされる[40]。コグニティビストのエピステモロジーは，単純なプログラムから専門的なシステムや人工知能に至るまで，コンピュータ・システムのデザインにも広まっているようである。問題，物体，事象，状態のシンボリックな表象と操作という考え方の上にコンピュータは成り立っている[41]。人間の脳のように，コンピュータはロジックに長けている。すなわち，問題が（真理関数の連結式と内的一貫性基準とを用いて）論理的な形で与えられるならば，計算が実行されて問題が解決されることになる。真理関数の連結式とは，コンピュータのアーキテクチャーに論理を導入するプログラムという名の組み立てブロックなのである。

表象としての知識ということに関して言えば，コグニティビストのエピステモロジーは，コンピュータが脳と同じ概念システムを持つものとの理解を促した。このことはさらに人工知能（AI）という学問分野を生み出すことにもなった。Varelaは人工知能をコグニティビストのエピステモロジーの「忠実

な解釈」と呼んだ[42]。ロボット工学，エキスパート・システム，画像処理などの目覚しい進歩は，AI の研究からの洞察を借用しているのである。

　コグニティビストのエピステモロジーは，表象という基本的な考え方を持つと同時に，それに付随する情報の無垢な受容と情報処理能力とに関する 2 つの仮定，すなわち論理能力と確からしさの判断という仮定を前提としている。そして，このコグニティビストのエピステモロジーは組織とマネジメントの研究でも見受けられる。かなり一般的な言い方をすれば，コグニティビストのエピステモロジーの貢献とは，管理者や組織は自らを取り巻く環境についての表象を創造的に構築すると仮定したことにあると言える[43]。表象は暗示的なケースもあれば明示的なケースもあるし，意思決定者間の多かれ少なかれダイナミックに変化する確信という形態をとることもある[44]。さらに，表象は様々なシンボリックな形態をとるかもしれない。市場成長率，市場占有率，顧客リテンション率，マーケット・セグメント，製品と市場の組み合わせ，などを示すチャートによって，会社のオフィスにいながら市場を図表を用いて表象できる。さらに，性能を示すデータ，3 次元モデルなどによって，新技術を鮮明に表象できる。

　組織に浸透している知識構造とは組織メンバーに世界についての共有理解をもたらしてくれるものであるが，表象はそうした構造の中にストックしうるものであり，またそこから検索できるものである，とする研究もある[45]。こうした知識構造の進化は，どんな経験がなされるかにかかっている。たとえば，新市場への投資の失敗によって，ある会社ではその市場についての学習をやめてしまうかもしれない。

　組織とマネジメントの研究の中には，コグニティビストの仮定と同じく，組織をある種ガラスのような存在だとする研究もある。組織はインプットおよびアウトプットの装置である。つまり，組織は自らを取り巻く環境から自身についての情報を抽出し，処理する[46]。環境の中の情報の源泉，情報の内部伝播，実際の情報処理など，すなわち新しく入ってくる情報はどのようにして既成の知識構造やカテゴリー表象と関連づけられるのか，というようなことに焦点をおく研究もある[47]。「脱構築」なる方法で，James G. March と Herbert Simon の共著 *Organizations* を分析した Martin Kilduff は，組織は「非凡な

マシーン」とかコンピュータであると提唱してきた[48]。これまで指摘してきたように，認知心理学とコンピュータ科学との関連性が，各々が用いる言葉を見てみるとよく分かる。同様に，コンピュータ科学と組織研究との関連性が，互いによく似た概念に見て取れる。「情報のインプットとアウトプット」，「情報処理」，「命令」，「手続き」，「ルール」，「メモリー」，「情報のストック」，「プログラミング」，「メモリーによる検索」，などの言葉が，組織の機能を解明するために用いられてきた。Ghemawat と Ricart i Costa の共著[49]に対するコメントとして，Cyert and Williams は次のように述べている。彼らの著作の魅力の大半は，「*静的でもあり動的でもある情報処理メカニズム，このように組織をモデル化する分析上の言葉*」にある[50]。

組織の研究はまた，論理能力と確からしさの判断というコグニティビストの仮定を，少なくとも以下の3通りのやり方で取り込んでいるようである。第1に，経営に関する知識を論理地図作成の要領で表象できるものとみなすこと。第2に，組織を問題探索者および問題解決者とみなすこと。第3に，組織を戦略計画や予測のツールとみなすこと。

第1の点に関して言えば，マネジメントの知識はいわゆる認知マップの中で，すなわち論理地図作成法を用いて表象できる，という考え方があるようだ。真理関数の連結式のスキームを，株主への手紙，年次報告書，戦略計画，ビジョンの表明，政策や手続き，等のインタビューを文書化したものや企業の資料などにあてがうことで，知識は明らかになり表象がうまく行なわれる[51]。たとえば，「技術」，「企業」，「産業」などのカテゴリー表象をあてがうことで，マネジメントの知識は次のように表象できる。

もし，	われわれが新技術に投資し，
そして，	その技術が業界内で広く利用され，
そして，	その技術を購入するコストとそれを適用することによる利益が業界内のすべての企業にとって同じようなものであるならば，
その場合，	われわれの会社は業界の他企業を上回る競争優位を必ずしも獲得できないであろうし，

そしてその場合，われわれの会社は平均以上の利益を得られないであろう。

　知識をこのように表象するということは，マネジメントとは論理能力そのものであり，*研究者の任務とはマネジャーが用いるそうした論理を明らかにすることである*ということとを前提にしている。さらに，知識は時間に対して不変である，つまり，いったん知識が「獲得」され表象が行なわれると，その後の論理展開を推論できるようになるということも前提にしている。知識を地図作成法のように表象する他のやり方には，記号論や議論によるマッピングなどがある[52]（議論については6章でより詳細に触れる）。

　第2の点に関して言えば，組織研究においては，組織は問題探求者であると同時に問題解決者でもあるとか，組織とは特定のタスクに関する知識を発展させるものだ，との前提に立つことがよくある[53]。C. K. Prahalad and Richard Bettis は次のような主張によってこの考え方を一歩前進させている。知識構造にしっかりと根をはった問題解決行動とは，「*マネジャーがビジネスをモデル化したり資源配分に関する重要な意思決定を行なう際の拠り所となる，支配的かつ包括的なマネジメントに関するロジック*」[54]の潜在的な源泉となっている，という主張がそれである。そうしたモデル化や資源配分に関する意思決定は，組織で正当と認められて，じきに「認知的硬直化」へと展開してしまうかもしれない。新奇な問題が古い推論のパターン，すなわちすでに確立されているロジックでもってアプローチされることがある，ということを強調する組織研究もある。ことここに至って真理関数の連結式が再び役に立つ。過去に成功裏に導いたようなロジックは広まる傾向がある。つまり，新しい問題がこれまでのIf...Then...構造でアプローチされるのである。たとえば，もしマーケット・シェアを上げることに投資したならば，その場合投資収益率が増大するだろう，といった具合に。したがって，大きな危機が生じたり，新しいトップ・マネジメントが古いそれに取って代わったりするまで，論理能力と確からしさの判断はうまく回復しない，と主張する研究者もいる[55]。要するに，現在の表象を変えたりそれに取って代わるという意味での学習は，重要なテーマではあるが難しい問題だということである[56]。

　第3の点に関して言えば，論理能力と確からしさの判断の前提は，計画，予

測，マネジメントなどに関する数々の著作に浸透している。古典的著作 *Organizations* で，March and Simon は，組織は以前に遭遇したことのある事象と組織にとっての新しい事象とを区別する必要があり，それぞれ別々にアプローチする必要がある，ということを明確にした。以前に遭遇したことのある事象では，該当する状況についてのうまく構築された表象を見出せるはずである。そして，そのような既知の状況には反応プログラムの様々なレパートリーが存在している。それに対して，新しい事象は多様な方法でアプローチする必要がある。つまり，状況を新たに表象しなければならず，そして2つ以上の反応プログラムを新たに構築しなくてはならない。新しい事象を表象したりそれに反応したりする際には不確実性に直面するゆえ，March and Simon は事象に対する反応という活動それ自体のための計画すなわち「手続きに関する計画」なるものを提唱する[57]。この種の計画は，組織が新しい事象に反応する際の不確実性を削減する，ということをより確実にする。その結果，組織の意思決定者は論理能力と確からしさの判断能力を増大させる。

戦略計画に関する Peter Lorange の著作は，明確な目標形成ということに焦点を当てるとともに，マネジメント層の論理能力と確からしさの判断を実際に高めた分析的で合理的な決定手続きを取り扱っている。そうした手続きとは，行為の代替案を表象できるような情報の探索と処理のことである。行為の代替案の中からあるものを選択するということは，各行為の予想される結果，および各行為の目標達成に対する影響度に基づいて行なわれる。Lorange が推奨するプロセスとは，組織の将来の状態に関する現在の表象の信頼性と正当性を高めることを企図したものである[58]。

戦略計画の性質と役割に関するノーベル賞受賞者 Herbert A. Simon の最近のコメントによると，論理能力と確からしさの判断に対してのコグニティビストの考え方は，かなり明快なものであるという[59]。経営者の3つの異なるタイプのスキルが，不確実な環境下（そこでは繰り返される事象が少ない）で組織が存続し成長するために重要である，というのがサイモンの著作の主要な論点である。その3つとは，(1) 不確実な将来像を予測するスキル (2) コロコロ変わる環境下でそれに適した行為をとれるスキル (3) 計画を効率的かつ迅速に実施するスキル，である。ロジックと推論はこうしたスキルをベースにして考え

る際の重要なポイントである。しかしながらもっと重要なことなのだが，将来の状態についての確からしさの判断は，たとえばLorangeの著作に見られるように，将来が不確実な場合，実際の経営ではほとんど価値がない，という仮定がこうした考え方の背後にある。経営者が将来を予測する場合，量に基づく判断よりも質に基づく判断の方が重要である。しかし，Nisbett and Rossの結論と一致するのだが[60]，質に基づいて判断するプロセスと量に基づいて判断するプロセスとは，あまり「質的」には変わらないのである。人間の推論とは，単純なルールに従ったり，認知的簡素化やヒューリスティックを必要としがちである。

　行為の代替案の設計は情報の探索および処理を通じて行なわれる。情報処理の主要な特徴は，組織が発展へと続く小道を見い出せるよう，目新しい方法で環境情報をつなぎ合わせることである。しかし，情報処理とは意思決定の問題でもあり，個々の意思決定者の状況についての表象に左右されるものである。Simonはこうした考え方を受け入れた上でさらに次のように主張する。将来像とその実現のためにとるべき行為の代替案を表象し，その結果選ばれた行為を実施できるよう，組織はまさにコンピュータのように精緻に「プログラム化」される必要がある。

> *効率的であるためには，企業ミッションの表明文や組織の競争優位に関する記述が，重大な決定を下したりまたはそれをアシストする組織メンバー皆の思考様式の一部になっていなければならない。…組織の新顔は，彼または彼女が，組織が何をどのようにして成し遂げようとしているのかについての考えを身に付けるまでは，組織とうまく同化したとは言えないのである。…組織についての共有イメージが常に強化されなくてはならないのである*[61]。

　組織の認知能力は個々人の認知的資源を動員できるかということと，採用された表象が広く普及するかどうかにかかっている。コグニティビストのエピステモロジーでは独特の原則が採用されている。それは，組織を構成する「100の頭」に表象を「堅固に植え付ける」ことができる，というものだ。この基本原則はさらに次のような仮定を力説する。認知システムは基本的にはオープンなものである，また認知システムは真理に到達するという究極の目標へ向けて

表象を改善することができる，さらに，適切な情報を組織メンバーが利用でき，適切な情報処理が行なわれるならば，こうして改善され真理に近づいた表象は組織にとって確固たるものとなってゆく，という仮定である。事実，コグニティビストのエピステモロジーは，真理とは知識と観察可能な事実とが一致することであるとする，*真理*についての対応ドクトリンを明示している[62]。このドクトリンは本書で展開されるようなプロセス重視の*世界観*（*Weltanschauung*）とはあまり符合しない。プラトンは決して自然に関しては科学などというものは存在しないと主張した。その理由とは，目に映る世界のモデルは不変だがその様相は変化しているからであり，また目に映る世界とは，常に変化している物体についてその正確な真理に辿り着こうとするに際しての，その時点での最終的な姿を示しているに過ぎないからである[63]。さらにこの対応ドクトリンは，科学的な真実の積み上げとは「壁の中」の一つ一つのレンガのようだとする機械的なメタファーに共感を示すものである。これは明らかにコグニティビストのエピステモロジーに類似している[64]。

とりわけ *Strategic Management Journal* の1993年冬季特別号で明らかにされたように，コグニティビストのエピステモロジーは本書のオーガニゼーショナル・エピステモロジーという概念にこれまで多大な影響を与えてきたのである。

コネクショニストのエピステモロジー

ここからは，コグニティビストのエピステモロジーにかわるもの，すなわち結合主義者（訳者注：以下コネクショニストと表記）のエピステモロジーについてその諸要素を簡潔に論じることにしよう。コグニティビストに対するコネクショニストの批判，コネクショニストの理論を構成する主要な要素，コネクショニストのエピステモロジーの組織およびマネジメント研究への適用可能性，などについて概観することから始めよう。

1970年代になると，コンピュータのアーキテクチャーに関するコグニティビストの基本的な考え方に批判的なコメントが集まるようになり，それにか

わってコネクショニストのパースペクティブが徐々に頭をもたげ始めた。コグニティビストの業績の2つの「欠陥」に主に批判が集中した。第1に，情報処理が逐次的にルールを適用することによるシンボルの操作とみなされている。つまり，このルールはそのルールの後に適用されるといった具合に。第2に，情報処理が限定的である。ルールが破られたり，シンボルが消失したりしたら，それはシステム全体の有効性に重大な意味を持つことになる[65]。Varelaはこの2つの欠陥を次のように表現している。

> コグニティビストのアーキテクチャーとメカニズムは生物学からかけ離れている。我々が普段目にする小さな昆虫がすごく速く行なう動作のほとんどは，各パーツが逐次的にシミュレーション（訳者注：再現）された場合に物理的に可能となる速さ以上に速く行なわれているのだ。あるいは，脳の機能を全く傷つけることなく損傷した脳を回復させる力が脳自身にあることは，長い間神経生物学者には知られてきた事実である[66]。

脳についてもっと詳しく調べたり，Goldman が言う「心理学的リアリズム」[67]との関連で，脳をコンピュータと改めて比較した結果，両者の歴然とした差異が見出された。シンボルから始まって逐次的に進展するのではなく，脳とは，ニューロンと呼ばれるシンプルなコンポーネントのネットワークの中で，ダイナミックかつ全体的な性質を持つ存在であるようだ。シンプルなコンポーネントはそれぞれ環境のある部分で個別に活動していると同時に，その他のシンプルなコンポーネントと互いに結びついてもいる。コンポーネントはそれぞれ独自のルールで動いていると同時に，一方で各コンポーネント間の連結のためのルールも存在している。それぞれの持ち場である部分的な環境の中で，各コンポーネントが活動中であろうとなかろうと，その場合，各コンポーネントによって形成されるシステム全体の中に全体的特性が自然と出来する。この自然発生的な行動は，初期の頃はしばしば自己組織化[68]と呼ばれた。そして今日では，「創発性」，「グローバル特性」，「ネットワークのダイナミクス」，「シナジェティクス」などと名付けられている[69]。この全体的様相は，各コンポーネントの動員を指示する中枢のコントロール・ユニットやプログラミング・ユニットなしに出来するのである。この種のネットワークに関する現在の

研究のほとんどが，統計物理学や熱力学の仮定に依拠している。とはいうものの，コネクショニストのアイディアがこうした量子力学とクロスすることがたびたびあるなどということに驚かなくてよい[70]。

Varela, Thompson and Rosch によると，各コンポーネント（ニューロン）からなるネットワーク，そしてその結果生じる創発的行動として脳を理解するコネクショニストのエピステモロジーの重要なテーマは，学習ルールである。学習ルールは各コンポーネントがどのように結合するかを決定づける。最も頻繁に議論されるルールの一つが「Hebbの法則」というものである[71]。Donald Hebb は，人の学習はニューロン間の相互関連活動に起因すると提唱した。2つのニューロンが同時に活動すればお互いのつながりは強くなり，両者が活動しないならばそのつながりは弱くなる。Paul Thagard の著作にはこれとはタイプの異なるルールが見出せる。それによると各コンポーネント間の結合は，刺激的ルールと抑制的ルールという2つのルールの支配下に置かれる。2つのコンポーネントが刺激的ルールで結合している場合とは，一方のコンポーネントの活動が他方のコンポーネントの活動を高めているということである。2つのコンポーネントが抑制的ルールで結合している場合とは，一方のコンポーネントの活動が他方のコンポーネントの活動を低めているということである[72]。

コグニティビスト同様，コネクショニストもまた情報処理を脳の基本活動と見ている[73]。情報が感覚器官を通して環境から取り込まれ，脳を構成する各コンポーネントのネットワークの中で情報は様々なコンポーネントを活性化する。しかしながら，情報処理は環境からの刺激のみならず，脳それ自体からの刺激にも左右される。Varela, Thompson and Rosch によれば，「システム全体の行動とは（中枢のユニットから発せられる）命令の鎖ではなく，（外部者と内部者入り混じっての）カクテルパーティーでの会話に似ている。」[74]したがって，人の学習に関してコグニティビストとコネクショニストのエピステモロジーとでは理解の仕方が異なっている。コグニティビストは学習を外的世界と一致するようできる限り正確に表象を確定することととらえる。一方，コネクショニストは脳を学習ルールと各コンポーネント間の結合の歴史とが現在の結合のあり方に影響を及ぼす，すなわち歴史に引きずられるシステムでの全体

的様相とみなす。脳がパターン，事象，物体，状態などを認識する場合，学習ルールによって，各コンポーネントからなるシステム全体の創発性のあり方が似通ったものとなる。

　しかながら，今だになお，表象主義のアイディアがコネクショニストのエピステモロジーで採用されているようだ。神経ネットワークの状態の研究に関するWechslerのコメントの中で，彼は基本的なドクトリンを概観するためにHerbert A. Simonを引用している。

> 数学の導出はすべて，これまで真理であったがよく知られていなかったものを明らかにするという意味で，単なる表象の変形バージョンに過ぎないとみなすことができる。こうした見方はあらゆる問題解決活動に敷衍することができよう。すなわち，問題を解決するとは，解決策を明らかにするために問題を…表象することを意味する。換言すれば，必要とあれば必要なときに，知識が明確にされなければならないということである[75]。

　一見すると，コネクショニストとコグニティビストは同じ基本的アイディア，すなわち「現実」世界の表象可能性と認知者の表象能力というアイディアに基づいて活動しているかのように思えるかもしれない。しかし，よく考えてみれば分かるのだが，表象が完遂される方法に対する考え方が，両者のパースペクティブではいかに異なっているかが見出されるはずである。たとえば，コネクショニストとコグニティビストの双方を困惑させる問題は，眼鏡のような回転可能な物体に関する人の認識である。回転可能な物体を認識するには，たとえば眼鏡は上から，下から，北から，南から，東から，西から表象されるといった具合に，ある対象物について無数の表象が存在するということが前提となる，というのがコグニティビストの主張である。規範となるような表象が多く存在すること，物体に対する新奇な見方を醸成するような学習を一部制限すること，認識を導くランドマークが存在すること，といった精通とか経験ということを人間の精神構造はまさに必要とするのだ，というのがコネクショニストのその問題に対する典型的な返答である[76]。各コンポーネントが学習ルールに従って活動したりまたはしなかった時に出来するシステム全体の様相，コネクショニストにとってこのことが結局最も重要なのである。

世界と認知者との間の相互作用にこうして関心を向けることはコネクショニストのエピステモロジーにとって重要であろう[77]。知識とは各コンポーネントが相互に結びついたシステム全体の様相のことであり，そしてその知識としての様相が環境と相互に作用し合っているのである。知識はシステムを構成する各々のコンポーネントにあるのではない。新たな経験がなされる時，新たな全体の様相が認知システムに出来する。結果については，以前の様相と似ている場合もあるし，まったく目新しいものである場合もあるのだが，それはさておきどんな場合でも常に，人の思考は自己組織的な性質の結果である。

　組織とマネジメントの研究の中でもコグニティビストのエピステモロジーに関するこれまでの議論によって，認知システムとはタスクの効果的解決を志向したものと理解されることがたびたびあるということが明らかになった。ここに両者のパースペクティブのもう一つの類似点が存在する。認知能力は，それが論理能力であれ確からしさの判断であれ，要求されたタスクあるいは前もって計画されたタスクを解決することを目的としている。問題とタスクに関するこうした見方の根底には，発見されて表象されるべき，所与の，定義済みの，すでに理解されている世界が存在している，という考え方がある。ここで言う表象とは，認知システムが外界で適切に機能するためのシステム内の創造物なのである。ゆえに，システムがそうした物をできるだけ正確に創造できないとしたら，システムは外界で適応不全になってしまう。

　神経ネットワークという概念はコンピュータ・デザインに対して様々なことを暗示してきた。「コネクショニストのいうネットワーク」とは，様々なルールによって結びついた，多数のシンプルな個々の情報処理ユニットから形成されるものを指す。よく「ノード」と呼ばれるこのユニットは様々な機能を有している。あるものはデータ入力機能であったり，あるものはデータ出力機能であったりといった具合に。さらにノードは階層状にも結びついている。ある層はデータの入出力を扱い，他の層はデータが処理される時に活性化されたりされなかったりする[78]。また，創発的行動に対する歴史の役割もここでは重要である。過去の状況は現在の経験と関連している。創発的行動という考え方は，コネクショニストの設計思想に基づくコンピュータ・システムの学習アルゴリズムに，時間という概念を組み込むことになる。システムは，あるタスクを解

決しようとする企てをいつ断念するかを決めなくてはならない。なぜかというと，たとえば，タスクにあまり携われないとか，タスクに対してこれまでつぎ込んだものを失いたくないとか，簡単なタスクではなく難しいタスクにより多くの時間を費やす必要がある，などの理由からである[79]。最後に，コネクショニストのエピステモロジーは人工知能の発展にかなり貢献してきた，と述べておく必要もあるだろう[80]。

　それでは，コネクショニストのエピステモロジーは組織知を理解するという本書の目的に対して一体どのような貢献をしてくれるのか？ 社会的実体の自己組織化[81]とか組織間の協働に対するネットワーク・アプローチ[82]などに関するたいへんうまくまとめられている文献の中に，多くの組織理論家たちにとっても参考となるような，その種の疑問に対するかなり直接的な回答が見て取れよう。こうした文献での重点ポイントは，進化するシステム・構造・過程である。

　しかしながら，もっと微妙で，あまり言及されることのない，コネクショニストのエピステモロジーが組織に対して持つ意義に，次のような2つの基本的な仮定がある。それは，知識の持つ創発的で歴史的な*性向*である。すでに見たように，環境からの新しい情報は言うまでもないが，ネットワークの過去の状態も組織の現在の知識に影響しているのである。ことここに至って，組織の研究者は次のような分析ユニットの問題にあからさまに直面する。（訳者注：システムの）コンポーネントとは？ システムとは？ コネクショニストのエピステモロジーの知恵は個人レベルでしか使えないのか？ ニューロンとは（単純明快さ以外何のとりえもない）もっともらしいコンポーネントに過ぎないのか？（そんなに単純な話でないことは誰が考えても分かるのだが）そうしたコンポーネント＝個々の組織メンバーと考えていいのか？ その答えがYESなら，個人を結びつけるルールとはどんなもので，組織知はどのようにして生じるのか？

　さらに，コネクショニストのエピステモロジーは知識を歴史依存的なものととらえる。そうした見方が次のようないくつもの重要な疑問を惹起することになる。組織知の展開にとって環境とはどの程度重要なものなのか？ 組織知が創発する際に，個人の記憶はどのような役割を果たしているのか？ 組織知が

創発する際に，組織の記憶はどのような役割を果たしているのか？　どのような条件下で，組織は過去の事象，状態，物体，趨勢などを認識するのか？

組織研究の発展の現状は，こうした問題とそれに関連する諸問題とにあまり注意を払ってこなかったようだ。コネクショニストのエピステモロジーはたくさんの知恵を提供してくれているのだが，これまで組織の理論構築にはほとんど影響を与えてこなかった[83]。とは言うものの，組織研究の実りある発展に道筋をつけてくれるものと考えられる，次の2つの研究がとりわけ注目に値する。

第1に，Lee Sproull and Sara Kiesler の著作によると，個々の組織メンバーはネットワーク化された組織内のコンポーネントであり，各メンバー間のつながりは部分的ではあるが情報技術によってもっと効果的になると言う[84]。彼らが強調するネットワーク化された組織とは，「*ネットワーク化を可能にしているすぐれたテクノロジーと情報源とに簡単に誰でもが…アクセスできるような*」[85]組織のことである。そのネットワーク化された組織の中で多様なメンバーを結び付けているルールとは，アクセスに関するルール，様々なタイプのネットワークごとに存在するルール，結びつきを促すインセンティブに関するルールなどである。ネットワーク上の知識はデータベースに蓄積される。ネットワーク上の知識はまた，モデリング，予測，デザイン設計，出版などといった，特定のタイプの処理を施されることもある。ネットワークによってメンバーは，他のメンバーとの相互作用やネットワークそのものとのやり取りを通して職務に関連した能力を高められるようになる。

メッセージの組織横断的なコミュニケーションによって，組織メンバーは組織全体のグローバルな状況を知る上で必要となる，彼らのローカルな知識を増やすことができよう[86]。したがって，ネットワークとは，その物理的および構造的特性から，組織の創発的知識に一定の制約を設けるものなのだ。このネットワークというシンプルな概念はデータの蓄積可能性という考え方を内包しているので，過去の知識の検出も可能にしてくれる。具体的には，ある組織メンバーが他のメンバーに自分の言いたいことを説明するためにデータベースを利用する場合，過去の知識とその利用者がもたらす情報とが相互作用することで，新たな知識が出来るのである。

第2に，Weick and Roberts は，創発的知識をコンピュータ・ネットワークの一形態ととらえるのではなく，社会心理学の問題としての個人間の結び付きととらえている[87]。航空母艦の飛行甲板（そこでは失敗は皆無でなければならない）で信頼性の高い調整のとれた行動をするのに必要とされる，認識上の問題は何かを彼らは理解しようとしている。飛行甲板で行なわれるタスクとは，非常に複雑なもので，確実な調整行動をスピーディーに行なうことが求められる。考察の締めくくりに，彼らは「社会システムにおける十分に留意された相互関連的な行動パターンとしての…集団心理」[88]という概念を開発している。各組織メンバーは，他のメンバーたちの諸々の貢献のネットワークに貢献するものとして，飛行甲板で自らの行為を行なうのであり，彼らのそうした行為は組織内で相互に関連し合っているのである。Weick and Roberts は，戦闘機の着艦時の問題のような，組織全体がクライシスとも言える事象に対応するのに必要なスピードということの他に，組織の信頼性ということに焦点を当てている。そしてその際，彼らはコネクショニストのエピステモロジーの前述の「生物学」のアイディアと同じようなスタンスをとっている。

　ネットワークのコンポーネントはここではニューロンではなく個々の組織メンバーである。メンバー間を結びつけるルールは，他の組織メンバーが行なう諸活動のネットワークを「表象」することで得られる。各メンバーは，飛行甲板で他のメンバーがしていること（あるいは，していないこと）との関連において初めて，自分がすべきことを知るのである。簡単に言えば，これが「十分に留意された相互関連性」と呼ばれるものである。Weick and Roberts が入念に強調しているように，このことによって，各組織メンバーが単純なコンポーネント以上の存在に仕立てられるのである[89]。さらに彼らは次のように考えている[90]。

　　コネクショニズム（訳者注：結合主義）の組織理論に対する貢献は次のような知恵を提供したことにある。ユニット間がうまく結びついている場合，個々のシンプルなユニットが活性化したり抑制されたりするそのパターンこそが，全体の複雑なパターンを単純なものへコード化する，ということである。このことは，比較的シンプルな個々の行為者が神経ネットワークと同じようにネット

ワーク化されまとまっているならば、彼らは複雑なインプットを理解することができるだろう、ということを意味している。またコネクショニストは、人の心の問題が実体にではなくつながりの中に「位置づけ」られ、その重点がやはり実体にではなくつながりに置かれる、という考え方が発展する可能性を高めることにも一役買った。

こうしたことからも分かるように、知識は個々の組織メンバーの脳の中にというだけではなく、十分に留意された相互関連性というルールを通して、メンバー間のつながりの中にも知識は生まれ存在するものなのである。集団心理を理解する上で強調したいポイントは、活動のネットワークを表象するメカニズムとしての個別の脳という問題である。組織メンバーが自ら相互作用を行なう世界を適切に表象しえていないならば、集団心理というものなど生まれないであろう。もう一度確認するが、表象主義という考え方は、知識に関するコネクショニストの見解の中でも支持されている。表象の対象が物体であれ、言葉であれ、つながりであれ何であろうと、表象を行なったりそれを再構築したりする際に必要な準拠点は、外部に存在していることになる。

このように、これまでのエピステモロジーについての簡単な議論と、そのマネジメントおよび組織研究への適用方法とで本章を結ぶこととする。ここから先の章で言及されるものは、組織の今後の新しいエピステモロジーに貢献するものと考えてほしい。それは表象や認識に対する観点がこれまでのものとはかなり異なる。次章では、オーガニゼーショナル・エピステモロジーについて考え直すスタート地点として、オートポイエーシス理論について論じることにしよう。

注
1 哲学のその他2つの支流は形而上学と価値論である。
2 Montague (1962, 82ページ).
3 企業倫理に関する近年の議論については、Hosmer (1994) および Donaldson and Dunfee (1994) を参照されたい。
4 Goldman (1986, 13ページ).
5 「経験離れした」とは「経験に近い」と反対の語であり、Geertz (1973) が用いた概念である。人類学では、経験に近いとは、観察下にある社会システムの日常の言語のことを指している。一方、経験離れしたとは、学者の崇高な理論づくりのことである。

34 第2章 これまでのオーガニゼーショナル・エピステモロジー

6 Goldman (1986, 13ページ).
7 Goldman (1986) は，個人レベルから社会レベルへとエピステモロジーの範疇を広げる必要性についてとても熱心に訴えている。この拡張は本書のアイディアの展開にとって非常に重要な意味を持つ。後の章で考察することになるが，本書は個人レベルと社会レベルの両方の知識に関心を抱いているからである。
8 これについては本書の後の箇所でさらに論じられる。
9 近年の例としては，Cyert, Kumar and Wikkiams (1993) を参照されたい。そこでは明らかに，著者たちが情報と知識とを同義に使用するということが示唆されている。
10 ビジネスを行なったり，組織を管理したりするのに必要な知識のタイプを考察してきた研究もある。たとえば，マネジャーとは，コントロールの原則，選択の手順，評価のシステムなどに関する知識（Boyatzis (1982)）や，長期的な計画活動に関する知識（Hempill (1959)）を必要とする。この手の文献のその他のものについては Silver (1991) を参照されたい。
11 知識労働者という概念の詳細については，Handy (1989), Hage and Power (1992), Sakaiya (1991) などを参照されたい。
12 Sackman (1991).
13 Haerem (1993), Haerem, von Krogh and Roos (1993) を参照されたい。
14 Leonard-Barton (1992).
15 これと関連する議論として，Ginsberg (1988) を参照されたい。
16 本書で提示する例などは確かに知識の内容に言及することになるはずである。
17 本書で使用する場合，認知科学とは，神経科学，言語学，認知心理学などからコンピュータ・サイエンス（人工知能）に至るまで，様々な異分野の学問を含めて考えている。
18 Varela (1992).
19 Gardner (1985) および Varela (1992) を参照されたい。認知主義者たちの主要な著作の例としては，Newell and Simon (1972), Minsky (1975), Simon (1989) を参照されたい。
20 Goldman (1993).
21 Von Krogh, Roos and Slocum (1994).
22 Bruner and Anglin (1973, 397ページ).
23 Rorty (1980).
24 Rorty (1980, 24-26ページ).
25 Rorty (1980, 37ページ). 観察者と不変の物体との関係については Dewey (1960) も参照されたい。
26 Varela (1992) および Goldman (1993) における議論を参照されたい。
27 Goldman (1993, 6ページ).
28 こうしたことに関する理論としては，Biederman (1987) を参照されたい。
29 この命題は McCulloch and Pitts (1965) によって最初に言及された。Varela (1992) も合わせて参照されたい。本書では，物理的構造という語は，ニューロンが活性と不活性を繰り返しながら，やがて相互に連結する方法を意味している。
30 Montague (1925) を引き合いに出した，哲学の大分水嶺についての先の議論を参照されたい。
31 Goldman (1993).
32 Cherniak (1986).
33 人間の認知の不完全性と制約に関しては Goldman (1986) を参照されたい。
34 Kahneman and Tversky (1973), Tversky and Kahneman (1983) を参照されたい。
35 Varela (1992, 240ページ).
36 Anderson (1983), Bartltt (1932), Schank and Ableson (1977).

37 Schank and Ableson (1977).
38 Nisbett and Ross (1980).
39 Bruner (1964), Nisbett and Ross (1980), Kahneman and Tversky (1973).
40 Goldman (1993) によれば，脳は，インプットとアウトプットの関係や情報処理アルゴリズムの観点から研究されるべきだ，すなわち，人間の脳の理解の出発点としてコンピュータを援用せよ，と提案する認知心理学者（機能主義者）もいる。
41 Winograd and Flores (1987) を参照されたい。彼らは，コンピュータは表象のツールであるというコンピュータ・サイエンスで今日はやりの見解を批判している。彼らはそれにかわって，コンピュータとそのユーザーとのやりとりにいっそうの焦点をあてる見解を示している。
42 Varela (1992, 240 ページ). 人工知能の近年の進歩に関しては，日本のICOT（㈶新世代コンピューター技術開発機構）の，人の言葉を理解し自らプログラムを作成する第五世代プログラムについてのVarelaの説明を参照されたい。
43 March and Simon (1958), Argyris and Schon (1978), Ginsberg (1990), Gioia and Manz (1985), Daft and Weick (1984), Weick (1979), Huff (1983), Hedberg (1981), など様々な文献を参照されたい。こうした文献では，知識は，情報，データ，資源，風評のようなあまり厄介でない概念とたびたび同義とされてきた，ということにさらに注目すべきである。
44 Ghemawat and Ricart i Costa (1993).
45 Prahalad and Bettis (1986), Lyles and Schwenk (1992), Walsh and Ungson (1991).
46 たとえば，March and Olsen (1975) のアイディアを参照されたい。そこでは，組織が環境についての情報を収集し，そうした情報から学習しようとし，そして環境に反応するという，いわゆる選択の完全サイクルについて論じられている。さらに，*Strategic Management Journal* の1993年冬季特別号の組織，意思決定，そして戦略についての特集記事が，情報処理メカニズム（Cyert and Williams (1993)）として組織の特性を探求しようとしていることに注目してみるのもさらに面白いだろう。さらなる例として，組織のデザインを論ずるGalbraithの研究 (1977) があるが，そこでは情報収集および情報処理が組織構造の決定要因とみなされている。またそれはStinchcombe (1990) においても同様である。
47 Huber (1993) を参照されたい。
48 Kilduff (1993). 彼の論文は，組織およびマネジメント研究の背後にあり，よく暗黙の仮定とされてきたものを理解するにあたって，マイルストーンとなりうるものである。
49 Ghemawat and Ricart i Costa (1993).
50 Cyert and William (1993).
51 Huffが編者を務める文献 (1990) を参照されたい。彼女の著作は戦略論の研究者にとって価値の高いものである。というのも，リサーチに基づいた論文の数々であるということに加えて，それぞれの論文に適用される方法論に関して，網羅的に説明がなされているからである。このような構成ゆえに，読者は組織知に関するコグニティビストの研究の根底にある基本的な仮定を十二分に理解することができるのである。
52 Huff (1990) の例を参照されたい。
53 Cyert and March (1963), Lant and Meszas (1990), Lant *et al.* (1992).
54 Prahalad and Bettis (1986, 490 ページ).
55 たとえば，Hedberg, Nystrom and Starbuck (1976), Grinyer, Mayes and McKiernan (1988) を参照されたい。
56 コグニティビストのパースペクティブから見た組織学習についてのより詳細については，March and Olsen (1976), Huber (1991), Herriot, Levinthal and March (1985) を参照されたい。認知主義者のコンセプトとしての組織学習は，比較的最近のテーマであるということに着目すべきで

ある。学習メカニズムとしての組織のモデル化，すなわち，情報処理メカニズムとしての組織 (Cyert and Williams (1993)) という独特な視点が，1970年代に流行した合理的行為者としての組織という伝統的モデルに取って代わったのだ，と Levinthal and March (1993) では主張されている。

57　March and Simon (1958).
58　Lorange (1980).
59　Simon (1993).
60　Nisbett and Ross (1980).
61　Simon (1993, 139ページ).
62　真理に関するこのような世界観は，事物についての Spinoza (1677) のスキームにそのルーツがある。真理とはある事柄についてなされる肯定（ないし否定）であり，その肯定ないし否定ということについて人々が同意している状態である。虚偽とはある事柄についてなされる肯定（ないし否定）であり，その肯定ないし否定ということについて人々が同意していない状態である (Wolf (1919, 102ページ) からの引用)。これは真理に関する次のような Kant のパースペクティブに類似している。ある事物の真理に関して認識の一致が存在している (Smith (1947, 220ページ) からの引用)。
63　Cornford (1937, 23-29ページ) を参照されたい。
64　ここでいう対応ドクトリンとは，真理に関する整合ドクトリンとは別物である。整合ドクトリンにおいて，ある事物と真理とが対応しているとは，せいぜい真理らしき兆候があるというその程度のものに過ぎない。むしろ，…*真理とは，本質的には，重要な性質が全体としてシステマティックかつ整合的に統一されていることを意味するのである* (Joachim (1939, 76ページ))。対応ドクトリンは Hegel のいう Richtigheit（正当性）と，整合ドクトリンは同じく Wahrheit（真実）とそれぞれ関連があるように思われる。
65　Varela (1992).
66　Varela (1992, 243ページ).
67　Goldman (1986, 328ページ).
68　von Foerster (1962).
69　Varela (1992).
70　たとえば，Wechsler (1992) を参照されたい。
71　Varela, Thompson, and Rosch (1992).
72　Thagard (1989). ルールの問題に対するその他のアプローチとしては，たとえば Feldman and Ballard (1982) を参照されたい。
73　Wechsler (1992).
74　Varela, Thompson and Rosch (1992, 96ページ). 括弧著者補足。
75　Wechsler (1992, xix).
76　Eidman (1992).
77　このことの意味を明快に示してくれるユニークな研究の方向性として，人が構造全体を知覚することに関する研究がある。個別の詳細を見ようとするか，全体の様子を見ようとするかによって，われわれは構造全体の中に異なるパターンを見ることになる。これについての詳細に関しては，Willizms and Julesz (1992) を参照されたい。
78　Uhr (1992). より詳しくは，Varela, Thompson and Rosch (1992) を参照されたい。さらに Wechsler (1992) も参照されると良いだろう。
79　Ballard and Whitehead (1992).
80　Minsky (1986) および Minsky and Pappert (1987) を参照されたい。

81 このテーマに関する様々な文献の一例として, Ulrich and Probst (1984), Stacey (1993), Morgan (1986) などを参照されたい。
82 たとえば, Jarillo (1988)。
83 Weick & Roberts のコメントも参照されたい。
84 コンピュータによるコミュニケーションには明らかに限界があるということに留意されたい。それについては, たとえば, Meherabian (1971), Sproul and Kiesler (1991), Kiesler, Siegel and McGuire (1984) を参照されたい。
85 Sproul and Kiesler (1991, 10 ページ).
86 Feldman (1987).
87 Weick and Roberts (1993).
88 Weick and Roberts (1993, 357 ページ).
89 Weick and Roberts (1993, 359 ページ) を参照されたい。しかし, 結合主義とは単にコンピュータの機能に限っての話だと言っていることからも, 彼らが結合主義を限定的なものととらえていることが分かる。ここでの議論に加えて, Varela, Thompson and Rosch (1992) でもそのようなことが言われているように, これはある意味で妥当な見方であろう。
90 Weick and Roberts (1993, 359 ページ). Sadelands and Stablein (1987) も併せて参照されたい。

第3章
オートポイエーシス・システム

レンズ

　私達はこの投機的な企てを，神経生物学という別の領域への旅から始めようと思う。本章の目的は，マネジメントおよび組織研究の分野では比較的に知られていない認知に関するパースペクティブ（すなわち，オートポイエーシス）を紹介することによって，読者に「考える材料（food for thought）」を提供することである。オートポイエーシスは，そもそも第1章で議論した認知の主流をなす世界観とは異なっている。すでに見てきたように，マネジメントおよび組織の表象主義的パースペクティブでは，ビジネス活動は外部からの影響に条件適合的であり，所与の環境の内的表象を通して環境からの要求に応えているということが暗示されていた。オートポイエーシスのパースペクティブには，組織における認知活動がオープンであると同時にクローズドでもあるという考えが反映されている。本書で眺めていくように，オートポイエーシスのパースペクティブは，目下の問題を解き明かすのみならず，マネジメントおよび組織研究の世界で未知の領域への扉を開く探り針ともなるだろう。
　オートポイエーシスという概念は，チリ人の科学者 Humberto Maturana と FranciscoVarela によって，元々は神経生物学の分野で創出され，その後 Ricardo Uribe も加わって，さらに発展したものである[1]。彼らが望んだのは，細胞と細胞の再産出によって描き出される生命システムの本質を，より的確に理解することであった。そこでは，次のような根本的な疑問が設定された。システムを生き物たらしめる，すべての生命システムに共通しているものは何か？　そこで，彼らはすべての生命システムは，それらを生物と呼ぶべき，共通の組織を共有していると考えた。彼らは，自身でオートポイエーシスと名

付けた自己産出の中に答えを見出した[2]。

　オートポイエーシスとはギリシャ語に由来し，自己（auto）産出（poiesis ; poein）を意味する。オートポイエーシス理論で展開される議論は，生命システムは自律的であり，オープンであると同時にクローズドでもあり，自己言及的で，観察可能な方法によって，創造され，また再創造されるというものである。オートポイエーシス理論では，生命システムは，それらが生み出されるプロセスという観点から，継続的に自己再産出する存在と見なされている。生命システムと環境との関係という観点からでもないし，システムのコンポーネント自体に目を向けるといった観点からでもない。従って，そのシステムにおける（内的な）コンポーネント産出は，システムが置かれた環境とのインプット・アウトプット関係に依存しないのである。自己産出（オートポイエーシス）のためにシステムが必要とするすべてのものは，すでにシステム内に存在する。こうした独特な考え方ゆえに，オートポイエーシス理論は，第 2 章で検討したコグニティビストやコネクショニストのエピステモロジーとは一線を画している。

　驚くほどのことではないが，自己産出と自己再産出[3]に関わる問いは，いくつかの科学領域において多くの努力の引き金となってきた。たとえば 1960 年代には，von Neumann が自己産出システムの論理的本質を探るべく[4]セル・オートマトン[5]を用い，Moore は自己再産出を理論的に分析すべく様々な「finitestate マシーン」（訳者注：FSM ; 有限情報機械）について議論した[6]。次世代に情報を送る能力などといった，生き物の実質的特徴を描出した「人工的自己再産出」もモデル化された。たとえば，1950 年代終盤に，Penrose は，リンクした 2 つのホック，固定された金属製のレバー，様々なブロック装置から成る自己再産出機械を開発した。オートポイエーシスのアイディアを「具体的に物質化しよう」としたこれらの試みは，いずれも投機的なものであった。自己産出という領域は，未だにいくぶん迷信的であると考えられている。ある物がそれ自身を再産出するというアイディアは「…*魔法のようにも思える生物の根本的な営みと密接に結びつけられている*」[7]のである。オートポイエーシスは，生命を理解すると言う，人類が提起した最も根本的な問いの一つであるだけではなく，一般的に自然科学（とりわけ分子生物学）における還元主義的

な趨勢に対する反動であると捉えることもできよう。分子生物学は還元主義的思考に立って，複雑なシステムを，理解可能な一片のピースに辿り着くまで，次々とより小さなコンポーネントに分解してアプローチしようとする[8]。たとえば，細胞システムの協調的な関係よりも，むしろDNAやその構成要素に眼差しを向ける[9]。オートポイエーシスの本質的考え方に基づけば，進化[10]のような歴史依存のプロセスと，個々のシステムにおける組織化のような，歴史に依存していないプロセスとが，絡み合って生じる不明瞭さが排除される。

オートポイエーシスは，生命システムや認知，そして知の展開[11]を理解しようとする際に，生じるであろう潜在的で極度な不安感から，われわれを解き放ってくれる。そればかりではない。オートポイエーシスは，非生物的システム[12]の作動や，それらシステム同士の関係を特徴づける理論へまでも発展してきた。オートポイエーシスは，知が一体なぜ，どのようにして，個人的に，そして社会的に組織内で展開されるのかを考える，新しいオーガニゼーショナル・エピステモロジーの開発に当たって大きな助けになるのである。

オートポイエーシス・システムの特徴

オートポイエーシス理論は，自己産出それ自体に言及しているだけではない。その構造（ここでいう「構造」とはコンポーネントと，システムにおけるその関係を意味する）を恒常的に維持するという営みを通して，継続的に自己を更新する生命システムの特徴へも言及しているのである。システムは様々な方法で形成されうるが[13]，もしそれが所与の時空連続体の中で，はっきりと弁別されるシステムを構成しているならば，そのシステムは，それを*ユニティー*として定義するコンポーネント間の「*相互関係*」を構築しているに違いない。ユニティーとは，背景から明確に区別されうることを意味する（従って，他のユニット（units）とも区別されうる）。ユニティーは，所与の時空連続体の中で存続するための唯一の必要条件である。要するに，ユニティーを裏打ちしている条件（弁別可能性）によって，その現象が決定される。いかなるときでも，ユニティーが弁別されるならば，その現象学的領域は明瞭である。「*ユニ*

ティーは弁別という行為によって立ち現れるのである。逆に言えば，われわれがあるユニティーを記述すべく言及するとき，われわれは暗黙裡に，その境界を定め，またそうすることを可能にする弁別という作業を行っているのである」[14]。オートポイエーシス・システムは観察者によって境界を定義されるというよりも，むしろその自己産出プロセスによって境界が明らかになる。すなわち，オートポイエーシス・システムはユニット（units）である（システムそのものによってユニットであるように見ることができる）。

あるシステム（ユニティー）におけるコンポーネント間の相互関係に注目すれば，システムが直面する可能性のある変化（たとえば，破壊）の意味が，鮮明になる。こうした相互関係は，われわれがいかなる場合に，ある物をユニティーとして認識するのかという問いに対する答えである。存続するユニティーのために何が必要かがはっきりと示されている。従って，システムを特徴づけているのは，コンポーネントそのものではなく，コンポーネント間の相互関係のセットである[15]。MaturanaとVarelaは「組織」という語を，「構造」という語よりもより広い意味で用いている。

> 組織とは，システムおよびその構造を規定するのに必要な関係であり，システムをそのようなものとしてインテグレートさせるコンポーネント間の実際の関係のことなのだ。従って，システムが崩壊することなく，そのアイデンティティーを維持している間は，組織は不変なのである。構造は，組織的制約を満たすことができるのであれば変化することができる[16]。

この理論が提示しているのは，オートポイエーシス・システムは，そのコンポーネントではなく，コンポーネント間の関係に依存しているという，特定された組織のシステムである，ということだ。従って，オートポイエーシス・システムは時間の経過と共にそのコンポーネントを変化させるが，その組織は維持している。もし，システムの組織がまったく変わってしまえば，システムそのものが変わってしまい，新たなアイデンティティーを伴った新たなシステムを形作ることになるだろう。しかしながら，構造が変化しても組織が維持されているならば，そのシステムはアイデンティティーを保っている。「変化する環境に対処するために新たな構造が必要とされるかもしれない。しかし，シス

テムは当該システムを当該システム足らしめているすべてのメカニズムを維持するのである。つまりは，そのシステムがアイデンティティーを失っていないことを意味している」[17]。

組織と構造との関係をより理解していただくため，ちょっとした例を挙げてみたい。自転車の組織には，フレームによって結合された2つのホイールが必要だ。しかし，自転車の構造は，木製のタイヤをゴムのタイヤに換えたり，ステンレス・フレームをアルミ・フレームに変えたりすることで，変更することができる。とはいえ，オートポイエーシス・システムを理解するためには，次の2つの点を理解する必要がある。一つは，システムを裏打ちしている相互関係であり，もう一つは，システムを構成している相互関係がいかにしてシステムの中に立ち現れるのかである。細胞の再産出を通して，オートポイエーシス・システムの真のダイナミクスをより適切に捉えた例を挙げることができる。細胞は細胞自身を再産出しているだけではない。細胞は，細胞を再産出できるという細胞自身に備わった能力をも，再産出しているのである。

読者諸賢の心構えもお出来であろうから，こうした一般的な関心事に続いて，MaturanaとVarela, Uribe（1974, 188ページ）による，オートポイエーシス・システムの元々の定義に触れておきたい。

> オートポイエーシス的な組織とは，コンポーネント産出ネットワークに基づくユニティーであり，(1)それは，同一のコンポーネント産出ネットワークに繰り返し参与し，(2)それによって，産出ネットワークは，コンポーネントが属する空間におけるユニティーとして認識される，と定義される[18]。

この定義から，細胞が，分子スケールにおけるオートポイエーシスの具現物であると理解できる。細胞は，一生の間に何度もそのコンポーネントを若返らせるが，細胞としての構造はもとのまま維持され続ける。細胞は，細胞自身のコンポーネントを産出するシステムとして，その作動を通して継続的に細胞内部の相互関係を再生成している。従って，細胞そのものの組織は不変なのである[19]。

すべての生命システムは継続的に自己産出し続ける（オートポイエーシス）システムなのである。しかし，進化と再産出についてはどうだろうか？ 進化

と再産出は，ユニティーの成立にとっては二義的なものであるため，生きている組織の意味を明らかにすることはできない[20]。オートポイエーシス・システムの実現可能性も，必要なコンポーネントの出現とコンポーネント間の相互作用に依存している。それゆえ，オートポイエーシス・システムの自然発生は，コンポーネントを自然発生させた自然界の状態に依存していることになる。よく知られている核酸タンパク・システムがそうであるように[21]。

ならば，オートポイエーシス・システムがユニティーを形成し，それを作り変えるという能力以外に，オートポイエーシス・システムを特徴づけているのは何なのか？ オートポイエーシス・システムの4つの基本的能力が浮かび上がってくる。すなわち，自律性，オープンであると同時にクローズド，自己言及的，観察可能性である。

自律性

自律性とは，自己制御・自己統制（すなわちアイデンティティーを維持していること）を意味する。従って，あるシステムにおいて，システム自身が機能するために，システム自身を明確に統制できているのであれば，そのシステムは自律的である[22]。オートポイエーシス・システムは自律的なユニット（units）である。オートポイエーシス・システムは，あらゆる変化に合わせて，それ自身の組織をメンテナンスしている。「*自律性は，オートポイエーシス的な組織に起因する示差的な現象である。オートポイエーシス的な組織は，その作動を産出することによって具現化する*」[23]。オートポイエーシス・システムはそれ自身のコンポーネントを再産出し，それ自身の組織とアイデンティティーを再創造しているがゆえに，その自律性を確保しているのである。オートポイエーシス・システムが機能するためのルールは，システム組織と，システム自身を再産出する方法の中に見出される。

自律性は生命システムの一般的特性である。「*…自律性は，生命システムの本質的特徴として，あまりにも明瞭に出現しているがゆえに，観察の結果，ある物体が自律性を有していると思われたとき，単純にアプローチすればそれを生きていると考えることになる*」[24]。このため（おそらくは他の理由もあるの

だろうが），MaturanaとVarela[25]によれば，生命システムの理解に大きな関心を抱いている多くの生物学者が，生きている組織の自律性という問いに対して困惑してしまうのである。

自律的なシステムは，コンピュータのように，インプット・アウトプット関係を通して環境と結びついているシステムとははっきりと弁別される。

> *機械的システムの組織は，システムをユニティー（unities）であると認識させるような，コンポーネントやプロセスを産出したりはしない。つまり，機械的システムにおいては，産出された作動はシステムそのものではない。われわれはこうしたシステムをアロポイエーシスと呼ぶ*[26]。

「統制」という概念は，他律的システムにおいては外的環境から行使され[27]，情報のインプット・アウトプットに基づく条件適合的なものであるとされるが，オートポイエーシス理論に基づけば，オートポイエーシス・システムの「自律性」という概念がそこに補われることとなる。こうした見方は，環境に適応すると同時に環境を形作っているという，近代的なオープンシステムの発想とは相容れぬものである[28]。

特筆すべきは，オートポイエーシス・システムと自己組織化システムは，自律性という特性に従って峻別されるべきだという点である[29]。両者がそれぞれ暗示している自律性の基準は異なるものだ。まず最初に*システムは，オートポイエーシスになれる前に自己組織化していなければならない*。すなわち，いくつかの文献で述べられているように，オートポイエーシスと自己組織化は同義ではない[30]。自己組織化のプロセスは2つの方法で起こりえる。自己組織化システムにおける自律性の開発とは，その組織を維持するというシステムの必要性に基づいてコントロールされるべき，様々なコンポーネントのインテグレート・プロセスであると同時に，システムの境界で様々なコンポーネントを拒絶するプロセスでもある[31]。

オープンであると同時にクローズド

オートポイエーシス・システムにおける変化は，（シグナルを送ってくる）

独立した出来事によって引き起こされる。こうしたシグナルに呼応して，システムは内的構造を変化させる。こうしたことはシステムにおける組織のメンテナンスにとって副次的なものであるため，（第 2 章で述べた）コネクショニスト的な意味においてもコグニティビスト的な意味においても，オートポイエーシス・システムにはインプットもアウトプットも不在である。さもなければ，そうしたインプットやアウトプットは，オートポイエーシス・システムのユニティーとしての境界内に含まれなければならないことになるが，それらは含まれてはいない。

とはいえ，このインプットとアウトプットの不在は，システムがその環境から孤立していることを示唆しているのではない。オートポイエーシス・システムは，環境で起こった出来事によって刺激されたり妨害されたりもしよう。しかし，如何なる状況においてもこれらの「撹乱」は進行中のオートポイエーシス的なプロセスにおけるコンポーネントとして内在化されない。オートポイエーシス・システムは（アロポイエーシス・システムのように）撹乱に至るエネルギーを管理しない。撹乱は単にシステムそのものに内在するプロセスを刺激したに過ぎない。そうしたプロセスは，システムが自己定義したルールに常に従っている。環境はこれらの変化を決定したり指図したり統制したりすることは決してできないがゆえに，オートポイエーシス・システムは自らを知ることで，その環境を知る[32]。同様に，そのシステムが環境における構造的変化が原因で生じたにしても，最終的結果がオートポイエーシス・システムによって決定されることはあり得ない。それゆえ，撹乱は相互的である。結果的に生じた継続的かつ相互に調和した構造的変化は「連結構造」と呼ばれる。従って，オートポイエーシス・システムはオープンであると同時にクローズドでもあるのだ。細胞を例に挙げれば，細胞はエネルギーに関してはオープンであるが，情報や統制に関してはクローズドである[33]。

この意味するところは，情報も知も環境からピックアップされたり，取り込まれたりするのではなく，それらはオートポイエーシス・システムの中で形作られるということである。従って，情報は記述者やシステム，そしてそれらの相互作用の関係のかみ合わせの内に立ち現れる[34]。ゆえに，オートポイエーシスのパースペクティブは，構築されたものとされる情報の概念を再解釈するよ

う要求しているのだ。「…われわれは文字通り，情報 (in-formare：その内において形成されたもの) について語っている」[35]。「情報」という概念は，ラテン語で文字通り「内で形成されたもの (to-put-in-form)」を意味する informare に由来する。これは，たとえばコグニティビスト，あるいはコネクショニストのエピステモロジーにおいてそうであったように，これまで情報が扱われてきた方法とは異なっている。ここでは，情報はシステムの構造や組織から独立した表象を意味していた[36]。

これまでの議論を通して，興味深い帰結が浮かび上がる。それは，人間が実際にいかにして知るのかということと，知に関する伝統的な見解が「情報」や「統制」のような概念の厳格な用法に，いかに影響を受けてきたのかということへの理解を促してくれる。それらは，生命システムをインプット－アウトプット処理機械とみなし（たとえば脳である），設計された他律的実体へと還元してきた。

自己言及

「自己言及」という概念は，ある独特の種類のシステムをその活動によって区別することを可能にする抽象的観念である。自己言及とは，システムによって蓄積されたシステム自身に関する知が，当該システムの構造と作動に影響を及ぼすことを意味している。自己言及性は，自己組織化によってもたらされ，結合した作動[37]が命であるすべての生命システムの特徴である。オートポイエーシス・システムは自己言及的である[38]。対照的に，非生命システム，非オートポイエーシス・システム（たとえばコンピュータ）は，外部から与えられた何か（たとえば，ソフトウェア）に言及し，結果として異なる作動結合を行っている[39]。

オートポイエーシス・システムは，ある特定の時空連合体に関して自己言及的であるばかりではなく，システム自身の進化に関しても自己言及的である[40]。ひとたびこの円環性が現れると，プロセスは環境からの干渉によってではなく，それ自体の作動を通して首尾一貫性を達成する。論理のように，自己言及は時間と切り離しては理解され得ない。というよりも，むしろ時間は自己

言及の一部なのである。円環的な自己言及プロセスは「...われわれが生命システムやオートポイエーシスの内，つまり一般的に組織的閉域の中で考えてきた，神経系のある種のダイナミクスである」[41]といった議論がなされてきた。

いかにして人間が知るのかということに関して，より豊かな示唆が浮かび上がる。われわれは，以前の知への（自己）言及を通して知るのだ。従って，自己言及性によって次のようなことを描き出す道が開ける。すなわち，われわれが知る何かは，われわれは既に知っていた何かの影響を受けており，われわれが知るであろう何かは，われわれが今現在知っている何かに依存しているのだと。これは人間と機械の峻別をもたらす，もう一つの特性である。

観察可能性

オートポイエーシス的なプロセスは，そのシステムを除けば，いかなる物もいかなる人も直接アクセスすることはできないが，観察に対しては開かれている。オートポイエーシス・システムに関するいかなる記述も，観察者の立場からのみ可能なのである[42]。観察者あるいは観察者の共同体は「...当該システムを創出した認知的見地を具現化し，その後に彼らのパースペクティブからシステムを記述する，一人あるいはより多くの人びとである」[43]。

観察者は，内的構造に注意を集中するのか，あるいはその環境に注意を集中するのかを選ぶことができる。前者の場合，観察者は環境を背景として眺め，システムの特性はコンポーネント間の相互作用から浮かび上がってくる。後者の場合，観察者は環境との特定の相互作用を伴うシンプルな実体としてシステムを扱うことになる。たとえば，環境はシステムに制約を課したり，システムの活動統制（サイバネティクス）に関わる問題の結果として生じていたりする。

観察はそれ自体，オートポイエーシス・システムの作動である。

出来事を観察するのはわれわれである。葉や風，蛙や影はすべてわれわれの経験の一部であり，われわれが記述する出来事も，それらの違いと同様に，われわれの経験の部分間に，われわれが構築した関係に由来する。...われわれは，

(われわれの認知的領域の）外側に踏み出すことはできないし，環境の中でわれわれ自身をユニットとして眺めることもできない。...ある時点で観察者が彼自身の環境として受け止めるものも，依然として彼の経験の一部であり，知る人と，彼が知る世界を分離させるような境界面は決して存在しないのだ[44]。

適用上の注釈

すべてのプロセスが「オートポイエーシス」というラベルをもたらすことができるわけではない。主に求められるのは，コンポーネント産出プロセス（何がコンポーネントで，いかにしてその再産出を裏付けることができるか？）と，そのシステムに精確な意味を与えることができなければならないということだ[45]。それでも4つの特性を考えれば，オートポイエーシスが，コグニティビストやコネクショニストの知や認知に関するパースペクティブとまったく異なるのは明らかである（第2章を参照されたい）。弁別をする際のポイントは，ひとたびシンボルがシステム自身の創造物として現れたなら，いかなる表象への言及も不要であるという点である。

> オッカムの剃刀（訳者注：Occam's razorとは，「ある事柄を説明するのに必要以上に複雑な仮説を立ててはならない」という指針）が，人工知能の領域から神経科学へこっそり持ち込まれるトロイの木馬から，われわれを楽にしてくれる筈だ。おそらく，結局は次のような異議が唱えられよう。表象は，環境と観察有機体（脳）を結び付けて眺めている観察者の心の中にのみ存在すると[46]。

オートポイエーシス理論は，それが紹介されて以来，徐々に一般的なシステム理論へと進化してきた[47]。われわれは，この理論が多くの分野に衝撃的なインパクトを及ぼしてきたと考えている。オートポイエーシスは「マルクス主義や精神分析理論のように，それぞれの枠組の内で現れてきた」[48]統一理論というよりも，理論的パラダイムというべきだとの主張もなされてきた。オートポイエーシスは，システム理論からの主だった批判に折り合いをつけながら，社会システムの理解へと応用展開されてきた。システム理論では，過去20年間

にわたって，視覚システムは，環境への適応を促すものであり，従ってよりオープンなものと捉えられてきた[49]。

　法理論と法社会学においては，オートポイエーシスの基本的概念に基づいて，法システムには社会における問題に適応すべく，更新されたり抵抗したりするということが欠けているのではないかという意識が醸成されてきた[50]。オートポイエーシスは，社会的制御をより理解するためにコンフィギュレーション理論と組み合わされてきた[51]。環境意識と環境問題に対する企業の責任に関する議論の中で，オートポイエーシス理論は（環境保全主義者達と企業における意思決定者達の間の）コミュニケーション問題への意識を高めるのに役立ってきたし，それらの問題を克服できる方法を切り開いてきた[52]。オートポイエーシス理論は，コンピュータやその機能が，人間の言語や思考，行為の進化とどのように関連しているのかという問いへの理解も深めさせてくれた[53]。科学哲学においては，オートポイエーシス理論は「科学的知識」と対立するものとしての「日常知」の構造を理解するのに有効であった[54]。マネジメントの領域では，企業を生きているシステムとして理解し[55]，組織知展開への取り組みに，オートポイエーシス理論が力を発揮してきた[56]。それは，進化論的な組織の変容を（よりメタフォリカルな意味で）理解するための準拠点をも形作ってきた[57]。

　要約すれば，その生物学的ルーツを通して，オートポイエーシス理論はプロセスと関係にフォーカスしてきた。ここでいう関係とは，コンポーネントを通して実現されるプロセスと，システムのコンポーネントそれ自体の特性とは関わりなく実現されるプロセスの間の関係である。人間のようなすべてのメタ細胞は，自身を構成している連結された細胞を通して自分自身を再産出している。すべてのメタ細胞はオートポイエーシス・システムであるため，*好むと好まざるとに関わらず*，あなたも，そして私もオートポイエーシス・システムなのである。

注
1　「オートポイエーシス」という語はMaturana and Varelaの造語だが，後述するように，その特性の多くは今世紀初頭に発表された研究に端を発している。
2　自己産出について，Maturan and Varelaよりも前に，数名の研究者によって議論されていたことには注意されたい。たとえば，Weiss (1967, 1973) やBertalanffy (1952, 1968) は，生き

50   第3章 オートポイエーシス・システム

ているシステムを物質とエネルギーの流れの自己産出と自己組織化として論じている。Smuts (1926) は，生きているシステムを継続的な自然発生における還元できない全体という意味で論じている。Bogdanow (1912) は，生きているシステムを自己維持だけではなく自己産出と捉えている。自己産出に関わるインスピレーションの歴史的潮流を見事にレビューしている Swenson (1992) および Zeleny (1980) を参照されたい。

3   自己再産出は，個体が自身を産出するプロセスと結合したプロセスを通して，自己に似た組織から成るもう一つの個体を産出するときに生起する。たとえば，細胞分裂は，自己再産出と呼ぶことのできる再産出の特殊なケースである。

4   von Neumann (1966).

5   セル・オートマトンは，一見すると単純なシステムを理解するために，1940年代に開発された。セル・オートメーションは，隣接したセルの状態に依存するセルの配置のように見ることができる (Ulam, 1952)。後に，この技法は，ダイナミズムと進化の理論的問題に関して広範な道を切り開いた。

6   Moore (1964).

7   Penrose (1959, 105 ページ).

8   科学における還元主義に対するいくぶん皮肉を込めた議論については，von Foerster (1972) を参照されたい。

9   より詳しくは Monod (1970) および Berthelemy (1971) を参照されたい。

10   ここでは進化は，Spenser (e.g. 1851) が提示しているように，内的および外的要因双方との相互作用を包含した発達を意味している。これは，スイスの自然科学者 Charles Bonnet が，すでに 1762 年に提示しているように (Miall (1912) を参照されたい)，われわれにより馴染みがある考え方，つまり*前もって存在している*構造が，切迫した圧力によって，文字通り単純に形成されたという考え方とは異なっている。後に Charles Darwin が『種の起源』の中で 19 世紀後半を通じて提示した考えとも異なる。進化および共進化に関する異なる見解については，Kauffman (1991, 1995) を参照されたい。

11   オートポイエーシス・システムを理解するに当たって，Maturana and Varela の準拠枠が「生命システムと呼べる特定の物，…生きている細胞」(Varela, 1979, 14 ページ) であるという点には注意すべきである。

12   非生物の概念は，オートポイエーシス理論が生物学を越えた分野で応用されてきたことを暗にほのめかす意味で用いられている。とはいえ，われわれがこのような非生物システムを非生命システムとして扱っているということを，必ずしも意味しているのではない。たとえば，Vicari (1993) は，オートポイエーシス理論に基づいて，イタリアの学者 Onida (1968), Zappa (1950) が主張した企業理論を，もう一つの案として要点を示しつつ，企業が実は生命システムなのだと述べている (*L'impresa vivente*)。この主張をするに当たって，彼は生命の概念と定義を，生物学の専門領域を越えて拡張するよう提案している。

13   システム理論の全貌をレビューすることは本書の範囲を越えている。システム理論とシステム思考の基礎に興味を持たれたならば，パラダイムの転換を促した様々な文献を渉猟すべくお勧めしたい。たとえば，Wiener (1961) の初期の著作や Ackoff and Emery (1972), Emery (1969), Ashby (1960), Bertalanffy (1968), Churchman (1968) である。システム理論をマネジメントの理論および実践へと応用した初期の内容に興味を持たれたならば，Stafford Beer の研究 (たとえば Beer (1959)) や C. West Churchman の著作 (たとえば Churchman and Schainblatt (1965)) をお勧めする。

14   Maturana and Varela (1987, 40 ページ).

15   システムの相互関係はプロセスによって典型的に特徴づけられる。それは，(1) プロセスそれ自

体を開発し実現するに際して，相互回帰的に依存しあっていること，(2)プロセスが存在する時空連続体において，認識可能な状態でシステムを構成していること，である。
16　Varela (1984, 84ページ).
17　Gomez and Probst (1983, 3ページ).
18　Valera (1979, 3ページ) はこの定義をより推し進めて，「オートポイエーシス・システムは (ユニティーとして定義され)，そのコンポーネントを生み出すコンポーネントの産出 (変換と破壊) プロセスのネットワークとして組織されている。それは，(1) コンポーネントの継続的な相互作用と変換を通して，それらを生み出すプロセス (関係) のネットワークを再生成および遂行し，(2) このようなネットワークとしてそれが遂行される位相領域を特定することによって，それらが存在する空間における具現化されたユニティーとしてそれ (そのシステム) を構成している」と述べている。
19　この議論から2つの基本的な考えが現れる。つまり，細胞は(1)それ自身を*再産出*するvsまったく再産出しない，および(2)それは*それ自身*を再産出するvs何かほかのものを再産出する，である。
20　再産出は，再産出されるユニティーの存在を必要としている。そして，進化は再産出されるもの，すなわちユニティーを変化させる可能性を必要としている。定義に従えば，後者は前者に追随して起こることになる。
21　Varela (1979).
22　自律性については Aristotle 以来，文献の中で議論されてきた。何人かの著作者が自律性という語を以前から用いている。自律性の基本原理によって引き起こされる，一連の難解な哲学的，科学的問題については，Edgar Morin (1982) のエッセーも参照されたい。
23　Varela, Maturana and Uribe (1974, 188ページ).
24　Varela (1979, 3ページ).
25　Maturana and Varela (1987, 46-48ページ).
26　Varela, Maturana and Uribe (1974, 188-189ページ).
27　統制とは外在的な法あるいは外在的な統制 (他律性) を意味する。
28　Varela は自律的システムについて一歩進んだ考察を加えている。Varela は「…自律性は，われわれが個々の生物体として眺めているものを越えて，社会的慣習の集合的相互作用においても存在する」(Varela (1979, 271ページ)) と主張している。
29　自己組織化について詳しくは Jantsch (1980) および Andrew (1989) を参照されたい。
30　たとえば，Jantsch (1980) や Andrew (1989)，Zimmerman and Hurst (1993) である。この前提は，より首尾一貫して包括的にシステムを記述できるオートポイエーシス・システムのいくつかの特徴を除外している。
31　これらは2つの異なる自己組織化システムを表している。新しいコンポーネントを受け入れ，彼らの内部エネルギーをそれらのエレメントをインテグレートする (秩序立てる) ために集中する自己組織化システムと，いかなる新しい，境界外のコンポーネントも拒絶する自己組織化システムである。プレモダンからモダン科学へと発展する段階におけるこれら2つのタイプの自己組織化に関する解説については，Stich (1990) を参照されたい。
32　この弁証は，自分自身について知りつつ，かつ自分自身と一定の距離を保つという視点からさらに議論されている。Maturana and Varela (1987) はこれを「ブートストラップ」と呼び，Dupuy (1988) は「自己超越 (self-transcendence)」と呼んでいる。
33　Maturana and Varela の厳重な組織の閉鎖性という元々の論調は，たとえば Jantsch (1980) によって，その後緩められてきている。さらに，Luhmann (1986) の見解では，オートポイエーシス・システムは，オープン・システムの回帰的に閉じた組織として理解されなければならない。

すなわち，オープン vs クローズドという伝統的な2項対立を越えて，その2つをリンケージして扱う必要があるのだ．われわれが「オープンであると同時にクローズド」と述べたのはこうした理由からである（von Krogh and Vicari (1993), von Krogh, Roos and Slocum (1994) をも参照されたい）．
34 同様の方法で，次のような議論が展開されてきた．たとえば，法システムは確立した規準という視点ではクローズドだが，同時に認知的にはオープンなシステムである．（オートポイエーシス的な）経済システムはニーズや製品，サービスに関してはオープンだが，支出に関してはクローズドである．
35 Varela（1979，xv ページ）．この点については von Krogh and Vicari (1993) でさらに議論されている．
36 この意味するところは，情報は表象されている事物ということになり，表象されている事物は，ある構造におけるシンボリックなユニット（units）と，別の構造におけるシンボリックなユニット（units）に対応している，ということである．第2章の議論を参照されたい．
37 われわれは「結合した作動」という語を，システムが機能する際に関わっている何かを指すために用いている．
38 Varela（1979）および Goguen and Varela (1978) は，すべての基本的な循環形態を回復可能にすることは，あらゆる発現をそれ自身が指示したスペースに再び入れなおすことであるということを示しながら，自己言及的な発現の計算法を開発した．彼らの計算法によって，すべての自己言及的な状況は，本質的に一つのクラスに属しているものとして，同じ土台の上で扱えることが示された．
39 生命システムを越えて，その他のシステムにオートポイエーシスを拡大して適用する場合には，自己言及的な作動結合は（当然ながら）生命ではない．一般的に，非生命システムにおいては，作動を結合しているのは*意味*であり，それは精神システムでは*意識*であり，社会システムではコミュニケーションである．より詳しくは Luhmann（1984）を参照されたい．
40 紙幅の都合上，Charles Darwin 以降の進化論と，Maturana and Varela の研究で捉えられている「進化」の道筋との相違点および類似点について，ここでは深く掘り下げない．この点について詳しくは，Jantsch（1981），Maturana and Varela（1987）を参照されたい．
41 Varela（1979，107 ページ）．
42 von Forester（1972）．
43 Varela（1979，85 ページ）．オートポイエーシス・システム理論の生物学的ルーツを辿ることに関心を持たれた方々は，本章を通して Maturana and Varela が生命を定義するという問題といかに格闘してきたかをお分かりいただけたものと思う．Maturana and Varela（1987）では，観察者が生命システムに対して，それを生命システムと認識できるように，生命システムの特徴を列挙して定義するという，伝統的な生物学のアプローチが手厳しく非難されている．彼らが主として言わんとしているところは，そのようなアプローチでは，ありとあらゆる多様な生命をカバーできる完璧なリストを作成するという問題に決まって直面することになる，ということだ．本章では，オートポイエーシス・システム理論における驚くべき「自己言及」的能力が明らかになった．伝統的な生物学者達は，彼ら自身生命システムであり（観察者でもあり），特有の認知的視点を構築しているのだが，生命システムの特徴をより精確にリストアップするという作業を通して，様々な生命システムの型を作り上げてきたのである．
44 Varela（1979，273-274 ページ）．
45 オートポイエーシス・システムは一つのシステムとして定義される．ゆえに，あるシステムはオートポイエーシスであるか否かであって，オートポイエーシス・システムは漸進的なプロセスを経て確立されるのではない．あるシステム（ユニティー）がオートポイエーシス的に組織化されて

いるか否かを判断するには，次の6つの点が鍵となる。(Varela, Maturana and Uribe (1974, 192-193 ページ))。
1. 相互作用を通して，当該システムが同定可能な境界を形成しているか否かを明らかにせよ。もし境界が明らかにできたならば2へ進め。そうでなければ，その物について記述することはできないし，何も言うことはできない。
2. 当該システムの構造的な要素，すなわちコンポーネントが存在するか否かを明らかにせよ。もしそれらのコンポーネントについて記述可能なら3へ進め。そうでなければ，当該システムは分析不能であり，オートポイエーシス・システムではない。
3. 当該システムが，機械的システムかどうかを明らかにせよ。すなわち，当該システムにおける，コンポーネントの相互作用および変換を決定している特定の関係を満たす能力が，コンポーネント自身にあるか否かを明らかにせよ。もしあるならば4へ進め。そうでなければ，当該システムはオートポイエーシス・システムではない。
4. 当該システムの境界を構築しているコンポーネントが，それらが相互作用する空間において，それらに備わった性質によって決定づけられた仕方に基づいて，コンポーネント間での特恵的な近隣関係および相互作用を通して，境界を構築しているか否かを明らかにせよ。もし明らかならば5へ進め。そうでないなら，システムそのものではなく，あなたが境界を決定しているがゆえに，オートポイエーシス・システムではない。
5. 当該システムの境界のコンポーネントが，当該システムのコンポーネントの相互作用によって産出されているか否かを明らかにせよ。前もって産出されたコンポーネントの変換によるものか，あるいは，境界外から当該システムに入った，コンポーネントではない要素の変換やカップリングによるものなのか，明らかにしなければならない。もしコンポーネントの相互作用によって産出されているなら6へ進め。そうでないなら，当該システムはオートポイエーシス・システムではない。
6. 5で調べたように，当該システムのコンポーネントもまた，そのコンポーネントの相互作用によって産出されており，かつ，他のコンポーネントの相互作用によって産出されていないコンポーネントが，他のコンポーネントの産出において必須で不変の構築的コンポーネントとして加わっているならば，そのコンポーネントが存在する空間において，オートポイエーシス・システムを見つけたことになる。もしそうでないなら，当該システムのコンポーネントによって産出されていないコンポーネントが当該システムに存在することになり，それは他のコンポーネントの産出に加わらないことになる。そうであれば，それはオートポイエーシス・システムではない。

Varela および Maturana, Uribe が，われわれが「システム」と言うところで「ユニット」という語を用いているのには注意してほしい。様々なタイプのシステムに対する，これらの基準の適用と評価については Zelany and Hudford (1992) を参照されたい。Varela および Maturana, Uribe によるこれらの基準のダイレクトな適用が批判されている点には留意してほしい（たとえば，Geyer (1992))。

46 Werner (1987, 183 ページ). Maturana and Varela (1980) を参照している。
47 Verela (1979), Luhmann (1987), van Twist and Schaap (1991).
48 King (1993, xx ページ) を参照されたい。
49 たとえば，Buckley (1968)。
50 Luhmann (1988), Teubner (1988), Deggau (1988).
51 Veld, Schaap, Termeer and Twist (1991) を参照されたい。
52 Luhmann (1992).
53 Winograd and Flores (1987).
54 Maturana (1991), Becker (1991).

55　Vicari (1991).
56　von Krogh and Vicari (1993), von Krogh, Roos and Slocum (1994), そしてこの本においても。
57　Morgan (1986), Smith (1982), Weathly (1992).

第4章
組織知—個人の組織知（と社会の組織知）—

組織の知

　組織知は個々の組織メンバーの中にあると同時に，メンバー間の関係の中に，すなわち，社会的レベルにも存在する。反表象主義の立場を貫くにあたって，我々は個人の認知，および個人の知とに関して，数々の心強い理論的裏付けを自由に使える。しかし一方で，社会システムの知それ自体についてはほとんど著されていない。よって，社会システムの知という概念を説明でき，しかもオートポイエーシスというパースペクティブと矛盾しないような，うまく折り合いの付く理論およびそれに関連する用語が見い出されるまで，社会の組織知ということを本章ではあえて棚上げすることにした。

　個人レベルの組織知とは，「個人の中にある」組織知のことである。個人の組織知という概念を展開するにあたっては，人の認知に関して，オートポイエーシス理論から概念および概念相互の関係についての考え方を借用する。また，第3章で既述した主要な術語を駆使することになろう。本章ではとりわけ次の文献を参考とする。Fransisco Varela 著, *Principles of Biological Autonomy* (1979), Humberto Maturana and Fransisco Varela 著, *The Tree of Knowledge* (1987), Fransisco Varela, Evan Thompson and Eleanor Rosch 著, *The Embodied Mind : Cognitive Science and Human Experience* (1992)。

　世界は所与のものであり，そうした世界を可能な限り精確に表象するのが認知システムの役目である，コグニティビストおよびコネクショニストのエピステモロジーがこのように仮定していたことを思い起こして欲しい。認知システムは自らを取り巻く世界を解釈しようとする。人の心というものを，ありのま

まの現実を映し出す鏡に見立てそれをメタファーとして利用する[1]。認知システムは表象に基づいて逐次的に行動する。「一つの（または複数の）表象の正当性を判定するための論戦の場としての最高裁[2]」にあたるのが世界であり，我々は自らの表象に成功したり失敗したりしながらそうした世界で行動するのである。

極めて一般的なレベルで言えば，オートポイエーシス理論とは，人の知と世界との間の関係を説明するこれまでのものとはまったく違う新しい概念である（第2章での議論を参照）。以後の議論では，人間の知に関する様々な性質に目を向けることになる。たとえば，知とは，具現化されたものであり，自己言及的で，観察に際して弁別を可能にし，さらにそれは組織の中で生み出される，といったように。

知の具現化

知識とは，何ら制約のない状況下で繰り出される人間の肉体の機能に左右されないという意味で，純粋無垢な抽象物である，というのがコグニティビストのエピステモロジーの考え方である。知識を純粋無垢な抽象物ととらえる考え方は，環境が前もって定義できたり，うまく構造化されていたり，特定できるような状況でタスクを遂行する認知システムにとってはたいへん有効である。だが，活動の自由度，観察され分類される項目の数，行為の及ぼす影響などが制約を受ける場合，表象の数もまた制約される。たとえば，産業用ロボットは，設置される物理的なレイアウトや，操作する物的対象などに応じて，プログラムされる一連の活動は制約されることになる。

しかし，人間はそのように前もって出来上がっていたり，特定的な状況に出くわすことはめったにない。ゆえに，人間は直面する状況や問題と，その問題の解決策とを明らかにするに際して，自分の経験や創造力にどうしても頼らざるを得ないのである。知識とは純粋無垢な抽象物ではなく具現化されたものである，すなわち，「*知られることになるものはすべて，すでに誰かに知られている*[3]」というのがオートポイエーシス理論をベースにした知識論であり，コ

グニティビストのエピステモロジーと一線を画する点なのである。人は新しい状況に直面した時，思考，感覚，活動などを通して経験が呼び覚まされる。認知と行為，また感覚と運動のプロセスを通じて知が形成される[4]。さらに，オートポイエーシス理論は，人間とは新しい状況で自己の立場を見定めるために過去の経験を利用すると考える。であるから，過去の経験がこれから得られる新しい経験に影響を与えることになるのである。

こうした知とは具現化されたものだとの見解は，世界と人の知との関係についてアッと驚くような考え方へと誘ってくれる。「状況」（あるいは世界と言ってもいいだろう）と「知」とは，構造上つながっており，よって共進化する，というのがその主張の中心である。知はわれわれが世界で知覚し，行為し，活動することを可能にする。そして，われわれが行為し，知覚し，活動するにつれて，世界というものが，われわれの行為と観察の結果として出来するのである。Maturana and Varela の言葉を借りれば，「*世界を生み出すのは知だ*」ということになる[5]。

知と世界とはそれほど緊密に結びついているので，どちらが先かを論ずるのは本質的に無理な話である。よって，ほとんどの人にとって知とは何ぞやということを定義するのは困難を極める，ということも驚くにあたらない。鳥が飛んでいるのを見ているとすると，生き物の観察というこの事象を創造するにあたって，鳥が先か目が先かを断言することなど誰ができようか[6]。

それではいったい世界とは何なのであろうか？　それは表象するために前もって与えられるものなのであろうか？　われわれが考えるに世界とはそのようなものではない。そうではなくて，立ち現れる「世界」とは，過去の経験によって規定される主観的なものなのである。Alfred Schutz の言葉を借りれば，「*世界とは…主観的な経験と理解の賜物なのである。世界とは…他の誰か，すなわち具体的に経験した人の産物*[7]」なのである。

また，この具現化された知という考え方は，オートポイエーシス理論を支える極めて重要な自律性という概念と関連している。知とはその人の自律的なやり方で展開するものであることから，他の人にそのまま移転できる代物ではない[8]。世界との連結構造の歴史は個々人によってまちまちである，というのがこの主張の根拠である。各人は活動および観察の個別の歴史を有している，す

なわち世界との連結構造を通じた相互作用の独自パターンを有しているのである。したがって，知とは各人各様の連結構造の中で形成されるものゆえに，展開する知もまた独自のものになるのである。

このように自律性ということと連結構造の独自の歴史ということに着目するのは，決して取るに足らないことではないし，人の知識に関するこれまでの物言いに対して新たな光を投げかけるものである。たとえば，自律的な知というアイディアは，人はそれぞれ「暗黙知」を持っているというMichael Polanyiの主張に，強力な理論的根拠を提供している[9]。Polanyiは次のように言う。個々人は，たとえばバイオリンを作成するスキルというような，表現しきれない，ゆえに他の人に言葉ではほとんど伝えることができない暗黙知を持っているのだ，と。具現化された知という概念もそれと同様の考え方である。なぜなら，ある特定のスキルを磨くということは，肉体と精神とがあいまって活動のパターンを調整し完遂するような，極めてプライベートな経験だからである[10]。

スキルを磨くという場合の，人と世界との連結構造の歴史は，試行錯誤の歴史でもある。だが，その場合の試行錯誤のプロセスがどのようなものであるかは，本人が回顧したり表象したりしてみても，そのごく一部を把握できるに過ぎない[11]。Pierre Bordieuの主張によれば，人は，自身のスキル開発に関して手を加えて普通のものにしてしまうことで，スキルを磨くという混沌とした直線的でないプロセスの細部を全て忘却してしまうものである。よって，スキル開発のプロセスについての個人的な説明は，とても十分とは言い難く部分的なものになりがちである。そうではあるのだが，何はともあれ，試行錯誤のプロセスを十分に経験したということが重要なのである。そうしたプロセスを「切り抜けた」人は，「よりより判断」ができるし，より「柔軟性がある」だろう[12]。要するに，ある人の知とは，連結構造の歴史を通じてタスクをじかに経験したことの結果生じるものなのである。

具現化されたものとしての知という考え方の頼もしさを教えてくれると思う例を紹介しよう[13]。ほとんどの読者にとってなじみ深いが結構複雑な環境であるオフィスでこの例を考えてみよう。オフィスでは，機械，人，資料などが入り乱れて相互に作用し合っているのだが，そうした相互作用のパターンや，照

明の明るさ，時間感覚，間取り，所在地などは，オフィスによってまちまちである。

あなたが初めて訪れるオフィスに入ろうとしていると仮定しよう。受付，それからオフィス内に入る入り口を見つけるために，最初にざっと周囲を見渡すように，あなたに対してあなたの経験（知識）が求めてくるだろう。あなたは自分が受付だと信じるもの（世界）を見つけたので，その方向へ初めの一歩を踏み出すことになる。そしてその際，廊下の右手をチラッと見て，そこに扉があるのに気づき，その扉に貼ってあるネームプレート（世界）を見つける。そしてそこに書いてある名前があなたが訪ねようとしている人の名前であることがわかる（知識）。

肉体的な活動は間違いなく新しい知が開発されるための条件となる。しかし同時に，肉体的活動は廊下の左手には洗面所があるという考え（使われる可能性があった知識）を制約してしまうのである。さて，あなたはその受付の後方にいる人と話ができると仮定しよう。そして，その人はその会社の役員であって，受付係はただいま席をはずしていますという特別なメッセージを持ってあなたの方にやって来る（世界）。その際の反応はあなただけが決められる。たとえば，この役員さんに私が訪ねたい人を呼んで来てと頼んでもいいのだろうか？　この人は，受付から興味をそそるメッセージを運んで来てはいるが，いくら何でも受付係の代わりではないのではないか？　その人は私の要求にどのように反応するであろうか？

とにもかくにも，コグニティビストはいかにしてある一群の知識構造を他のものと比べて至上であると主張するのか，との疑問をこの例から投げかけたくなる。*世界について知れるのは，動いてみて，問題を明らかにし，そして解決策を企図した後である*。そして，実際に，あなたの解決策が世界を生み出すきっかけになったのである。オートポイエーシス理論に従えば，知が最終的に知ることになるものに影響を与えるのだ，ということになる。

オートポイエーシス理論は，ここでの個人の組織知の研究に際して，さらに歩を進めさせてくれる。すでに見たように，観察と知とは，具現化された知というコンセプトに関して密接に結びついている。さらに一歩進んで，観察と知とは世界を創出するプロセスでどのように共進化するのか，についてより深く

吟味することにしよう。

知，弁別，価値，そして自己言及の基本

　個人の知は作動的に閉じたシステムから生じるというのがオートポイエーシス理論の主たる主張である[14]。オープンであると同時にクローズドなシステムであるオートポイエーシス・システムという第3章の議論を思い起こしてみると，「作動的閉域」とは，プロセスの結果はプロセス自身の産物であるということを意味しているのが分かるはずだ。要するに，人の心とは世界を表象するものではない。そうではなくて，心は，認知システムの構造を語る上で不可欠な弁別という作業の対象としての世界そのものを創出または形成するのである[15]。さらに，認知システムは，観察するものを規定する時，規範的にも閉じたシステムなのである[16]。オートポイエーシスの言葉を借りれば，脳は，自らを外界と遮断することによって，自身の組織を創出・再創出できるのである。

　弁別の対象としての世界とか，人は観察に際して規範的であるとは何を意味しているのか？ 具現化された知という考え方によると，観察と知とは密接に結びついている。Maturana and Varela の主張を敷衍すると，知とは人が観察にあたって弁別できるようにするものである。弁別を行なうということは，世界を構成する諸要素を，孤立化させるプロセスであり，それは「カテゴリー化」とも似ている[17]。弁別は，たとえば森から木をといった具合に，背景からユニティー（a unity）を際立たせるプロセスである。人が暗示的にせよ明示的にせよ何かに言及する場合は常に，そこには「弁別の基準」が明確に存在している[18]。

　さらに，弁別の基準を明確にするということは，そこに何らかの形で「価値判断」が働いているということを暗示している。価値判断とは，観察の対象に価値を割り当てることを意味する[19]。しかしながら，そのような個々人の価値判断に由来する規範的閉域の問題について，オートポイエーシス理論に関するMaturana and Varela の説明ではあまり言及されていない。もちろん，価値判断はそれ自体がすでに弁別であり，したがってそれ自体基準を有している。

たとえば，木はぶかっこうでないとか，美しいとかみなされることがある。

価値判断にかかわる弁別と，もっと概念にかかわるようなカテゴリー化としての弁別とを分けて考える必要があると思う。なぜかといえば，形而上学から方法論や価値論へと続く，哲学的な研究の新しい道を価値判断それ自体が切り開くからである。とりわけ知の具現化という考え方を採用しているがゆえに，知を記述する新しい言葉とは，弁別された諸要素の観察と自律的な価値判断の両面から，人と世界との連結構造の歴史的パターンを詳述できるものでなければならない[20]。

社会の組織知という議論へと移行するにつれて，本書でなぜこれら2種類の基本的な弁別を用いるのかが，読者諸氏にもっとはっきりするであろう。しかしながら現時点では，知は概念にかかわる弁別と価値判断の両者を可能にする，ということを心に留めて置けば十分である。

少し前に詳述したように，オートポイエーシス・システムとは自己言及的なシステムである。人の認知を理解するという目的のためにオートポイエーシス理論を援用するにあたって，自律性と同じくオートポイエーシス理論の要となる自己言及性についてその基本を押さえておく必要がある。人が知るという時には，知，観察，弁別のダイナミックな関係の中で，自己言及がどんな場合にも多少なりとも行なわれているのである。知は弁別を行なうことを可能にし，さらにその弁別が知（の展開）を可能にするのである。この知は過去の弁別および過去の知の双方に言及すると同時に，新たな知と弁別の可能性にも言及するのである。それでは，この「可能性に言及する」ということをどのように捉えたらよいのであろうか？

まず第1に，過去の（言及された）知および弁別は，人が認知する際の資源となる。Jean Piagetの心理学理論が示しているように，概念上のまたは観察上の経験に基づく認知資源というものは，新しい経験に対する順応[21]を可能にしてくれる。

第2に，そうした（過去の）認知資源はイマジネーションも可能にしてくれる。新しい経験とは，観察に基づかない思考に端を発するものでもよい。ここでもまた，自己言及が重要な役割を演じることになる。（過去の）認知資源に言及することで，（新しい）状況，事象，概念などが想像される。この想像さ

れた「状態」は，具現化された行為を前もって必要とする[22]。けれども，そのような行為に制約を受ける必要は全くない。ある意味で，そうした想像された状態とは純粋な感覚に基づいた「認知上の行為」なのである[23]。まさにこの瞬間，イマジネーションが新たな弁別と新たな知を創り上げているのである。高い想像（または創造）力を持った個人なら，3列ずつ格子状に配列された9つの点をつなげるような創造力をためすテストで高得点を上げるすごい能力を持っているとコグニティビストは考えるだろうが，このような立場とここでいうイマジネーションとを混同してはいけない[24]。生き物のような性質を持つ世界の全体像をイメージできるのは，なにもアーチストだけに限ったことではない。むしろ，それは人の知が展開する際の総合的な特徴なのである。

　第3に，知，弁別，自己言及について例を挙げて説明しよう。ビルの建設を監督する際に，エンジニアは，土地と建物，天井と床，ドアと壁などをそれぞれ区別する。世界で行為するために，すなわち，設計図とのズレとかあまり質の良くない建材を使用した場合の問題点などをチェックするために，こうした弁別は欠かせないものである。さらにそうした弁別は，他の建設現場での経験や彼の受けた教育（観察）を通して展開してきた彼自身の知および弁別の産物でもある。しかしまた，彼のイマジネーションがそうした行為を可能ならしめてもいるのである。たとえば，彼は自宅である作業上の問題に対する技術的な解決策を思い描くこともあろう。建設現場に関するこれまでの知識，およびイマジネーションとが，知の展開を可能にする新しい弁別へと彼を導くのである。逆に，弁別は，建設現場での問題に対する技術的な解決策を彼が実際に試みることができるようにする。そしてそのことがさらに，彼が建設現場を観察する際に，その実行された技術的解決策に基づいて，新たなる弁別ができるようにするのである。

　自己言及というコンセプトは，人の知について考える際に極めて含蓄に富む。知は，創造性，行為，観察，聴覚，嗅覚などと密接につながっている。活動のレパートリーが広いということは，知に大いに貢献する。認知とは，コグニティビストの多くが言うような，外部の所与世界からのインプットに基づいて，中央演算装置で情報を処理することではない。そうではなくて，認知過程とは過程そのものに言及することなのである。要するに，知とはそれがどんな

ものであれ結局は「自己知」なのである。あなたが何かを知る（世界を生み出す）時には，その知るということがあなた自身についての何かを暴露することになるであろう[25]。人が後知恵でとか，無意識のうちに[26]振舞うような場合であっても，そうした振舞いはその人に自身についての何事かを暴露することになるのである。たとえば，私が楽しいという感覚を経験する時は常に，過去に遡って言及してはじめてこの経験を楽しいと思えるのである。そして，その遡及の際に，そうした楽しいというムードなり雰囲気を経験した際の特定の状況（ジョークを言い合ったとか熱愛したとかといった）についてだけではなく，そうした楽しいという特定のムードそのものについても何かしらを私に暴露して教えてくれるのである。

個人知としての組織知

これまで個人がどのようにして知るのかということを明らかにしてきたので，個人の組織知ということが何を意味するのかを現時点でより鮮明に理解できているはずだ。組織の機能とは，各組織メンバーがオートポイエーシスを実現できるように（認知プロセスを再産出できるように）連結構造を明確にしてあげることである，というのが本書の出発点というべき考え方である。組織メンバーは他のメンバーと共に，来る日も来る日も連結構造の歴史を経験している。したがって，移ろいゆく経験や事象の中から反復特性を有するようなものが出来する場合，連結構造の範囲を特定するものとして組織はメンバーの眼前に自らを差し出していることになるのである。そのような特性を持たない事象は，メンバーに，まさに初めての経験という感覚を与える。その時々に応じて，こうした反復性のある事象とない事象を，同時に経験することもあるし別々に経験することもある[27]。組織とはメンバーにこうした規則性を与え，組織の一員として経験する事象に関して，ある事象とその発生のタイミングを彼らが他のそれと区別できるようにするものなのである。われわれはこれを*事象－時間の弁別*と呼ぶことにするが，後にまたそれについて触れることになろう。

組織に関するメンバーの知は，少なくとも次の2つのより根源的な弁別に影

響を受ける。第1に,「自分」と組織との弁別である。たいていの人はこれをごく当たり前の弁別だと思っている。だが,この弁別は取るに足らないものではない。なぜかというと,これまでに見たように,環境とそれを知ろうとする人との識別が,これもオートポイエーシス的にすなわち自己産出的に,過去に引きずられながら繰り返し産み出され続けているからである。認知システムは自らの認知プロセスを再産出し,さらにその認知プロセスが認知システムと環境とを区別するのである。オートポイエーシスは「アイデンティティー」の気付きにとって不可欠なのである[28]。われわれはこれを*自我と組織*との弁別と呼ぶことにする。

　第2に,組織を取り巻く環境の中から組織の実際の活動領域を抽出し囲い込むという意味での弁別である。そして,この根源的な弁別にかかわる例は枚挙に暇がないほどである。たとえば,この活動はわが組織の活動の範疇であるとか,この規範はわが組織の規範の一部である,といったようにである。われわれはこれを*組織と環境*との弁別と呼ぶことにする。この種の弁別は,組織論の文献ではほとんどの場合当然のこととして軽視されている。だがたとえば,Chester Barnard は組織の境界を識別するという活動にすでに着目していた[29]。さらに,Max Weber は組織と環境とを区別するものとして法システムという概念を用いた[30]。こうしたものもあるにはあるが,組織と環境とを区別する基準は,これはわれわれにとっての環境であるがそれは違うというような単純に組織のメンバーシップということにとどまっているものがほとんどである[31]。本書のオーガニゼーショナル・エピステモロジーというパースペクティブからすると,組織の境界とは知の問題である。境界とは,組織と環境との弁別の基準と深くかかわる,個々人の知によって生み出されるものなのである[32]。人は組織の境界を自分自身で創り出しているのである。こうして,人は自分の知の一部である境界をダイナミックに創出することを繰り返すのである。たとえば,ある財務担当重役は4半期の業績について説明を求められ社長に呼び出されるまで,自分のオフィスで白昼夢を見ていたかもしれない。この場合,組織の境界とはどこまでか？ 戦略的提携に際して,パートナー会社から来た生産計画担当者と共に働く製品エンジニアは,彼の（いわゆる）親会社のことをすっかり忘れて,2人の共同のタスクに没頭しているかもしれない。

エンジニアは自社の生産過程の優秀さについていてもたってもいられなくなって，パートナー会社から来た仲間に生産上の秘密事項をばらしてしまうかもしれない。この２つの例が示しているように，組織と環境との弁別という根源的な弁別であっても，それは時と場合によって変わるものなのである。

　組織に関するメンバーの知は，規範や弁別といったかたちをとって立ち現れてくる。さらに，その規範や弁別がどのようなものになるかは，各人各様の時間と場所でその人が組織とみなすものとどのようなやりとりを通してそれが形成されたかによって変わってくる。ゆえに，*個人の組織知について語る*ことには大きな意味がある。だが，このことと「組織に関する個人の知識」のような概念とを混同してはいけない。後者は紛らわしい概念である。というのは，後者は，表象されるべき（外部の）組織が存在しているということと，個人は全くプライベートな方法で組織を経験するということを暗示しているからである。そうではなくて，個人の組織知という概念は次のことを示唆している。観察を通じて，事象－時間の弁別を行なったり，自我と組織，組織と環境との弁別を行なうことによって，さらに，組織に関してこれ以外にも様々な弁別を行なうことによって，個々のメンバーにとっての組織というものが生み出されるということだ。組織メンバーは他のメンバーが組織とはこういうものだと思っている内容を知ることは決してできないのである。

　このような理解の仕方は，個々の組織メンバーの知識についての既知の理解を再考する必要性を促すことになるであろうか？　個々の組織メンバーの知識に関するおなじみの理解の仕方とは，メンバーが組織のタスクを解決する際に生じるような類の知識を前提としている。タスクとは，問題設定，打開策の案出，実施方法，タスク遂行のコントロール，といったような個別事象の集積として，組織メンバーの眼前に立ち現われる。「学習曲線」の考え方が示すように，個々の組織メンバーは時の経過とともにタスクをよりうまく解決できるようになる。このようにしてどんどん進歩していくことに対する会社サイドのよく見られる反応とは，（通常は一人一人の行動に端を発するのだが）成功裏に導いたタスク解決行動の確保と反復を確実にするような，業務の手順書や*組織のルーティン活動*を設定し実施することである[33]。このような流れに沿ったタスクの完遂とは，タスク自体が一連の反復事象として組織メンバーに提示され

るということが前提となっている。しかしながら，知を具現化されたものと考えることによって上程される問題とは，当然ながら，次のような類のものとなろう。こうした一見「古い」とみなされる反復事象としてのタスクは実のところいかに新しいものなのか？　さらに言うと，こうした事象は新しいものであって決して古いものではないとして，ではその古くはないということがどれほど重要な意味を持つのか？

　とりわけ最初の問題は重要である。なぜなら，人の知というものを理解しようとするにあたってわれわれが考えるルーティンと，古典的な概念である組織のルーティンとの適合性に関する重大な問題提起だからである[34]。だが，この問いに答えるためには，用心が必要である。ある組織メンバーを観察するにあたっては，観察者はオートポイエーシス的な認知のダイナミクスに従うことは避けられないので，観察を行なうにあたって準拠点を明確にしておく必要がある。

　その組織メンバーの行動を注視する外部の観察者は，当該メンバーを特定のタスクに関して次第に有能になっていく存在として，漸進的に描くことができるようになる。たとえば，Dreyfus and Dreyfus が言うようなスキーマに従って，観察者は，かなり複雑なタスク[35]における能力の進化のパターンを記述できるかもしれない[36]。第1段階として，ある人がいてその人は新参者であり，タスクの遂行を成功裏に導いてくれるような目的，事象，行動ルールといったものを分かるようになるために一生懸命に働いているとする。

　そのタスク実行者がそれまでの経験に基づいて，タスクの些細な異変をチェックすることができるようなより成熟した新参者のレベルに到達した。観察者がこう記述するのが第2段階である。続いて，何だかの結論が引き出されたり，決定がなされたり，期待が探られたりするような特定の状況をタスク実行者が分かるようになるにつれて，彼は能力を獲得することになる。これが第3段階である。タスク実行者が，状況を要素分解してそれらを分析するようなことをしなくても，無意識のうちに過去の状況を現在の状況と関連付けることができるようになる前段階で，まだ熟達したとまでは言えない。これが第4段階である。第5の最終段階，それはタスク実行者がエキスパートと呼ばれるようになり，タスク解決の熟練度が究極のレベルにまで到達する段階である。こ

の段階にあっては,「*物事が通常通り進行している場合には,エキスパートは問題解決を行なおうとしないし決定も下さない。彼はただいつも通り坦々と仕事をするのみである*[37]。」

　タスク実行者がエキスパートのレベルに達した時には,もはや彼の行動は安定性という域に達しているように外部の観察者には映る。組織メンバーが能力を増大させる間,観察者はメンバーの試行錯誤のプロセスを眼にしてきたことになる。その間,安定した行動が,ルールの下でシステマティックに確保され,手続きを通じて洗練され,さらにはコンピュータと似たようなモデルへと発展していくこともあろう。

　一方,当のエキスパートの観点からすると,複雑なタスクとの反復的な相互作用を通じて,彼の知と弁別力とが徐々に進化したはずである。エキスパートの段階に到達すると,自分の知識によって,エキスパートとしての彼は自身が生み出したタスク状況の小さな異変を感じることができるようになる。自分の行為がいかにして以後のタスクの現われ方に影響を与えているのか,ということも彼は知っている。タスク環境との連結構造が,タスク実行者の知識を観察者の知識と異なるものにしている,と仮定しよう。そうするとわれわれは次のような物言いもできる。タスクを生み出したり,タスクの異変を感知したり修正したりするのに欠かせないタスク実行者の優れた弁別は,外部の観察者が観察する「範囲」を超越したものであると。ここでいう範囲とは,外部の観察者が記述できない範囲ということを意味している。事象には決して同じものはないが,それは時として,環境単独によってのみならず,環境との相互作用を通じて人間の精神活動によっても再形成されるものである。そして,人間の認知とは決して不変のものではなく,自身の認知プロセスを再産出するようなプロセスから成り立っているものなので,そもそも事象とは厳密に言えば絶対に同じものは2つとないのである。はたしてこのような結論は重要なのであろうか？

　われわれは重要であると確信している。そのような議論は,組織の機能に関する記述的および規範的な見方にとって重要な意味を持つ。組織の行動は,これまで長きにわたって,組織ルーティンという枠組みないしフォーマットでとらえられてきた。たとえば,Cyert and March の研究[38]を読むと,組織とは

ルーティンが規定的なものになるほどより機能的になるものだ，と確信するようになる。ルーティンとは，組織メンバーの過去に成功へと導いた行動とか，タスクを成功させるために必要だと思われる行動が基になっている。しかし，組織とは，文書化されたルーティンによってではなく，むしろ文書化されない暗黙のルーティンによって機能するものなのである[39]。メンバーが組織の価値や規範に社会化されるようになるにつれて，彼らは行動と知識の循環を繰り返すようになり，その結果やがてもっとインフォーマルなルーティンを生起させることになるのである[40]。人間の認知とタスクの達成に関するこうした見方の一つの意義は，必然的に次のようなものとなる。各個人が組織とは何ぞやということに関してそれぞれの見解を持っているようなケースでは，組織はかなりバラバラな様相を呈するであろう[41]。したがって，組織のマネジメントにとって重大な仕事は，かなりバラバラな見解の調整と統合ということになる[42]。メンバーは，そうした調整によってはじめて，ルーティンな行動をとるのに必要な安定性を確保できるのである。

　なぜ上記のような見方が重要で真っ先に考慮すべきかというと，メンバーは所与の世界とか，固定した準拠点のようなものを当然の前提としてしまい，そうしたものを通じて組織が「現実の存在」としてメンバーの眼前に立ち現れてくるからである。最後に，March and Olsen が言うように[43]，組織とは，問題，解，参加者が織り成す「ゴミ箱」のように機能する。だが，ゴミ箱の中身の各決定因それ自体は，時の経過とともにある種の不変性の様相を呈することもある。では，人の認知，それは人の人生と置き換えてもよいが，その手の問題を考察する際に避けて通れない不安定性についての理解を，組織理論はいかなる領域で会得したらよいのであろうか？　さらに，人は自らの世界を創出するという考え方や，個々の組織メンバーが組織についての「正しい表象」を創出したのかしなかったのかを判定できるような固定的な準拠点など存在し得ないという考え方と，組織理論はどのようにして折り合いをつけたらよいのであろうか[44]？

(社会知としての組織知)

　ここまで，オートポイエーシス理論に基づいた個人の知に対するアプローチを披瀝してきたが，ある人から別の人へと広がりを見せるような知の姿についてはほとんど語ってこなかった。だが，その点に関して，Varela, Thompson and Rosch らは，後にさらなる展開を見せる次のような指摘を若干行なっている[45]。

> 認知に関する（オートポイエーシス的な）観点が，さらに刺激的な展開を見せるであろう方向性の一つが，文化と関連した知に関する領域への展開である。…民話や，魚の名前，ジョークといった文化と関連した知の存在場所とは…個人の心の中か？　社会のルールの中か？　その文化の産物の中か？　さらに，時間や情報源に関係なく見出せるといった知のバリエーションというものをどのように説明したらよいのか？　それを解く重要なカギが…心，社会，文化それぞれの境界面にある知を吟味することで得られるかもしれない。三者のどれか一つの中にとか，三者の全ての中にカギがあるのではなく，あくまでも三者の境界面にということだ。

　オートポイエーシス理論の観点から人の認知に関して考察するに際して，これまでは個人の知，すなわち個々の組織メンバーの心の中の知を中心に論じてきた。個人の範疇を超えて展開する組織知（ゆえに社会知と呼ばれる）の可能性をこれから考え始めるに際して，2つの重要な問題が提起される。最初の問題は，組織の観察者としてのわれわれが提起しなくてはいけない方法論的問題である。われわれが個人を超えて展開する知を観察できると同時に，環境と組織とを弁別できるようにしてくれる，観察スキームとは一体どのようなものか？　次の問題は，知とはどこにあるのかである。知は個人の中にあるのか，さもなくば，Varela, Thompson and Rosch らが言うように，個人の心と文化の間の境界面にあるのか？　第3章で述べたように，ドイツ人社会学者 Niklas Luhmann は，オートポイエーシス理論を様々なシステムに応用しよ

うとした。また，彼はオートポイエーシス・システムを観察するためのスキームを提唱した。さらに彼は，オートポイエーシス・システムに関する一般理論と，オートポイエーシス・システムに関する応用理論とを区別しようとした。応用レベルでは，オートポイエーシス・システムは，生命システム，精神システム，社会システムの3つに分類される[46]。

　細胞やメタ細胞の構造と機能に関するこれまでの研究のほとんどが，生命システムのカテゴリーに分類される。生命システムは，当該システムの再産出の方法を表わすものとして生（せい）という概念を利用する。精神システムも社会システムも，当該システムの再産出の基本形態を表わすものとして意味という概念を用いる。さらに，意味とは創出と再創出を繰り返すものである。しかし，同じ意味という概念に基づく両者ではあるが，再産出の基本形態として，精神システムは意識という概念を，社会システムはコミュニケーションという概念をそれぞれ利用する[47]。

　こうした考え方によると，知とは，精神システムである個人を考察の対象とするのか，あるいは社会システムを考察の対象とするのか，あるいは両者ということになるのか。たとえば，Luhmannは自身の社会システム論において，「真」と「偽」に関する純粋な弁別を通じて知を生み出すことをその役割とする社会の特定のサブシステム，すなわち科学との違いを明確にしている[48]。個人は科学というシステムの一員ではなく，科学についてのコミュニケーションに関与することでオートポイエーシスの一翼を担っている。このコミュニケーションこそが，社会システムのオートポイエーシスのコンポーネントなのである。そしてまた，コミュニケーションは，特定の文書によって成立するだけではなく，（真偽といったような）既成の基準から導き出される特定の意味によっても成立するのである。したがって，あるコミュニケーションが意味を持つかどうかは，（その学問にとっては意味があるが…といったように）学問分野によって違ってくるし，さらに，各学問分野がどのようなルールを採用しているかにもよる。Krohn and Kuppers によれば，

　　あらゆる社会システムと同様，科学も保守的である。というのは，システムによって生み出される知は常に新しいものだが，探索という反復的相互作用のプ

ロセスによってもたらされるとともに知の産出をコントロールすることになるルールそのものは概ね変わらないからである[49]。

　だが，オートポイエーシス・システムを観察するためのLuhmann理論の驚愕の結論とは次のようなものである。コミュニケーションは，それが科学という社会システムの一部になるためには，なにも他の「科学者」に受け入れられる必要はないというのである。たとえば，とある博士論文の審査員が候補者の命題を「快く思っていない」とする。ところが，こうしたことは，科学という社会システムにおける知としてはすんなり通用するものではない。科学のレベルでの純粋な弁別のようには，不快という感覚は，真または偽というように簡単には分類できない。したがって，たとえそれがいわゆる「科学的権威」によるものだとしても，その審査員のコミュニケーションは科学という社会システムに必ずしも役に立つとは言えないというのである。

　もうすでに読者諸氏の中には，Luhmann流のオートポイエーシス理論の結論が問題含みであるということに気付き始めた方もいるはずである。個人は，たとえば科学という社会システムのような，ある社会システムを構築する「一員（スタッフ）」ではなく，そうした社会システムを構成する環境の一部に過ぎない，という考え方が問題なのである。システムは自らの知およびコミュニケーションを有している。また，システムは，個人の解釈とは異質の，解釈に関する自らのルールに則っている。そして，コミュニケーションを通して，システムは自らの世界を生み出すのである。つまり，科学というシステムは，科学的な探求と証明にかかわる世界を自らが生み出しているのである。こうした観点からすると，Luhmann流の考え方の行き着く先は，個人と社会システムとの相互作用域としての組織という考え方があっさりと放棄されてしまうことになる[50]。

　こうした重大な矛盾があるとはいえ，科学という社会体系を一つのシステム，第3章の言葉を用いればユニティーとして扱うことは，システムの機能を解明する上で，その可能性を広げてくれる。たとえば，Luhmann理論によれば，システムとしての科学は，（個人と同じように）観察を行ない，コミュニケーションをし，自らを理解するものだと言える。

Luhmann理論は，個人に対する社会システムの卓越性を示唆することによって，研究の新境地を開拓する。一例を挙げれば，組織とは自己の知を持つシステムであり，そうした前提に立って研究がなされなければならないということである。にもかかわらず，われわれは，個人と組織との関係に対して，自分の観察スキームがかなり影響を与えることができているかどうか気にしたがる。Luhmann自身は，個人と社会システムとの境界面に存在する社会知というものを研究すべしとする，Varela, Thompson and Roschらの提案に対して反応していない。反応しようとすれば，Luhmannはとどのつまり，社会成層論，役割と価値に関する組織と個人との関係論[51]，あるいはまた彼がそれに取って代わると主張できるに足る理論，の力を借りなければならないであろう。だが，実際にはLuhmannのアプローチには問題が山積している。

　第1に，Luhmannはオートポイエーシスの一般論を想定している。だが，（個人は社会という環境の中に存在している，ということ以外は）個人と社会との関係について論じていない。このことからも，個人的オートポイエーシス・システムと社会的オートポイエーシス・システムとの関係，言い換えれば，個人の組織知と社会の組織知との関係のダイナミクスの本質を理解するのは容易でないということである。

　第2に，Luhmannはさらに，個々人の集まりは社会システムという環境の中に存在している，と言う。だが，同じことが一人の個人についても言えるのか？　社会システムが個人の環境を形成しているのか？　われわれは，個々人の集まりなくして社会システムを考えることができようか（たとえば，科学者がみんな弁護士になる）？　同じく，われわれは，社会システムなくして一人の個人という（精神的な）システムを考えることができようか[52]？　たとえば，Maturana and Varelaは，人間の持つ言語の機能の一つが心象を可能にすることだ，と言っている[53]。

　これらのことをおおまかにまとめると次のようになろう。*個人という分析ユニットが優先される場合には，個人の知が世界を出来させ，社会システムという分析ユニットが優先される場合には，社会システムの知が（もう一つの異なる）世界を出来させる*，ということである。*社会の組織知とは，組織の知ということでなければならない*。これは後者の主張と合致している。

本書ですでに見た純粋な弁別という考え方によると，組織と環境とを[54]，および組織と個人とを[55]弁別することが，とにもかくにも組織知によって可能になる，ということが分かるはずだ。さらに，上述したように，個々の組織メンバーが組織という世界を出来させるのである。こうして出来した世界は，個人と組織との，および組織と環境との純粋な弁別を内包している。こうした一連の弁別に依拠した様々な方法で，世界は自らの世界の中で立ち現われ，知は自らの知の中で立ち現われるのである。弁別とは決して静的なものではなく，絶えず再産出されるものなので，個人の抱く組織の世界と組織の抱く個人の世界はともに絶えず脈動し，変質し，流動するものなのである。

　蛇口から流れ出る水を喩えとして考えてみよう。水の流れは零れ落ちる数百数千の微細な水滴として蛇口から姿を現わす。しかしそれは無限数の水滴から成っているわけではない。とはいえ，どの水滴が実際に水流の内部にあり，どの水滴が外部にあるのかを言い当てることは無理である。水流とは，高次のスケール（訳者注：ものさし）で零れ落ちる水滴を観察する際に，観察者がなしうる弁別（訳者注：およびその結果）そのものなのである。同じようにして，個人の抱く組織の世界はオートポイエーシス的に自分の抱く組織の世界を再産出するのである。飛行機が離陸する時のごとく，新しい世界の様相と輪郭を認識できるようになる。その世界こそ組織という世界なのである。

　このことから次のような重要な諸問題が見えてくる。個人知と組織知との関係はどのようになっているのか？　その関係を語る上でどんな用語が適切か？　これまでの本書での議論によれば，システムは各レベルで自らを内包しているようだ。すなわち，組織とは，オートポイエーシス的な存在であるが，加えてオートポイエーシスの階層レベルの問題を考慮に入れるべきである。果たしてこれは何を意味しているのか？

　さらに，これまでにない観察スキームが提示されなくてはならないように思える。そのスキームとは，オートポイエーシスのプロセスにおける相似と相違という概念を射程に入れたものであること。いまひとつは，社会の組織知ということを観察・記述するに際して，説明される現象の境界を記述できるものであるとともに，その際に役立つ用語を提供してくれるものであること。現象を理解しようとするにあたって本書では，スケーリングおよび自己相似性という

独自で手付かずの*世界観 (Weltanschauung)* を利用することになろう。

注

1 このメタファーは Rorty（1980）が用いたものである。
2 Varela, Thompson and Rosch（1992, 136 ページ）。
3 「言及されることになるものはすべて，すでに観察者によって言及されているものばかりなのだ」，という Maturana and Varela（1987）のよく知られた一節のこれは言い換えである。
4 Varela, Thompson and Rosch（1992, 173 ページ）や Merleau-Ponty（1963）を参照されたい。ここでの問題は，人の知識に関する現象学の概念と明らかに関連している。それについては Schutz（1970）を参照されたい。
5 Maturana and Varela（1987）。
6 Merleau-Ponty（1963）。
7 Schutz（1970, 323 ページ）。
8 このことが意味するのは，自分以外の他者はその人の知に対する自分たちの自律性をあきらめるだろうということだ。情報といったような知識は決して環境から取り込まれるものではない。環境とオートポイエーシス・システムとの関係とか，世界と人間との関係は，情報や知識をインプットしたりアウトプットしたりということによって明確になるものではない。この詳細については第3章を参照されたい。
9 経済学や組織論における暗黙知の役割に関する議論としては，Polanyi（1958），Spender（1993），それに Nelson and Winter（1982）も参照されたい。Polanyi が採用している知の定義は本書のものとは異なる，ということに注意されたい。本書では，どんな知も認知システムから自律している，と言いたい。一方，Polanyi は，知には暗黙知のようなものもあるばかりでなく，表現可能な形式知のようなものもある，と言っているのだ。形式知は他の人に言葉で伝えることが可能である。オートポイエーシス理論の観点からすると，このような考え方を受け入れるには何か別の観察スケールが必要となるであろうし，人はいかにして知を共有するかについて論じるのはさほどの意味があるとは思えない。この点については第3章を参照されたい。
10 本書では「スキル」という語を，身体的活動を可能ならしめるものとしての知識ということに留意する Schutz and Luckman（1985）での使い方と同義で使用している。つまり，スキルを磨く特訓に励んでいる人を観察する外部の観察者がそれを見てスキルだと思うような，本書でもこうしたシンプルな意味でスキルという語を用いている。
11 Bordieu（1977）。
12 Dreyfus and Dreyfus（1986）を参照されたい。具現化された知の自律性が，観察や活動などのパターンをラベリングしたり分析することを困難にしてしまう，と考えるのはここでの議論から離れていってしまうだろう。完璧な表象などできないということこそが，暗黙的なスキルを他者に伝えるのを困難にしているのだ。表象そのものが，制約のない状況下にいる人の直感，判断，柔軟性をより良質のものにするなどということは絶対にない。むしろこの手の不完全さこそが，人間の知をベースにしたエキスパート・システムなるものの構築の可能性を困難にしているのである。この種の問題をより詳細に論じるには，Dreyfus and Dreyfus（1986）を参照されたい。
13 Varela, Thompson, and Rosch（1992）は具現化された知についてのすぐれた例を提供してくれる。
14 第3章を参照されたい。
15 Varela, Thompson, and Rosch（1992, 140 ページ）。弁別という作業と観察との関係については，Maturana（1978）や Winograd and Flores（1987）を参照されたい。
16 Luhmann（1988）はこれを規範的閉域と呼んでいる。さらに，von Krogh, Roos and Slocum

注　75

(1994) を参照されたい。
17　カテゴリー化の理論に関しては数多くの文献が存在する。その概要については Lai (1992) を参照されたい。
18　Maturana and Varela (1987, 40 ページ).
19　価値判断についてはさらに第 6 章で論じられる。
20　本書では価値判断を知によって可能になるものとも考えていることに注意されたい。価値判断は，観察したものについての賛否が様々飛び交う比較的長い「判断の」プロセスの結果として出来するとは考えにくい。そうではなく，「これはバラックじゃなく住まいだ。そして私はこの家を気に入っている。」という表現に見て取れるように，知は即座の判断を可能にする。さらに，「なんて酸っぱいクッキーなんだろう。」という表現に見て取れるように，知は価値判断と概念にかかわる弁別とを同時に可能にする。
21　これは認知的シェマの変更を意味する。Piaget はまた，新たな経験がこれまでの認知シェマを変えることがないことを指す経験の「同化」なる概念を使用している。
22　たとえば，あなたが自転車に乗っているのを思い描けるには，すでに自転車を観察しそれを弁別していなくてはならない。だがその場合，あなたが自転車に乗っているのを思い描くには，あなたが身体を使って実際に自転車に乗れるかはどうでもいいことである。
23　たとえば，18 世紀に活躍したスウェーデンの科学者であり哲学者でもある Emanuel Swedenborg は，水星の住人たちと会話しているのを想像した。彼らがこの星地球で見つけたものにどう反応するか質問を投げかけてみたのである (Swedenborg (1758))。他の哲学者たちも同じようなことをしてきたが，たとえば，Rorty は，個人の経験と言語の特性を解明しようと，それぞれ違う言語を有する 2 人の間でのやりとりを想像した。サイエンス・フィクションのジャンルでも，そうした「マインド・ゲーム」が用いられる。*Star Trek* では，人類が未だかつて足を踏み入れたことのない地へ向かう人間というテーマが再三再四見受けられる。
24　創造性のそうした狭隘な見解に対する批判として，Howard Gardner (1990) を参照されたい。創造性や想像力を少し病的な人の心の状態と結び付けて考えようとする研究が多いことに着目していただきたい。創造性に富んだ画家や作家は，芸術というものを心のセラピー治療の一形態と考えるように勧められる。だが，そうしたセラピー治療で，彼らはトラウマになってしまうような経験に出くわすかもしれない (Albert and Runco (1990))。
25　Garreth Morgan (1986) によれば，オートポイエーシス理論は，知る主体（Morgan の例示では組織）の「ナルシスト的な」傾向を白日の下にさらす，と言う。人間の中にある自分自身への執着を暴くのではなく，知とは常に自己言及的なものであって，認識主体としてのその人の何かを暴露するものなのである，とオートポイエーシス理論は言いたいのである。ある組織を「ナルシスト」とカテゴリー化することは，その観察対象となったシステム（組織）そのものについての何かを暴露するのではなく，その対象を観察する人が生起させた世界についての何かを暴露することなのである（第 3 章を参照されたい）。
26　ここでいう「無意識」とは，次のような厳密な意味を持っている。「無意識とは，ダイレクトな経験とかかなりアクティブな経験とかの現われ方の典型である。さらに，それは目前の経験に没入していることを意味し，自意識を排除している状態である」Schutz (1970), 322 ページ)。
27　Weick and Bougnon (1986).
28　アイデンティティーとオートポイエーシス理論の問題に関しては，Varela, Rosch and Thompson (1992) を参照されたい。
29　Barnard (1938).
30　Weber (1947).
31　組織の境界に関するより詳細な記述は，Scott (1987) を参照されたい。

32 このアイディアは「バーチャル・コーポレーション」という考え方とかなり共通する部分がある。

33 組織理論や組織行動論の文献は,実際のところこうした組織メンバーの進化の側面について論じてきたのである。March and Simon (1958), Cyert and March (1963), Thompson (1967) など種々の文献を参照されたい。

34 もちろん,筆者が組織ルーティンの必要性に関する問題に最初に取り組んだわけではない。企業の実務家は,安定性とコントロールをもたらす組織ルーティンに関して,学習という観点から見た場合,その限界について長らく認識してきた。さらにこうした事実は,ポスト産業社会に関するテーマを扱った文献が急激に増えていることともかなり軌を一にしている。実際にルーティン化できるタスクは極めて少ない,と今日では多くの研究者が主張している (Hage and Powers (1992))。とはいうものの,研究者の多くが,ルーティンを洗練するというレベルのやり方でもって,組織の知識を概念化しようと目論んでいるのが現状である (Nelson and Winter (1982))。本書で提示される知についてのパースペクティブからすると,組織ルーティンの役割というものを根本的に考え直す必要があろう。

35 タスクの複雑性という概念については,Campell (1988) を参照されたい。

36 Dreyfus and Dreyfus (1986).

37 Dreyfus and Dreyfus (1986, 31ページ).

38 Cyert and March (1963). また,Lant and Mezias (1990) といった彼らの流れを汲む研究者の著作も参照されたい。

39 Argyris and Schon (1978).

40 Nelson and Winter (1982) を参照されたい。

41 組織文化に関する文献では,この問題は「差異化の問題」としてたびたび言及される (Frost et al. 1990)。この問題は社会学者にとって管轄外の問題ではない。たとえば,価値観や共有されている象徴体系に関してコンセンサスが得られているということが社会システムの出来にとって不可欠である,と Talcott Parsons は言っている (Østerbeg (1988) を参照されたい)。

42 たとえば,Peters and Waterman (1982), Schein (1985), Deal and Kennedy (1982) を参照されたい。これらの研究者の著作は,組織文化に関する「統合パースペクティブ」と呼ばれる範疇に属する。個人の知識に関するこのとても有力なパースペクティブに実際のマネジャーが救いを求めた事例は多々あるが,そのうちの一つが次のようなものである。Scandinavian Airline System 社の前 CEO であった Jan Carlzon は,自社の従業員たちに「SAS のビジョン」を伝えるのにテレビや,ラジオ,新聞などを積極的に活用した。こうした中で,彼は,組織メンバーたちが我が社とその未来について共通の見解を共有するようになるだろうと,確信したのであった。

43 March and Olsen (1975).

44 全く同じ知識を持っている人は誰一人としていないとか,そもそも人の知識とは絶えず移ろうものであるという考え方は,新しい*組織理論*の発展の土台となるであろう。だが,組織理論に対する新しいオーガニゼーショナル・エピステモロジーの意義についてあれこれ述べることが本書の目的ではない。

45 Varela, Thompson and Rosch (1992, 179ページ).

46 Luhmann (1986).

47 このように,Luhmann は,その本来のルーツである生物学からオートポイエーシスの考え方をそのまま引っ張ってくるということはしていない。分析ユニットとして個人レベルを超越した,複雑で,生命システムのカテゴリーとは違う状況に,オートポイエーシスの考えをあてはめてきたのである。だが,細胞を個人に置き換えることはできないし,メタ細胞を組織に置き換えることもできないのである。

48 Luhmann (1990a ; 1992). Maturana (1991) は科学に関して Luhmann と同質の理解を得てきたようだが，Luhmann よりも先を行っているようだ。それは Maturana が次のようなことを述べていることからも分かる。科学的に妥当な説明の基準を満たし，ある科学とそれを研究する個々の科学者の間での連結構造が成立している説明だけが，真に科学的な説明であると言えよう。この Maturana の指摘からもわかるのだが，明らかに科学のトートロジーが存在することに着目して欲しい。Luhmann はこうした科学の性質についてもかなり指摘している。
49 Krohn and Kuppers (1989, 165 ページ).
50 Østerberg (1988).
51 Luhmann (1986) を参照されたい。
52 それぞれ 8 歳と 5 歳で発見されオオカミの群れから救出された 2 人の少女の社会的適応不全について記述した，Maturana and Varela (1987) を参照されたい。長い間オオカミの社会で生きてきて人間との接触を持ってこなかったので，2 人は他の人たちとコミュニケーションをするために必要な言葉を一つも知らなかった。
53 Maturana and Varela (1987).
54 この環境は個々人から成るものだといった具合に，社会システムは自身と環境とを区別することができる，という Luhmann の前提にこれは従っている。
55 個人による自分と組織との弁別，ということとこれは対応している。

第5章
スケーリング理論で（社会の組織知を）読み解く

スケールを理解する

　知識が世界を生み出し，世界が知識を生み出す。知は個人や集団，部署，組織などによって生み出されるプロセスである。鶏が先か卵が先かはわからない。知と世界は同じコインの表と裏のようなものだ[1]。われわれの観察スキームによれば，知の展開はオートポイエーシスであり，様々なスケールで行なわれる。スケーリング理論は，個人知の展開と社会知の展開との間の関係を理解するのに役立つばかりではなく，個人と社会のオートポイエーシス・システムのダイナミクスを理解するのにも役立つ。つまりは，（社会の組織知）を読み解くのに役立つ。ここでは，スケーリングの数学的原理そのものを明らかにすることが目的ではない。すなわち，本章では，スケーリングにミクロ的アプローチを試みたりはしない[2]。むしろ，ここでは，スケーリング関数を用いてスケールをダイレクトに計算するようなことはせずに，スケーリングの現象学的な理解を明らかにすべく意図している。

　スケールとは何か。偉大な決定論者にして数学者でもあるフランスのPierre Simon de Laplaceは，スケールについて次のように論じている。

　　（ニュートン力学における引力の）注目すべき特質の一つは次の通りである。宇宙におけるありとあらゆる物体の状態，相互の距離，それらの速度が比例的に増減するのであれば，それらが現在描いている曲線と全く似通った曲線を描き続けるであろう。すなわち，とてつもなく小さな，イメージ可能な空間に縮小された宇宙は，観察者に対して常に同じ状態で現れる。したがって，自然の法則に従えば，われわれが観察できるのは関係状態のみなのである。もし，半

径を小さくするならば，円周や内接した図形の辺もまた同じ比率で小さくしなければならない。この相似性は，Euclid のそれよりもより自然の原理であるように思える[3]。

スケールでは，並んだ現象階層から，ある種の連続性を見出すことに関心が払われ，それは多くの数学者や哲学者が長きにわたって格闘してきた問題である。スケールは，音楽に加えて，様々な分野で一般的に用いられてきた概念である。スケールは相似を暗示し，相似は幾何学における基本的な概念の一つである。サイズに関わりなく，形状が同一であるならば，2 つの物体は相似である。スケーリングとは，スケール横断的な動きを意味する。数学的には，スケーリングは（大きさの）「相似変換」を意味する。現象を結び付けると考えうる科学的な説明が現れ続けているが[4]，スケールされたオートポイエーシスの理解において，われわれが適用できる「統一されたスケーリング理論」はない。この理由の一つは，単純から複雑への移行に伴い，しばしば，様々な次元におけるスケーリングが随伴するためかもしれない。スケーリング理論の統一的な記述と数学的起源への探究はまだ始まったばかりである[5]。

極めて直観的に言えば，スケーリングにおいては自然のデザインに関心が払われてきた。より正確に言うならば，自然のデザインにおいて，多くのレベルで現れる階層構造に関心が払われてきたのである[6]。ユークリッド幾何学において，スケーリングは「空間や時間の限界を超越しているであろう一般的デザイン」[7]，宇宙内部の物理的組織の探求を表している。位相の分野においてもスケーリングは議論されてきた。そこでは，量は数学的原理によって直接的に測定される。たとえば熱の位相やパーコレーション・クラスターである[8]。

スケーリングは自然の基本的な一面であり，ゆえにおそらくオートポイエーシスでもある。岸へと寄せる波，成長中の木と天候はダイナミック（非線形）な現象でありプロセスである。そして，それらの状態はただ時間や空間を越えて変化しただけである。すなわち，スケール横断的に変化しているだけなのである。大きさは，単独で人や物の活動に幅広い影響を及ぼすがゆえに，空間のスケーリングはおそらく最も議論されるタイプのスケーリングである。たとえば，写真の引き伸ばしを考えてみよう。引き伸ばした写真は，オリジナルをそ

の比率へとスケールしたヴァージョンである。対応する角は同じであり，対応する線分は，傾いていようがいまいが，同じスケーリング比率になっている[9]。SF映画製作現場を思い浮かべてみれば，こうしたスケーリングの特質について，より理解が深まるはずだ。

空間のスケーリングは，ガリバー旅行記のように，文学において隠されたメッセージを伝えるのにも適している。後に子供用の物語として語られるようになったガリバー旅行記は，実は政治的風刺であった。その中でレミュエル・ガリバー船長はリリパット国への旅行で相対的に大きなスケールになったことで，いくつかの困難を経験する[10]。もし世界を全体的に見渡そうとすれば，物事の相対的な大きさについて語るのは当然である。とてつもなく大きなスケールを探求することは，長らく価値あることとされてきた。20世紀を通して，望遠鏡技術，電子工学，器械工学，そして宇宙飛行の劇的な進歩に伴い，天体物理学や宇宙論によってわれわれが宇宙と呼ぶもっとも大きなスケールを理解できるようになった。実際に，今では，物体や放射線を数百万光年離れた距離まで観察できる[11]。科学者は，原子，ステラ，銀河，メガ銀河という大きくわけて4つのレベルのスケールで，宇宙観を著しく発展させてきた[12]。

とてつもなく小さなスケールの探求も，また長らく行われてきた。Democritoの最も小さい物としての「原子」という概念から，今では，最も小さいスケールの理解は，われわれが原子と呼ぶものをはるかに超えている。今日，元素の粒子のクラスにはレプトンとクオーク[13]が含まれる。もし，クオークやレプトンが全てのものの究極の最小構成単位ならば，2500年にわたる最も小さなスケールへの探求はついに終わりを迎えたことになる！[14]

1978年の有名な映画「パワー・オブ・テン」の中で，Ray and Charles Eamesは空間のスケーリングを非常にうまく描き出している[15]。8分間の映像の中で，シカゴの芝生の上でピクニックを楽しんでいるシーンから始まり，宇宙に関するわれわれの知識の限界（すなわち最大のスケール）までが描き出される。10秒ごとに10の累乗ごとの距離でカメラが遠ざかっていく。その後，芝生の上でピクニックをしている人の手の血管の中の分子へと空間のスケーリングは向きを変える。すなわち，われわれが理解している最も小さなスケールの限界へと続けられる。「パワー・オブ・テン」の中でうまく描き出さ

れているように，われわれが経験している身近な世界は，極大と極小との間のどこかにスケールされる。では大きさ以外の単位のスケーリングについてはどうなのか。

　時間もまたスケールされうる。Eames夫妻のもう一つの映画「*ローマ帝国の停滞と凋落*」は*時間のスケーリング*の優れた例である。この短い映画の中で，紀元前500年から西暦450年の間の様々な帝国（ローマ帝国，アレクサンダー帝国，カルタゴ，フン族）の地理的な変化が，わずか4分間で描き出されている。この時間的にスケール・アップされた歴史編集を通して，戦争や軋轢に由来する地理的変化が，非常にダイナミックな方法で描き出されている。それはまるでバクテリアが成長する時の増減のようである[16]。

　建築においては，スケールは全体と部分との関係，さらには，それに加えて設計者の視点との関係を意味している[17]。庭園設計においても，スケールは，景観やそれを構成する要素の見た目の大きさと関わっている[18]。他にも，よく観察されるスケールされた現象として次のようなものがある。絶対零度を含めた温度[19]，とらえがたい動物の行動を含めた進化のスケール[20]，量子効果のスケーリング[21]，スピーチや記憶のような精神的活動[22]，希望や恐れを含んだ人びとの想いのスケーリングなど[23]。

　要するに，スケーリングは自然に根ざした特性であり，自然界におけるあらゆるもの，あらゆる次元はスケーリングされうるのである。この本でさえスケールされる。見出しは本文のスケールされたヴァージョンである。Eoyangによれば，それは次のようなことなのかもしれない。「…*大きさは心の抽象物であり，時間は想像の産物である。つまり，年表とは歴史上の事件を配列したものに過ぎない*」[24]。スケーリングは組織知を扱う際に何をもたらしてくれるのだろうか。

　スケーリングは重要である。なぜなら，毎日の活動だからである。思い浮かべてみてほしい。ある朝，あなたが会社に行ったら，女性の同僚の一人が興味深げな表情であなたに近づいてきて，*最近あなたは信頼できる人なの？*　と尋ねたとしよう。あなたはどう返答するだろうか。たぶん，あなたの答えは「え，何？」と言ったものだろう。彼女の真意は一体何なのか？　あなたはあなた自身のことを次のように考えている。（ほとんど）すべてのあなたの人生を

通して，誠実で，忠実で，頼り甲斐があって，信頼できて，献身的で，当てになる人物であったと。この自覚された（時間を超えた）信頼性は，今現在信頼できるということだけではなく，同僚が紡いだコンテキストの中で，最近信頼できるということにも一致しているのだろうか。必ずしもそうではない。なぜか？

形容詞の「信頼できる」，そして「最近」という時制表現は異なったスケールで異なった意味があり，多分上の例で最も自然な答えは次のようなものとなろう。*信頼できるってどういったスケールで？ そして，最近とはどういう（時間の）スケールなのか？* 当然ながら，こうした答えは彼女の真意を明らかにするよう問い質すことになる。たとえば，「信頼できるとは」仕事上なのか，特定のタスクに関わってなのか，プライベートにおいてなのか。同様に彼女が考えている「最近とは」先週なのか，それとも同僚として過ごしてきた2年間なのか，それともあなたの人生すべてなのか。

形容詞，動詞，時制表現もすべてスケールできる。私にとって何が正しくて美しいのかは，私自身の価値の理論，すなわち，倫理学や美学に基づくがゆえに，他の人にとっては正しくも美しくもないのかもしれない。私にとっての始まりは，おそらくあなたにとっては違う何かを意味している。真実でさえ，意味していることのスケールは異なっている。Joachimによって主張されているように，如何なる事実も，彼自身が事実とみなすまでは事実ではない。つまり生々しい経験が記憶に残っている限りを除いて，事実は決して事実ではない[25]。Hegelに言わせれば，真実には2つの意味がある。*Richtigheit*（「正しさ」）と*Wahrheit*（*暫定的なものを越えて，…つまりそのもの自身の本質に基づく観念的内容における事実*）である[26]。あるいは，Lord Cherburyが述べているように「*…全ての事実の真実は関係なのだろう…全ての事実は，それ自身を除いては，条件付なのである*」[27]。このようなスケーリングの相違を無視するならば，観察者から独立したスケールという前提が与えられたり，すべての当事者は，同じスケールの上に位置すると仮定されてしまったりもする。

組織では，どのようなスケールが見出されるだろうか？ 組織のレベルにおいては，国際化，労働組合，パフォーマンス，そして活動の範囲，それぞれの

「程度」といったスケールがある。事業部や部門レベルにおけるスケールには次のようなものが含まれるかもしれない。たとえば，プロジェクト型組織 vs オペレーション・マネジメントの程度，時間に関するスパンの程度，従業員間の社会化の程度である。個人のレベルでは次のようなスケールが見出せる。教育や経験のレベル，仕事上のモラル，政治的または宗教的信条の程度，環境意識，危機感など。組織において事実上無限のスケールが存在するのであれば，当事者が同じスケール上にいるなどとは想定しないことが重要である。すなわち，観察のスケールこそが重要である。たとえば，直接的かつリアルタイムで身近な社会現象を観察すれば，それはプロセスとして観察されよう。ところが一方で，恣意的に選んだスケールで観察すれば，同じ社会現象は構造と呼ぶにふさわしい安定したものとして観察されるかもしれない。加えて，社会現象は時間を経れば変容してしまう[28]。

　さらなる問題が浮かび上がってくる。どうしたら正しいスケールであると確信できるのであろうか。ところで，誰のスケールが正しいのか— あなたのスケールか，私のスケールか，それとも，他の誰かのスケールか？ 知は同時かつ継続的に，多くのスケールでオートポイエーシス的に立ち現れてくるプロセスである。従って，スケーリングは，知の展開や，個人の組織知と社会の組織知との連関をより理解できる言語をもたらす。とはいえ，ここで論じているスケーリングの問題は，スケーリング「理論のレベル」を越えている。つまり，この問いに答えるためには，より高いレベルのユニット内における，サブ・ユニットの同質性（たとえば，グループのメンバー間での），独立性（たとえば，グループにおける個々人の独立性），異質性（たとえば，グループ内の個人の）を明らかにしなければならない[29]。

　さて，オートポイエーシス的なプロセス（ここでは，知の展開）が，他の多くの現象のようにスケールされると認めたならば，すぐ次の疑問が浮かぶだろう。組織知を，個人化したり，社会化するのに関わるスケーリングの本質は何か？ スケーリングとは，写真とスケールされたその引き延ばし版のようなものなのか？ われわれは，生命システムと同様に，オートポイエーシス的な知の展開プロセスは，一般的にスケールされるだけではなく，スケール横断的に相似なのであると考えている。ところで，スケール横断的に相似というのは

何を意味しているのであろうか？

スケール横断的に相似であるスケーリング

美しい Cotswold 地方の中心部にある Burton-on-the-Water に Old New INN という風変わりな名称の宿がある。風変わりなのはその名称だけではない。その名声を世界中に広めたのは，庭に建設された模型の村である。1937 年の戴冠記念日にオープンして以来，その模型の村は，何千という観光客の目を楽しませてきた。

　これは，宿屋の主人，C. A. Morris 氏が晩年に建設した，イギリスのとある村の模型について紹介した小冊子の最初の段落である[30]。Morris 氏の菜園に，6 人の男が慎重に Burton-on-the-Water のすべての建物とその地形のあらゆる特徴をスケールダウン（1：9）した模型村を建設するのに 4 年を要した。それらは樹木（盆栽に似ている），川，橋などである。さらに，模型村の Old New INN の庭に，模型村の縮小版を相似的に建設させたが，それはオリジナルの村のそれに対応した部分の模型とは同一ではない。同様に，三番目の模型村が，二番目の模型村の宿屋の庭に建設された。そして，二番目の模型村は，最初の模型村の宿屋の庭に位置しており，最初の模型村は Burton-on-the-Water の Morris 氏の庭に位置しているのである。それぞれの模型は互いに相似であるが大きさは同一ではない。

　なぜ，この村の模型が個人や社会の組織知をより理解する上で興味深いのか。これが，スケーリングの素晴らしい事例であると考えられるためである。もっと正確に言うならば，スケーリングは相似ではあるが，スケール横断的に同一ではないからである。この村の模型はわれわれの考えを代弁している。われわれは，オートポイエーシス的な知の展開プロセスが，この村の模型と同様にスケールし得ると主張しているのだ。この主張の根拠は，カオス理論と呼ばれる知的潮流に端を発している。次節では，カオス理論の簡単なレビューを通して，スケーリングの特性の一つである自己相似性をより鮮明に理解したい。

われわれは，自己相似性を現象学的に捉えるべく努めているが，その厳密な数学的特性にまでは踏み込まない。

カオス理論に関するノート

数学のダイナミック・システム理論に端を発するカオス理論に基づいて，EuclidやNewtonによる伝統的な理論に対して異議が唱えられてきた。Haylesが指摘しているように，すべては「三体問題」から始まった。つまり，月を挟んでの地球と太陽との関係は，あまりにも複雑すぎてNewtonの運動方程式では扱えないのである[31]。月が地球に引力を及ぼし，それによって地球の軌道が摂動し，太陽と地球の距離が変化する。その逆に，そうした変化によって地球を周回している月の軌道が変化する，といったように互いへの影響が続いていく。1890年のHenri Poincareの論文で証明されるまで，この問題がNewton方程式では解けないということが，一般的には理解されていなかった[32]。非線形の問題を解くためには，小さな摂動を線形方程式に導入するだけでは十分ではない，と証明することによって，Poincareは一般ダイナミック・システム理論と，後のカオス理論の基礎を築いた。しかしながら，Edward Lorenzが，1963年に決定論的非周期的流動（気象の予測不能性への応用）に関する論文を提示するまでは，カオス理論の全貌は明かにされなかった[33]。彼の発見によって，様々な分野にわたって多くの研究者が，ミクロ・スケールの小さな変動がシステムを通じて伝播し，往々にして，マクロスケールの不安定さをもたらすことにより大きな関心を払うようになった[34]。つまり，初期状態における敏感さはカオス理論，すなわち自然の基本的な性質である。子供時代が成人後のわれわれの人生の原因となっているという不安定さを考えてみてほしい[35]。

カオス理論によれば，いくつかのシステムは，それらのダイナミクスにおいて非線形であり，そしてこのような非線形ダイナミック・システムにおいては，カオスの海から秩序の島々が現れる。あるシステムをカオス的であると言っただけでは，なんの新しい洞察も得られない。たとえば，気体の中で互いにぶつかりあっている分子である。そこには，非常に多くの粒子が関わってい

るため，われわれは，その状態を統計的に記述するのが精一杯である。この記述に際しては，カオス理論を用いる必要がない。同様に，多くの人びとが関わっている社会システムは，カオス的に見えるかもしれないが，その実態はそれほど明らかにされているわけではない。そこではただ単に，非常に高い自由度によって，システムは十分にランダムに保たれている[36]。異なる初期状態が，異なるアトラクタ（均衡点，周期的な軌道，準周期的な軌道，あるいはカオス的な／ストレンジ・アトラクタ）へと発展するかもしれない[37]。カオス的なアトラクタが現れるのは，他の部分では拡大が起こっているにも関わらず，いくつかの方向で縮小が起こっていることにより，全体的な量が収縮しているときである。これはアトラクタの中でさえも不安定な動きをもたらす。そのアトラクタの，互いに近くのポイントで発生した2つの軌道が，時が経つに連れて幾何級数的に離れていく。ゆえに，最初の状態のわずかな計測エラーが，すべてのアトラクタを巻き込んで拡大し，短期的な場合を除いては，その軌道が描く未来のコースを予測することは不可能になってしまう。従って，過去と現在の間に，何ら因果的結びつきを見出せない。現在の状態は，前の状態に鋭敏に依存しているのである[38]。

　それゆえ，わずかなエレメントで構成される単純な決定論的システムが，ランダムな活動を生み出し，あるスケールにおけるコンポーネント間の相互作用が，より大きなスケールにおける複雑な活動へと繋がる。その活動は，個々のコンポーネントに関する知識からでは推論不能である。より多くのデータを集めても，この乱雑さには抗し得ない。この種の乱雑さこそ，まさにカオスと呼ばれているものなのだ。しかし，カオスはカオス的なのか。パラドキシカルに聞こえるだろうが，カオスは，偶発的動きを示すエレメントとは関わりのない一定の単純なルールによって生み出される。カオス固有の決定論は，予測などできないと考えられてきた（自然界における）多くのランダムに見える現象が，少なくとも，シンプルな法則に基づくという見地からは，説明されうることを暗示している。要するに，カオス理論は，「*完全性や決定性，一般性，歴史的必然性などに基づくあらゆる主張よりも魅力的であり，ゆえにポストモダンの科学や政治学の土台となるエレガントな理論的裏付けを提供している*」[39]のである。それによって，決定論が支配する世界の中で自由意志を斟酌するこ

とができるようになる[40]。

　なぜ，カオス理論が，西洋的伝統文化の中で革命的と思われたのかは，文化史から説明できる。「カオス」という言葉は「大きく開く，ぽかんとする」を意味するギリシャ語の動詞語幹 kha に由来する。これはオックスフォード英語辞典 では，「ぽかんとしてしまうほどの空虚さ，大きく開いた深い穴，深い裂け目，深淵」といった語の語源である。西洋における多くの神話において，カオスはネガティブな状態として描かれてきた。たとえば，Enuma Elish[41] に見られるように，それは創造生起のために克服すべき無秩序であった。すなわち，もし秩序が善なら，カオス（反秩序）は秩序の対極に位置するがゆえに悪である。道教の神話は，これとは対照的であるといってよい。たとえば，Zhuangzi（訳者注：『荘子』）にあるように，道教の神話では，カオスは秩序とは別に必要なものであり，秩序の透明性に挑みながら，それを補完する乱気流とされている。ここでは，秩序対反秩序という西洋の2項対立に「非秩序」が補われている。カオスを自己組織化システムとして秩序へ繋がるものとみなしたり，カオスがその中に，暗号化された秩序ある複雑な構造をもっているかもしれないと考えると，こうした考え方がより鮮明になる。すなわち，カオスと秩序の関係は，伝統的な（西洋的）2項対立のパースペクティブよりもずっと複雑なのである[42]。

　自然科学では，気象学，熱力学，疫学，非線形力学など様々な分野で，カオス理論の理論的レンズが用いられてきた。社会科学ではどうだろうか。ここでは，変化は革命的というよりも進化的である。ほとんどのマネジメントや組織に関する研究（たとえば，経済学やマーケティング）の根底を支えている伝統的な線形のパースペクティブから，新しい非線形のパースペクティブ[43]への道が切り開かれつつあるようである。とりわけ，初期状態が鋭敏な影響を及ぼすという点に関してはそうである[44]。カオス理論は，比喩的な意味で，企業組織の境界をより理解するために用いられたりもしている[45]。いろいろな分野でカオス理論は，従来の世界観に対して手厳しい挑戦を突きつけている。たとえば，ファイナンス，投資理論（効率的市場仮説，ポートフォリオ理論，資本資産価格モデル，内部投資収益率モデル）である。金融市場を複雑でダイナミックなシステムとして眺めれば，事実上，上で挙げたモデルの土台が徐々に崩れ

ていくことになる。金融市場は「効率的」でもなければ「ランダム・ウォーク」をしてもいない。投資家は金融市場を出し抜けたのか？[46]

人文科学でもカオス理論に対して関心が高まってきている。とりわけ、秩序と「混乱」の関係についてはそうである。たとえば、Katerine Hayleによる1991年の文献では、人文科学系の著者達が、散逸構造としてのフィクション[47]や、メタフィクションのカオス[48]、脱構築に関するカオス理論[49]、文学と物理学の相互関係[50]について論じている。これらの著者達の何人かは、カオス理論の応用性、妥当性、重要性を指摘しながら、科学作家からだけではなく、自然科学者からも上がっている主張を決定的なものだと考えている。自然科学者は、カオス理論が新たな形而上学を暗示していると主張しているのである。たとえば、

> 深遠な哲学的問題に対して、不可逆的な熱力学が進歩すれば答えが示される、あるいは示されるべきだという考え（著者が*Prigogine and Stengers*（1984）を引用している）には、ほとんどの理系科学者が不快感を露わにするであろうし、人文科学者はそうした考えに対して徹底して懐疑的な立場を採るであろう…新たなパラダイムが社会的変化を引き起こす、あるいはそれ自身が巨大な文化的潮流を反映したものであるという考えは、私の見るところ、より問題があると言わざるを得ない。こうした不明確さを考慮しながら、カオスの科学における様々な研究プログラムが明らかにしつつあること、そしてそれらがわずかながらも期待させ、あるいは指し示していることが何かを明らかにすることは、とりわけ重要である[51]。

要するに、従来の社会科学では、ノーマルな社会システムにおいては唯一の均衡状態が存在し、すべての不安定なシステムは、社会的崩壊や秩序の決定的不足を意味するとみなされてきた。小さな変化は小さな結果しかもたらさないであろうし、大きな変化は大きな変化をもたらすであろうと考えられてきた。カオス理論は、こうした考えを再考するよう促してくれる。あるシステムのダイナミクスは、不安定で連続的なカオスへとそのシステムを導くだろう。すなわち、そのシステムをコントロールする能力は弱まっていく。カオス的なシステムでは、小さな変化が巨大な変化を引き起こすかもしれないし、大きな変化

でもまったく影響を及ぼさないこともありうる。システムは予測不能となるのである[52]。

自己相似性の特性

すでに 16 世紀の中頃には，Galileo は比例したスケーリングに基づくルールが，多くの自然の物質のサイズを制限していることに気づいていた。たとえば，樹木である。同様に，赤ちゃんは両親の単なるスケール縮小版ではない。たとえば，頭はよりずっと大きく，顔の目鼻立ちも異なっている[53]。カオス理論は，大自然や樹木，山々，湖の荒々しさがユークリッド幾何学に基づいては完全には理解することができないことを示している。平面幾何学においては，曲線は厳密に一次元であって面積はない。ところが，自然界においては，すべての曲線の特徴として幅があり，ほとんどは 1 次元以上 2 次元以下である。たとえば異なるスケールで眺めるとき，海岸線は同じように見える[54]。

雲について考えてみよう。あなたが雲をいかなる角度から観察するかに関わらず，雲への距離を測るのはほぼ不可能に近いであろう。雲のすべてを Euclid の次元で計測することは，同様に難しい。なぜか。雲は事実上あらゆるスケールを持つ。すなわち，どの部分に焦点を合わせても，それらは多かれ少なかれ相似である。同様に，観察中の雲は，数分前と現時点を比べれば相似しているように見える。雲がスケール横断的に相似であるためである。これは何を意味するのか。

いかなる所与のシステムにおいても，ある均衡状態から別の状態への変化に際しては，予測出来る結果と予測出来ない結果が生じる。そして，こうした状態間の境界はバイナリではなく，フラクタルである[55]。フラクタルにおいては，システムについてフラクショナルな（訳者注：非整数の，分数の）次元性を用いて記述する。たとえば，イギリスの海岸線に関する記述である[56]。理論的には，フラクタルは無限に繰り返される現象及び無限の長さを有し，傾きや導関数は存在しない。ユークリッド幾何学においては，線分，平面，空間における均一な分布はスケールが変化しても不変である。フラクタル幾何学においては，この不変性が制限されたり，修正されたりする。あるいは Feder が述べ

ているように,「ひとたび，*従来の幾何学の揺るぎない前提から離れる*とフラクタル次元における*ひどく複雑な状態が現れる*」[57]。

フラクタルの特性は「自己相似性」である。そしてそれはスケーリングに関して不変性を意味する。たとえば，線分は，空間における点の特殊な集合である。線分の長さを変えても，同じ点の集合が再び見出される。同じことは平面や空間についても言えるし，他の次元や，社会的現象やプロセスについても言えると考えられる。つまり，自己相似性はパターンに関わり，ある特定のスケールにおいてのみならずスケール横断的に言えることなのである。自己相似性により複雑さが低減される[58]。

自己相似性は，しばしば有名なマンデルブロー集合を用いて例示される。そこではカオスの海から，変化に富んだ不思議な秩序の島々が現れてくる[59]。第1に，いかなるスケールにおいてもこの集合のどの部分も他の部分には似ていない。しかし，スケーリングを続けていくと（観察するスケールを変えても），いかなるセグメントにおいても，いかに小さかろうと所在に関わらずメイン集合に似通った新たな構造が，浮かび上がってくる。「フラクタル」という語は，Mandelbrotによる造語であるが，自己相似性は彼以前に多くの科学者によって議論されていた。たとえば，1880年代のGeorg Cantor，1900年代初頭のHelge von Koch（微分不可能な曲線について），および1920年代のFelix Hausdorff（フラクタル次元について）によって議論されてきた[60]。Lorenzはフラクタルの自己相似性を以下のように説明している。

> 多くのフラクタルシステムにおいて，適切に選ばれたいくつかのピースは，適切に拡大されさえすれば，システム全体と同一視できるものとなる。当然ながらいくつかのサブピースは，拡大されればピースと同一視できるようになり，いくつかのピースをさらに拡大すればシステム全体と同一視できるようになる…小さいピースが，拡大されてもシステム全体とまったく同一にはならないかもしれないが，それでもそこには同一の一般的形状が現れているはずである[61]。

自己相似性という特性は，自然科学や社会科学の領域における様々な分野の研究に大いに役立ってきた。人体には，多くの自己相似的構造が見受けられ

る。たとえば，ニューロン，血管の網状組織，神経，脈管，心筋，肺の気道，機械的で電気的な心臓のダイナミクスなどである[62]。聴覚と視覚もまた，自己相似性を示す[63]。宇宙，銀河，および原子の構造やダイナミクスが自己相似的であるとも主張されてきた。それらは「宇宙の自己相似的階層構造」と呼ばれている[64]。フラクタルに関するごく最近の学術会議の一つ，Gordon Research Conference on Fractals (1994) では[65]，幅広い話題が議論され，自然科学がフラクタルのレンズを通していかに進歩したかの実例が提示された。そこでの発表論文では，次のようなものが扱われていた。薄膜成長のサブ・モノレイヤーズのフラクタル局面，エッチングと薄膜成長の間の面のダイナミックなスケーリング，固体反応の間の形態的な不安定性，生物学的有機体のためのデザイン原理（パターン構造と細胞樹状突起の成長），植物の成長における自己組織化の異なる形態，自己相似および自己アフィンフラクタルにおける交差，固有性とDNAの非コード化された領域の機能，DNAのフラクタル相関作用，最大フラクタル電極のインピーダンス，フラクタル物体の波状相互作用，分岐した川とそれらの関連地形の構造，洪水のアセスメントのフラクタルハザード（地震と火山噴火），一般相対性理論のフラクタル，素粒子物理学のフラクタル，画像処理のためのマルチフラクタルツール，パーコレーション系のフラストレーション，フラクタルのクラックス。

　多くの社会的現象は，本質的に自己相似的であると思われる。たとえば，民主主義は，自己相似的である。それは欧州議会のように超国家的レベルでも見出されるし，国会のような国家レベルでも見出しうる。また，民主主義は様々な興味深い形を取りながら組織的レベルでも見出せる。民主主義の形は様々であるが，その原理はスケール横断的に相似である。

　社会的プロセスもまた自己相似性を示す[66]。たとえば，HIV感染[67]，交通の流れにおける密度波[68]，クラシックと現代音楽[69]も自己相似性を示す。言語も自己相似的である。たとえば，漢字は対象物を定義するよりも現象を象形する傾向があり，繰り返し用いられる部首に富む。こうしたことは言葉の自己相似性の1形態とみなしうる[70]。このように，多くの社会的現象やそれらのダイナミクスは本質的に自己相似的である。この点について，Youngは次のように述べている。

母親や聖職者または結婚，資本主義システムのふるまいは，*euclidian* 的な構造の形態を採らない。社会紐帯において，個々の人びとに対応するユニット（*units*）行動の行き着く先は，フラクタルの特徴を示す。誰しも，その人が具現化するユニット行動の集積を越えた存在（母親や聖職者，あるいは犯罪者）にはなれない。母親は，彼女が母親らしく振舞う同じ時空間次元において，他の役割も具現化している。…想像しうる最も凶悪な犯罪も，過去に犯罪者が具現化してきた取るに足らない分割されたユニット（*units*）行動が結合して生じた犯罪活動なのである[71]。

実際，産業，組織，教育，ヘルスケアー，および個人的行動のように異なる社会的環境やプロセスに対して，「マンデルブロー集合」がおそらくは発生する。たとえば，経済システムには，分岐点を通過するときに（不）安定性の領域を移り変わるフラクタルベイスンがある。新たな法人税に関する政治決定について考えてみよう。新たな政策は，（カオス的に）企業と個人の行動を引きつけるものとして眺めることができる。それはある国においてはそのインフラ整備を押し上げるかもしれないが，別の国では大規模な脱税や企業モラルの低下と国家の経済問題をもたらすかもしれない。

組織とマネジメント研究における自己相似性に関する考察

本稿のパースペクティブからは，自己相似性は，いかなる業務にもつきものである。自己相似的現象あるいはプロセスによって何が扱われようと，その基本的な原理はスケール横断的に相似であることだ。

読者が大企業の新入社員として雇われたと想像してほしい。その場合，あなたは無意識のうちに自己相似的な組織学習プロセスを展開することになる。一瞥した限りでは，全社的な組織学習のやり方を見出そうとしても，戦略的事業単位（SBU）ごとに実行されているプロセスはいかなる階層においても異なるように思われる。徐々に，以下のようなプロセスの詳細が明らかになってくる。すなわち，統治原理が明らかになってくる。たとえばいかにして人びとが

異なる活動に従事しているのかとか，いかなるときにいかなる責任が生じるのかなどが明らかになってくる。たとえどこにおいても，どんなに小さかろうと観察のスケールが変われば（たとえば，個人，グループ，SBUレベルで学習プロセスを研究したりすれば），新たなプロセスが明らかになる。それらは，スケール横断的に似通っているプロセスである。つまり，それらは，常に相似だが，決して同一ではない。

　マネジメントと組織の研究の領域においては，極めて限られた範囲のプロセスや現象のみが，自己相似（あるいはスケーリングされるもの）として位置づけられてきた。スケーリングと自己相似性の理論を用いて，日常知や既存のモデル・理論を再検討することで，新たな洞察が得られ，それらの豊かさをより感得することができるに違いない。既存の概念を再検討し，自己相似性のレンズを通して改めて見直してみよう。ここでは，ほんのわずかな領域に簡潔な再検討を加えたに過ぎない。それぞれの問題を深くは追求していない点に留意されたい。

　たとえば，国際的なビジネスの分野においては，企業の「インターナショナル」，「マルチナショナル」，「グローバル」のオペレーションの間でしばしば初歩的な区別しか行われていない。グローバル化のプロセスにおいて，多くの企業がインターナショナルからマルチナショナル，グローバルへと発展する経路を辿る。インターナショナル・ステージは，国内ビジネスから分離され，より自律性が高まるインターナショナルな部門によって特徴付けられる。インターナショナル・ステージにある企業は，国内とインターナショナルな部門の間をはっきりと区別し，また，インターナショナルな部門においても強力な階層構造に従って業務が進められる。そのため，計画や予算，業績評価，給与のようなマネジメントプロセスは異なる傾向がある。

　対照的に，グローバルなステージは活動と戦略のより増大する地理的統合によって特徴付けられる。企業がグローバルなステージに移行すると，異なる子会社が異なる役割を採用し，バリューチェーンは限られた数の国々へ割り当てられ分化の程度が増大する。たとえば，製造と販売双方を行っている国と販売だけを行っている国では，ビジネスユニットのグローバルな本部への利益責任は異なる仕方で測定されるようになる。

一方で,「過渡的な」マルチナショナル・ステージは,国や地域における自律性を超えて重複した活動の増加によって特徴付けられる。マルチナショナル・ステージの企業は,いずれの子会社に対しても平等な待遇を与え,国際連合のような精神で,業務に当たる[72]。それゆえ,ここでは,自己相似性が生起する。当然ながら,このステージは多くの名前で呼ばれている。たとえば,マルチドメスティック[73]と「マルチローカル」[74]である。ゆえに,マルチナショナル企業の戦略と構造は自己相似性を示す[75]。

組織エコロジー論は,マネジメントの研究領域における自己相似性理論のもう一つの例である。組織エコロジー論は,組織に関するマクロ社会学的な理論であり,個体数変化における生態学的な進化の理論に基づいている[76]。

組織エコロジー論では,いかなる社会条件で新たな組織や組織形態がどのような比率で起こり,変化し,消滅するのかを理解しようとする[77]。

こうした考えに沿った根本的な自己相似性原理は,次の通りである。「組織は表向きのゴールや環境からの要求,しばしばリーダーの意図からも,多かれ少なかれかけ離れつつ,自ら活動を展開している」[78]。組織エコロジー論の(あるいは個体群生態学でしばしば言及されるような)論文においては,人口統計学と個体群,境界,ニッチ,選択,死亡率といった概念が多用されている。これら全ての概念は,生物学理論,すなわち,異なるスケールのライフサイクルに関する理論や生物学的生命の理論から援用されてきた[79]。

自己相似であると思われるもうひとつの理論は組織におけるパワーに関係している[80]。まず第1に,これまでの議論から「パワー」はスケールされた現象である。なぜか? なぜなら,個人は特定のコンテキストにおいてのみパワーがあるためである。たとえば,Silversaw氏は自動車会社のCEO(最高経営責任者)としては強力だが,その一方,自宅では無力に見えることに人びとは同意[81]するに違いない。これは前に触れた価値判断のカテゴリーに分類される。

組織におけるパワー,および組織のサブユニットを理解するために,国際的なそして国家的なレベルで政治を理解する必要があるとも主張されてきた。この領域で上のように主張している人びとは(過去の)政治家の全世界的な行動

にしばしば言及しつつ，組織における政治とパワーを理解すべく試みている[82]。同様に，キューバ・ミサイル危機のAllisonによる有力な研究は，各組織レベルにおけるパワーと政治のより完全な理解をもたらしてくれた[83]。すなわち，マネジメントは政府の活動のように政治的活動である。そこでは，それは国際的で国家的な政治から組織的な政治へ，そして，さらに組織的な政治から組織的な個々のレベルへと，スケール横断的にパワーのコンセプトが適用されるのである[84]。

もう一つの例は，「古典的な」組織理論である。いかにしてタスクが遂行されるか。Frederick Taylorは，産業組織における「人間の効率的」利用を研究し，「科学的管理法」というエリアを確立した[85]。これらの理論は，主に生産現場や事務部門の人びとによって遂行されるタスクに関するものであった。すなわち，限られた問題解決に必要とされる，現業員によるほとんど反復的なタスクに関するものであった。

科学的管理法の文献によって使用されている言語から，その自己相似的本質が明らかになる。労働者は，能力やスピード，耐久性，コストという観点から記述された。これらはいかに機械を「扱う」かを理解することから直接的に援用された概念であり，それはその後，別のスケールで人びとに適用された。

Taylorの機械論的パースペクティブとは異なるものの，March and Simonによる *Organizations* もまた自己相似性を例示している[86]。彼らは，Taylorによって研究された本質的に反復的なタスクとは異なる，価格を決定したり，製品を設計したりするような意思決定を含んだタスクに焦点を合わせた。March and Simonは，いかにして決定がなされるかという理論を展開するに際して，コンピュータゲシュタルトを用いている。そこでは，彼らの考えの自己相似的な本質が例示されている[87]。つまり，タスク遂行に関わるTaylorの自己相似モデルが，製造機械と労働者の間にまたがっているのに対して，「意思決定プロセス」に関わるMarch and Simonのモデルはコンピュータと脳の間にまたがっている。つまり，脳はコンピュータのように機能するとされている。

第2章で述べたように組織論へのさらなる貢献は，組織の記憶と同様に組織あるいはコレクティブ・マインド[88]の概念である[89]。コレクティブ・マインド

は，「社会システムにおける十分に留意された相互関連的な行動パターン」として概念化される[90]。組織の記憶は組織における情報を保管し，検索する能力とみなされ，脳に類似している。このように，組織研究の領域の中では，自己相似性理論が，機械，コンピュータ，組織，人びとおよび脳というレベルにわたって適用され論議されてきた。

意思決定の合理的選択モデル，官僚モデル，政治モデルを含む組織における意思決定は，自己相似的であると言ってよい[91]。社会的選択に関する研究では合理的選択モデルが最も著名であるため，ここでは「合理的選択」モデルに限って議論したい。

このモデルはしばしば，組織において選択をする際の「ベストな」方法と言われている。この考えに従うと，イベントは首尾一貫した行為者の合目的的選択であり，その結果として，行動は目的と意志を反映する[92]。このモデルによれば，どのように決定はなされるのか？ 第1に，合理的選択モデルは，組織を特徴付ける首尾一貫した目標群があると仮定する[93]。第2に，決定をするために，いくつかの異なる代替案が考え出される。それらの代替案は，*満足な代替案が発見されるまでしか行われない検索プロセスで生じ，言い換えれば*[94]社会的行為者の願望のレベルに依存している[95]。第3に，確率を計算しつつ，行為によって起こりそうな結果が評価される。そこでは，多少の不確実性を伴うものの，結果は完全に予測されるものと仮定されている。最後に，合理的選択モデルでは，目的に関して最も高い値を得るという社会的行為者の見込みを最大にする代替案を選択することになる。

なぜ，このモデルは自己相似的なのか？ このモデルの提唱者らによれば，個人の意思決定プロセスもこのモデルで扱うことができるためである[96]。それは，認知科学および社会システムの双方で適用されてきた。

オートポイエーシスは，自己相似的でありうるか？

オートポイエーシスは生物学のみならず，社会的システムにおいても見られる現象であると主張されてきた（3，4章を参照されたい）。さらに，オート

ポイエーシスは，一般システム理論の領域で継続的に論議されてきた。そこでは，システムの一般的な理解に際して，オートポイエーシスをいかに適用するかに関心が払われてきた。Maturana and Varela によって提示された基本的な疑問は，メタ細胞がオートポイエーシス的なユニティであるか否かということであった。そして，彼らはそれを次のように結論づける。「…いかなる生物でも，*創生期のオートポイエーシス・システムによって成り立ち，細胞を通しての再産出によって系統を形作る*」[97]。観察者が生物体で観察可能な自律性の程度という観点から，さらに彼らはそれらにおけるオートポイエーシスの相似性について議論した。この考えに従えば，生物体における依存の程度に応じて（自律的なユニティとして具現化されている程度に関わり），観察者はそれらをランク付けしてとらえるべきである[98]。こうしたことから，彼らは有機体は最小限の自律性しか有していないのに対して，人間社会には最大限の自律性があると推論している。たとえば，社会性昆虫は「*なんらかの秩序に基づく細胞システムの集合によって形成される一連のメタシステムと，その対極に位置する人間の社会的システム*」[99]の間あたりに位置している。

ただし，Varela は，「産出」(poiesis) という語が生きている細胞としての単一の自然現象にのみ言及していると強調している。この見解は，何人かの社会科学者によって支持されてきた[100]。しかしながら，社会的オートポイエーシスの2人の主な著者である，Luhmann も Teubner もいずれもそれを生物学から社会学へとダイレクトに転用しているわけではない[101]。事実，細胞を個人に置き換えることはできないし，メタ細胞を組織と入れ替えることもできない。むしろ，社会的システムは，オートポイエーシス的に再産出される意味のシステムと定義される[102]。Luhmann と Teubner では，社会的システムに関するオートポイエーシスの見解が，異なっている点には留意して欲しい。後者は部分的にオートポイエーシスを受け入れているが，前者は全面的に受け入れていると言ってよい。

この章におけるスケーリングと自己相似性に関する議論に従い，われわれのパースペクティブではオートポイエーシスが*同一か*あるいは*スケール横断的で*ないかに関心を払わざるをえない。この本で提示された観察スキームにおいて，オートポイエーシスをスケールされた現象，おそらく自己相似した現象と

して眺めることは有意義であろう。観察者としてのわれわれのタスクは，われわれがこの専門用語を使用することができるスケール横断的パターンを認識することである。細胞言語にこだわりながらも，Maturana and Varela が創生期の秩序と後天的に獲得された秩序のオートポイエーシスについて議論している点から，その自己相似的可能性が示唆される。「…われわれが言わんとしていることは，創生期の秩序と後天的に獲得された秩序のオートポイエーシス・システム双方にあてはまるだろう。厳密に必要な場合を除けば，それらの間に区別をつけるつもりはわれわれには全くない」[103]。

われわれの目的からすれば，こうした考えに基づいて次のようなことが概念化できる。個人が（オートポイエーシス的に）新たな知識（新たな弁別）を産出する方法は，グループが（オートポイエーシス的に）新たな知識を産出する方法に相似しており，グループが行っている方法は SBU が（オートポイエーシス的に）新たな知識を産出している方法と相似している。さらには SBU が行っている方法は，組織が（オートポイエーシス的に）知識を産出している方法と相似している，などなど。逆もまた同様である。スケールを観察する様々なレベルにおいて[104]，すなわち，個人またはグループ，組織は，自律的で，オープンであると同時にクローズドであり，自己言及的で観察可能なシステムである。

スケーリング，および特に自己相似性がもたらしてくれる言語とレンズを通して，個人および社会の組織知のダイナミクスをより理解することができるようになるだろう。この本で産出されるオーガニゼーショナル・エピステモロジーのダイナミクスへの理解を捗らせるかもしれない[105]。それはわれわれの観察スキーム，本書で提示するオーガニゼーショナル・エピステモロジーにとって重要な部分となる。スケーリングと自己相似性の言語はまた，オートポイエーシスの生物学的および社会学的な適用の支持者間における論争にも光明をもたらす。Luhmann が提示したように，われわれの自己相似的なオートポイエーシスの概念化はコミュニケーションを通して，社会システムにまで拡張しうる点に注意されたい[106]。

これからは，組織知がいかにして社会的スケールで生起するかについて議論する。スケーリングと自己相似性は，社会的な知の展開を研究する手段であ

る。これからは，われわれが言わんとしている全ては，スケールされうる。もしくはより正確には自己相似的現象とプロセスとしてとらえることができる[107]。それでは，言語化から始めるとしよう。

注
1 あるいは卵が先か鶏が先か。
2 この点については Berka and Riska（1983）を参考にしている。
3 Laplace（1879）*System of the World*, Vol.VI. Mandelbort（1983）の 419-420 ページからの引用。
4 たとえば，サンタフェ研究所（SFI）における自己組織化の重要性に関するワークショップ（1991）。
5 SFI Bulletin（1993）.
6 これに関する例は Bonner（1969）を参照されたい。
7 Oldershaw（1982b），37 ページ。科学における階層構造の非対称性に関する議論については，Anderson（1977）を参照されたい。
8 パーコレーション・クラスターに関するスケーリング理論のより詳しいレビュー，議論，シミュレーションについては Stauffer（1979）を参照されたい。
9 ここでは，いくつかの単純な数学的ルールにより変換を捉えている。もし，二次元の物体がスケール・アップするなら，その面積はスケーリングファクターの二乗で増加する。もし，三次元の物体がスケール・アップされるなら，その体積はスケーリングファクターの三乗で増加する，といったように続く。
10 たとえば「…私が出来る限り下のほうに視線を向けてみると，背中に矢筒を背負い，手に弓矢を持った6インチにも満たない人間のような生物がいた…次の瞬間，私の左側から何本かの矢が飛んでくるのに気付いた。矢は，まるで針のように私をちくりと突き刺した」。
11 スケーリング・アップに関わっている複雑性にはぞっとさせられる。地表に立っている観察者は公転軌道上を30km/秒で回っている。太陽系は銀河系の中を230km/秒で回っている。一番近い銀河系であるアンドロメダ星雲に向かって40km/秒で引き寄せられている。空間構造という観点に立てば，いくつかの近くにある銀河からなる銀河団は，600km/秒の速さで移動しており，おとめ座銀河団からの重力，ハイドラ・ケンタウルス・超銀河団からのより大きな重力を受けて，グレート・アトラクターとして知られる広大な銀河の集まりへ向けて移動している。詳しくは Fabbri *et al.*（1980），Dressler（1987），Hawking and Ellis（1973）を参照されたい。
12 Oldershaw（1981a）を参照されたい。
13 前者（レプトン）の電子から構成されるニュートリノや，他の電子からは「強い原子力」は感じられないが，一方で後者（クオーク）のニュートロン，プロトンや他の微粒子からは強い原子力が感じられる。クオーク理論によれば，レプトンは元素であり，ハドロンは元素ではないが，クオークから構成されるハドロンは元素として扱われる。
14 1994年5月，シカゴ郊外にある Fermi 研究所の物理学者達は，「トップ・クオーク」12 のクオークの最後を発見したと発表した。その証明は，440人の物理学者のチームによって200ページの論文として発表されたが，まだいくらかの疑いがあると見られている（Cookson（1994））。
15 Morrison and Morrison（1982）を参照されたい。
16 Voltire による1752年の哲学談話，ミクロメガス（ギリシャ語で小さくて大きいという意味）もまた，時間のスケーリングの一例である。この話は，主人公のミクロメガスが，シリウス星の惑星の一つから他の惑星へと旅立つところから始まる。土星に立ち寄った際，ミクロメガスは，土星

の人びとが地球年で約1万5000年「だけ」生きるということを知る．ミクロメガスは，自分達種族の方が土星人よりも700倍長く生きるにも関わらず，それでもなお時間が足りないと不満をもらしている，と土星人に語った（Voltaire, 1988, 12 ページ）．

17 設計者は，二次元の図面上で眺めるに際して，たとえば，扉と家との関係を比率として眺めるだけではない．個々の特徴のスケールと全体とのバランスをとらねばならず，それはしばしば形而上学的原則に従う．

18 ここでは，スケーリングは，ある要素内のあらゆる部分のサイズと，ある空間内のあらゆる要素のサイズとの間の決められた関係と密接に関連している．同様に，彫刻のスケールは，その周囲のスケールとの関係が考慮されなければならない．これは，特に空にシルエットを浮かびあがらせる野外彫刻にとっては重要である．

19 Proctor (1978).

20 Best (1963).

21 Reif (1964).

22 Geschwind (1972).

23 Cantril (1963).

24 Eoyang (1989, 280 ページ).

25 Joachim (1969).

26 Arber (1954, 71 ページ). それは，*Richtigheit* に関する「ハードな」科学的アプローチというより，むしろ真実に関する哲学的思考である．この弁別もまた，前の章で議論したところの，対応ドクトリンと一貫ドクトリンの，「真実」の違いを例示している．

27 Herbert (1937, 88 ページ). 生物学と真実に関する Arber の議論もまた，真実のスケールされた性質を示している．「人間にとって，真実であることがこのように彼の全人格から分離できないので，『真実』は，たとえ観察者が等しく敏感な感覚と知性に恵まれても，比較的単純な物さえ，2人の異なる観察者にとって全く異なるものに見えるかもしれない．彼らのいずれか一方にとっての真実であることは，彼の関心を抱いている分野，および彼の精神生活が行われているチャネルに依存する」（Arber (1954, 68 ページ)）. 同様に，Kant の *Phenomenon* と *Nomenon* を「真実のスケール」に関する両極端ととらえることも可能である．

28 話を複雑にしないために，ここでは「創発的行動」をスケールの議論に含めていない点には，留意されたい．

29 Rousseau (1989) と Klein, Dansereau and Hall (1994) を参照されたい．

30 われわれに，この例を紹介してくれた Ken Slocum 氏に感謝する．

31 Hayles (1991).

32 この問題の解法を最初に証明した者に賞を送るという，スウェーデン王 Oscar II 世の申し出に応じて Poincare は論文を書いた．Poincare は反対していたが受賞した．

33 初期状態を鋭く観察し，わずかな変化に基づいて，3つの非線形常微分方程式の集合を積分することで，非周期的問題を彼は解決した．興味深い発見は，当初の状態における非常に小さな変化が，複雑な非周期的運動を生み出すということであった．一方で，これ自体は新たな発見ではなかった．すでに1776年に Laplace が日常的な現象の予測について議論していたのである．彼によれば，ほとんどの現象における乱雑さは，観察において完璧さを欠いていたことが原因であった．

34 Lorenz の発見と，カオス理論のさらなる進歩によって，予測可能性には基本的限界があると暗示されている．たとえば，株式市場の動きは，小さな不確実性が拡大するために，短期的には予測可能であるが，長期的には予測不能である．この点についてより詳しくは Crutchfield *et al.* (1986) を参照されたい．

35 「カオス」という語は Li and Yorke (1975) の造語であり，非線形システムによって乱雑なプ

注　101

ロセスに見える問題を一時的に解決する方法を示している。Lorenz の名は，カオスの発見と同義であるとされてきた。
36　解法の多様性理論に関する初期の研究に基づいて，分岐理論と呼ばれる数学の一分野が形成された。そこには「クリティカル・ソリューション」，「安定性」，「構造的安定性」に関する領域が含まれている。分岐理論の開発に伴い，非線形システムにおいていかにして多様な解法が存在しうるのか，パラメーターの変化に伴いその値と解法の安定性が変化するのか，についてより理解できるようになった。分岐理論のレンズを通して文学を分析した Weissert（1991）を参照されたい。
37　アトラクタはダイナミックなシステムの行動を落ち着けたり，引きつけたりするものである。やがては静止するいかなるシステムも，特定のステートスペース（ステートスペースは概念的な空間であり，その状態はシステムの動作の自由度による）の領域によって特徴づけられる。たとえば，振り子の動きは，その最初の位置と速度によって決定される。それゆえ，そのステートスペースは，ある平面上の 1 地点であり，その状態は位置と速度である。その揺れは，このステートスペースに基づく軌跡を表す。このような領域が，アトラクタと呼ばれる。最も単純なアトラクタは，近くの軌道を引きつけている固定点である。この一つの例は，振り子が振れて，停止する定点である。あるシステムには，いくつかのアトラクタがあるかもしれない。カオスシステムは，外的な乱雑さのインプットなくして，それ自身のランダムさを発生させるという点には注意を要する。このランダムな行動は，最初のエラーの増幅と言うよりも，アトラクタが発生した経緯に影響される複雑さのためである。たとえば，一定のパターンの歪み（たとえば，温度の低下）が調整されるような関数とは違う。
38　数学的な定義についてはたとえば Medio（1993）を参照されたい。
39　Young（1991, 289 ページ）．
40　Crutchfield et al.（1986）．
41　バビロニアにおける創造神話で，おそらくは紀元前 1100 年頃，Nebuchadnezzar I 世の時代に書かれたものである。
42　この点に関して詳しくは Eoyang（1989）を参照されたい。
43　詳しくは Stacy（1992, 1993）を参照されたい。
44　たとえば，Zimmerman（1993）。
45　たとえば，Zimmerman and Hurst（1993）。
46　詳しくは，たとえば Nichols（1993）や Osborne（1980），Weiss（1992）を参照されたい。
47　Porush（1991）．
48　Stoicheff（1991）．
49　Knoespel（1991）．
50　Weissert（1991）．
51　Hayles（1990, 92 ページ）．
52　カオス理論の前提が，自己組織化の核心部分およびアンチ・カオスの理論的発展をいくぶんなりとも促してきたという点には注意すべきである。理論的には，複雑な活動やダイナミックなシステムをより深く理解し説明する際に用いられている。Waldrop（1992），Stein（1989），Kauffman（1991），Bak and Chen（1991）を参照されたい。
53　Stern（1988）．
54　海岸線のスケーリングに際して，オリジナル，フラクタル，スムーズさ，及びこれらの異なる組み合わせ間の比較については Dutton（1981）を参照されたい。
55　フラクタルとはラテン語の形容詞「fractus」と分数（fractional）を組み合わせた Mandelbrot の造語である。それは断片的な次元と形状的複雑さの双方を暗示する。
56　Mandelbrot（1967）．

57 Feder (1988, 4ページ).
58 スケール横断的な著しい相似性にも関わらず，それぞれのスケールで新たなものに遭遇するであろうという，凝縮物質理論家 Philip Anderson の主張にわれわれが同意している点には留意されたい (Anderson, 1977 ; Horgan, 1994)。
59 Mandelbrot が，特定のスケール変換の下で不変であるフラクタルに「スケーリングフラクタル」というフレーズを用いた点には留意する必要がある。「一般的な幾何学的相似性」の下で不変なフラクタルは自己相似であると言われる。「スケーリングフラクタルという複合語において，形容詞が名詞の意味を緩和している。フラクタルという語は主に，無秩序を意味し，扱いにくい不規則なケースをカバーするが，修飾語のスケーリングはある種の秩序を意味している。もっと言えばスケーリングという語は，厳密な秩序をも意味する。また，フラクタルという語は線分と平面を考えから排除することをも意味する」(ibid, p. 18)。
60 自己相似性原理の科学的ルーツについてより詳しくは Edgar (1993) の古典的論文を参照されたい。また，Mandelbrot (1983) は Laplace と Liebiz 双方に言及しながら，自己相似性が昔からあるアイディアであることを認めていた。
61 Lorenz (1993, 170-171 ページ).
62 Goldberger and West (1987), Goldberger, Rigney and West (1990). 自然界における自己相似的成長のシミュレーションについては Sander (1987) を参照されたい。
63 Schmuckler and Gliden (1993) および Keller, Crownover and Chen (1987) を参照されたい。
64 Oldershaw (1981 ; 1982a ; 1982b) を参照されたい。
65 Italy の Tuscany 地方の San Miniato で 1994 年 5 月 1 日から 6 日まで開催された。
66 セル・オートマトンは，本質的に自己相似であるようにみえる多くのダイナミックなプロセスを研究するのに用いられてきた。たとえば，山火事と流行病の広がり，化学反応の伝播，乱気流，都市成長プロセス，腫瘍の成長，家での部屋のレイアウト，雪片成長，樹状突起の結晶の成長，拡散律則凝集体である。これに関するより広範囲な議論と説明については White and Engelen (1993), Witten (1993) を参照されたい。
67 Wallace (1993).
68 Harrmann (1994).
69 自己相似的音楽に関する議論については Bolognesi (1983) を参照されたい。
70 Eoyang (1989). 言語のフラクタルパターンに関してより詳しくは Shannon (1993) を参照されたい。
71 Young (1991, 291 ページ).
72 Bartlett and Goshal (1989) を参照されたい。
73 Hout, Porter and Rudden (1982).
74 Yip (1992).
75 これに関するより完全な議論については Roos, von Krogh and Yip (1994) を参照されたい。
76 Hannan and Freeman (1989) を参照されたい。また，様々な産業環境における組織の変化（とライフサイクル）に関する彼らの以前の研究（たとえば，Hannan and Freeman (1977)）を参照されたい。また，Singh (1990) や Aldrich (1986) の諸論文を参照されたい。
77 Hannan and Freeman (1989, 7 ページ).
78 Hannan and Freeman (1989, 5 ページ).
79 同様に，この本では，組織知に関するわれわれの理解を強化するために細胞自己産出に関する理論，すなわちオートポイエーシス理論をスケーリングしたが，細胞と社会はスケール横断的に相似であるが同一ではない。

80 パワーと組織的プロセスおよび構造に関してはPfeffer (1981) およびSalancikとの共同研究（たとえば，Pfeffer and Salancik (1978)) を参照されたい。
81 だが，必ずしも理解する必要はない！
82 たとえば，Pfeffer (1981) は米国の大統領としてのRichard Nixonと彼の行動に言及している。
83 Allison (1971)。
84 Pfeffer (1981) および彼と同じ世界観に立つ人びとによって議論されてきたようなパワーというコンセプトに，われわれが完全に同意しているわけではない点には留意されたい。むしろパワーに関するわれわれの見方は，Foucault (1980) と軌を一にしている，すなわちパワーは地位に伴うものではなく，組織の中を流動的に動き回り，出来事において示される。
85 たとえば，Taylor (1911, 1947)。
86 March and Simon (1958).
87 お気づきのように，これらのアイディアが第2章で議論したコグニティビストのパースペクティブの基礎をなしている。
88 Weick and Roberts (1993) を参照されたい。
89 Walsh and Ungson (1991).
90 Weick and Roberts (1993, 357ページ).
91 キューバ・ミサイル危機と同じ状況における，これら3つのモデルに関する議論と適用についてはAllison (1971) を参照されたい。
92 Ibid.
93 March (1976).
94 Simon (1957) は代替案の検索にかかわるコストが少なくてすみ，そして，膨大な数の代替案を検討する必要が無いものとして「満足化」のコンセプトを導入した。
95 March and Simon (1958).
96 ここでは，合理的選択モデルの特性の多くがこの本で触れられるコグニティビストのパースペクティブに基づく点に留意されたい。
97 Maturana and Varela (1987, 89ページ).
98 *Ibid.* (198ページ).
99 *Ibid.* (199ページ).
100 たとえば，Zole (1992) とBlankenberg (1984) である。主な批判は，その生物学的起源に反し，それが経験的な証拠によって確認されなかったゆえに，社会的オートポイエーシスが非科学的であるというものだ。
101 King (1993) の「社会的生物学主義」を参照されたい。
102 Luhmann (1984 ; 1986).
103 Maturana and Varela (1987, 89ページ).
104 「観察」に対するわれわれの関心が，個人の知識に対するわれわれの従前の扱いに慎重を期すべく試みた結果である点に注意して欲しい。文字通りの自己言及性という点からは，本書で提示するオーガニゼーショナル・エピステモロジーの開発に際してわれわれは首尾一貫していなければならない。
105 自己相似性は，ホログラフィーか？ 各々のスケールが最も高いスケールの凝縮されたバージョンを必ずしも含むというわけではないので，自己相似性と「ホログラフィックパラダイム」は2つの異なった世界観である。ホログラフィックパースペクティブのルーツに関してより詳しくはWilber (1985) を参照されたい。認知心理学との類似に関してはShanon (1991) を参照されたい。ホログラフィックの視点からは，全ての現実は究極的に偏在する意識の現れである。事物やイ

ベントの明示的な領域は，分離不能な全体の暗示的な領域であり，それは全ての明示的部分を同時に利用可能である。すなわち，宇宙は巨大なホログラムであるということだ。例として，戦略的なマネジメントにおけるホログラフィックパースペクティブについてはHedlund（1986）を参照されたい。

106　これは重要な区別である。というのは，オートポイエーシス理論を新たに適応する道を拓くためである。ゆえに，知が前進することとなる。新たなオーガニゼーショナル・エピステモロジーを開発する試みは，これの一つの徴候に過ぎない。

107　それでも，繰り返しになるが非対称性に関するAnderson（1977）の議論を認めたい。

第 6 章

組織知と言語化

世界は言語によって生み出される

　個人の組織知は，個人と世界の間の連結構造に依存する。連結構造はとりわけ言語の中に見出しうる。観察に際して，異なる組織メンバー間の協調および協働は彼らが用いる言語ゆえに存立する。これは新しい洞察ではない。2つの単細胞が多細胞体を形成するには「細胞言語」が必要である[1]。

　組織メンバー個々の間の連結構造は観察によって特定でき，ゆえに，新たな研究領域が立ち現れる。Maturana and Varela によれば，それは言語の領域であるとされる[2]。特定の組織メンバーから独立しているという意味において，この領域は観察に際してそれ自身の位置づけを確立している。Varela によれば，「*対話や会話とラベル付けしている社会的相互作用の中で関わりあう時は，これらは自律的集合体を構成し，それは自律的ユニット（units）の特性を全て示す*」[3]。5 章で述べたように，この言語と会話の領域は社会の組織知を研究する際にスケール可能な領域である。

　社会の組織知と個人の組織知の間のスケールは，言語を手段として達成される。われわれが話したり，発声したりするときに，異なるスケールで新たな領域が確立される。*世界は言語によって生み出される*。とはいえ，われわれは最初から言語を持っているわけではないので，言葉で物を呼ぶことはできない。むしろ，世界と言語は互いを形作っている。エスキモーは，雪で覆われた世界で暮らしているため，雪に対する約 30 種類の異なる言葉を持っている。そしておそらく，エスキモーは雪について多くの言葉を持っているため，約 30 種類の雪を識別することができるのである。「*われわれが使用する言語は，われわれがいかに世界を経験するのかに影響を及ぼす。すなわち，われわれがいか*

に世界を知るのかに影響を及ぼしている」[4]。

　本章で後述するように，この主張は客体を知ることはその本質と差異を知ることである，というアリストテレス派の分析的な哲学系統に端を発し，世界を完璧に映し出す理想的な言語という概念とは全く異なるものである。このように，われわれは反表象主義的な言語観へと向かっている。「*世界は語らない。語るのはわれわれのみである。ひとたびわれわれが言葉によって，われわれ自身をプログラムすると，世界はわれわれに確信を抱かせることができる。しかし，われわれが話す言葉を示すことはできない。そんなことができるのは他でもない人間だけだ*」[5]。

　われわれは言語の哲学を研究しようとしているわけではない。むしろ，われわれはWittgensteinのような特定の言語の哲学に基づいて，言語を組織知が社会化される手段とみなしている[6]。

　長い間，人間によって用いられてきたいくつかの言語システム（たとえば，嗅覚や触覚，ジェスチャー，表情，姿勢，フェロモン，声の抑揚，テキスト）があることは認識しているが，本書で用いられている「言語」という語は主に*話し言葉*に言及している。とはいえ，第7章ではテキストについても触れる。

　ジェスチャーのように比較的古い言語システムは，話し言葉のようなより新しく発達した言語システムと同時に用いられ，効果的に機能し続けている。この言語システムにおける同時性が「*…愛するものやペットにムードや意図を認識させることを可能にし，時にはわれわれが言う前に言わんとしていることを推測することを可能にしている*」[7]。動物界に属するものはいくつかの言語システムを有しているが，ほとんど全ての生物は最も新しく獲得された脳組織すなわち新皮質を欠いている，という点には留意すべきである。われわれの仲間の霊長類のように，少なからず新皮質を持っている動物ですら，ヒト独特な脳域を所有してはいない。それは話し言葉を生み出す中心となっている角状回である[8]。つまり，ヒトのスピーチはヒトの認知の具現化に基礎をおいている。認識可能な文章を声に出して語るだけではコミュニケーションとしては十分ではない。コンピュータに欠けているものは，ジェスチャーのような人間の体の他の部分を使った言語システムであり，人間のスピーチと同じように意味のあるスピーチを形成する活動である。人間の行動を模倣している漫画の動物のよ

うに人間として振舞うことによってだけ，コンピュータは人間とコミュニケーションを取ることが可能である[9]。

それではオートポイエーシスに関する議論との関わりにおいては，言語はいったいいかなる意味を持つのか。個人が客体を識別し，それらに名前をつけ，客体についての彼らの経験を他の個人に伝えるときに，会話している人びとによって，そして会話を観察している人びとによって，それ自身が観察の対象となる世界が生み出される。それゆえ，言語について話すためには2種類の弁別が必要である[10]。まず，話し言葉[11]はノイズや中断などに溢れた背景とは分けられなければならない[12]。誰かが話すとき，沈黙は破られ，話し言葉による記述が始まる。

次に，概念，前置詞，名詞，動詞などのような言語の*諸要素*に関する弁別がなされなければならない[13]。観察者は誰かの話を聞く際に，言葉と彼の語法を区別できなければならない。たとえば，「センス」という語には，「私の体の感覚」や「これは意味がある」というように2つの異なる語法がある。メンバー間の相互作用の歴史の上に築かれた社会システムにおいては，これら2つの弁別はそれまで参加していたメンバーによって形作られたにちがいない。しかしながら，新参者は目の前で起こっていることを適切に記述するために必要な知識を必ずしも持っているとは限らない。その知識というのは，観察する際にこれらの弁別をつけることであり，新参者においてはたとえば「無意味なこと」と「意味あること」との区別をつける際に問題が生じたりする[14]。

言語の領域は，ダイナミックである。というのは，その発展を促進する組織メンバーの個人的な経験に基づいて変化するからである[15]。新たな二重の弁別行為は，それ自身生じた新しい弁別を受け入れる経験である。たとえば，Aがまさに新しい言語で最初に発する語はその言語に熟練したBの反応を引き出す。その反応はAに新たな弁別を生じさせる。たとえば，彼はその語をより明瞭に発音することができる（よりはっきりと弁別することができる）ようになる。あるいは客体を指差し単語を発音することにより，彼は新たな語彙を得ることができる[16]。ゆえに，*言語はプロセスであって，「固定資本」や「資産」ではない*。Maturana and Varelaが「言語化」という語を用いるときは，話すことを通して行動を調整するプロセスということに重きが置かれてい

る[17]。

　時とともに，組織固有の言語領域が開発される。この点について，2つの点から説明しよう。第1に，組織を構成している「素材」として言語化をとらえた説明である。「組織」という概念を導入することにより，われわれは言葉を通してそれと他のものとを区別するようになる（すなわち，組織－環境の弁別）[18]。したがって，実体すなわち組織の創出は言語化を前提としている[19]。組織，あるいはこれと置き換えることができるその他の弁別概念，たとえば「エクソン」，「ジャングル」，「企業」，「工場」等は，組織のメンバーが彼らの会話（あるいは文章）でそれを取り上げ続けるならば時とともに一つの概念として確立される。

　第2に，組織－環境を幅広く言葉として弁別することによって，組織メンバーはより明瞭な幅広い言葉の弁別が可能になる。言い換えれば，この基本的弁別によって，組織という概念から他の言葉の弁別が可能になる。たとえば，「顧客」という語は環境－組織の弁別を必要とする。

　本書では言語の領域を伝統として理解したい。組織の伝統は，言語化のプロセスを通して構築される。構築された伝統は言語化に影響をおよぼす。あるいはVarelaの言葉を借りれば，「*語られている全てのことは伝統に基づいて語られている*」[20]。弁護士は法律事務所と法曹界の伝統に基づいて語る。工場のエンジニアは製造部門の伝統に基づいて語る。医者は専門的組織に基づいて語る。エスキモーは「北極」の伝統に基づいて語る。

　言語の可変性[21]と同様にこの特性があれば，組織の言語化について語ることには意味がある。*組織の言語化*は社会の組織知を前提としており，組織の概念の不可欠な部分を形作る弁別を引き起こす。組織は知識と弁別の自己相似および，オートポイエーシス・システムであることを除けばなんら実体は無い。というよりも，組織は新たな会話が生起する伝統を有しているのみである。*組織は生き残るために，言い換えるならばそのオートポイエーシスを持続するために全てのスケールで組織について言語化し続けることをそのメンバーに要求する*。

　もし言語化の伝統によって，社会の組織知とスケール横断的な弁別がオートポイエーシス的に再産出されるならば，興味深い問いは，組織における言語化

の特性とはいかなるものかと言うことである。組織の言語化には少なくとも文章と会話という2つの領域がある。本書では，主に話し言葉に焦点を当て，会話について議論していく。ただし，第7章で組織における書き言葉の役割についても若干コメントをする。

語の用法

　Wittgensteinによって示されたように，語の用法はわれわれのコミュニケーションにおいて重要な役割を果たしている。語の固有の用法は，組織に固有であると同様に，国の文化または国内の各地域に固有である。たとえば，「コップ（cop）」という語の用法は，シカゴとビバリーヒルズの犯罪集団においてばかりではなく，Hillストリートあたりのギャングや警察署の間でも異なる。

　組織における言語化の伝統に基づいて，語は組織固有の方法で使用される。Wittgensteinは語がいわゆる「言語ゲーム」（*Sprachspiele*）に埋め込まれていると主張する。つまり，語の意味は，それが意味している客体，イベント，行為よりもむしろ使われている内容から引き出されるのである[22]。語の使用は，制度的背景に特有の歴史に基づくルールに従う[23]。このようなルールは言語化を通して構築され続け，それは世界に関する社会システムの知識の基礎を形成している。こうした言語化における二重の弁別形成によって，組織固有の区別する能力がもたらされる。すなわち，ある語を固有の方法で用いることは，その語を異なる方法で用いることとは明らかに弁別されなければならない。

　言語ゲームという概念はパワフルである。3つほど例をあげてみよう。一つ目の例は，John Van Maanenによるディズニーランドの典型的な民俗誌である。そこでは，テーマパークのサービス・スタッフが「顧客」に対しどのように丁寧語を使用するのかが明らかにされた。それらの語はランダムに使われているわけではなく，特定の経験やムード，感情，態度などを通して，ある意図を伝達するために，スタッフによって意識的に選択されていたのである。顧

客が，心地よく感じるであろう「おもてなし」の「親しみやすい」雰囲気を作るために顧客は「ゲスト」と呼ばれる。しかしながら，スタッフはプライベートで同僚と一緒のときは，厄介で迷惑なゲストを「ヤツ（ducks）」と言っているかもしれない。けれども，顧客に説明する際に語の用法を指導する特有の社会的に埋め込まれたルール，すなわち，いつ，どこで，何をどのように言うべきかというルールが存在する[24]。

　2つ目の例は，Asea Brown Boveri 社である。同社の CEO の Percy Barnevik は，世界中の子会社で「外国」という語の使用を禁止する言語政策を採用した。外国人，外国の技術，外国の文化，外国のシステムなどと向き合うような経験をしても，ABB 社内では正規に伝えることはできない。少なくとも「外国」という語を用いることはできない。さらに Barnevik 氏は，「外国」という語を用いたマネジャーに「制裁を加える」と明言している[25]。

　3つ目の例は，ある組織の CEO による戦略的プランニングのための手順導入である。そこでは，「戦略的プランニング」というフレーズが，トップ・マネジャーとミドル・マネジャーの間の会話に導入された。後に多くのスケールにおいてマネジャーの間で，実現可能な手順のコンテンツが議論された。当初，「戦略」という語は様々な形で用いられ，その用法に関する確立されたルールはほとんど存在しなかった。会議の間，トップ・マネジャーは，戦略的プランに含められそうな一般的で可能な限りの問題を議論した。議論は，新しい会社の買収から電話交換手の給料の調整まで，幅広い問題に及んだ。その時，戦略についての会話で「戦略的プランニング」という語の用法に関するルールはほとんどなかった[26]。戦略テキストを読み，議論を重ねた結果，マネジャーは，たとえば財務的パフォーマンスに影響を与えそうな問題を優先させようとした。時が経つにつれて，「戦略的プラン」および「戦略」の語の用法は次第に狭まっていった。会話が行われ，特定のルールがそうした語の用法に付け加えられた。たとえば，一つのルールは次のようなものであった。自分自身を「トップ・マネジメントチーム」の一員であると定義しているメンバー間の会話では「戦略」という語は厳密に使用されなければならない。ミドル・マネジャーは様々なタイプの「ポリシー」に集中すべきである。時とともに，言語的伝統によって組織メンバーの語の使用が調整されていったのである。

用法のそのようなルールは重要なのだろうか。もちろん，われわれはそう信じている。「戦略」という語はトップ・マネジメント間の議論においてのみ用いられるべきだというやや形式的なルールが確立されれば，たとえば，組織の残りの部分からのボトム・アップのイニシアティブと会話に基づく戦略の再考は妨げられてしまうだろう[27]。会話は新しい社会化された組織知が創出されるのを妨げる障害物に直面する。組織知を理解しようとする時，これは最も重要である。裏を返せば，語の用法が社会の組織知と密接に繋がっているがゆえに，語の用法は組織の言語化にとって欠かすことのできない特性の一つなのである。

言語ゲームには多くの機能がある。第1に，知のシステムとして組織を維持するのに役立つ。各々の組織にはそれぞれに固有の一連のルールがあり，他の組織や他のルールとは異なっている。それは異なる意味のシステムをもたらしている。組織は，組織メンバー[28]に対して語の用法に関するなんらかの一貫性を供給し，そしてこの一貫性により組織メンバーは「正しい」語の使用と「誤った」語の使用を区別可能になるのである。このようにして，組織の言語ゲームは，意味を調整し，続いて解釈し，そして行為を調整するテンプレートを与える。たとえば，命令をするかあるいは命令に従うために，組織メンバーは「行為」，「ポリシー」，「時間」，「コントロール」，「実行」などの語を使用しなくてはならない。ひとたび事が起これば，行為を記述するだけではなく，行為と観察を開始しなければならないためである。

組織の言語化とは，個人の知が具現化されるプロセスであるがゆえに，ルールに異議が唱えられ，挑戦され，疑われたりするのは避けられない。組織メンバーが新たな用法で語を用いたとき，ルールはイノベーションに直面している。たびたび指摘されてきたように，マネジャーは自らのポリシーを明言する方法にこそイノベーションを起こさなければならない。厄介な問題は，組織メンバーの様々なグループが複数の解釈をもつことができる曖昧な形で解決される[29]。問題は，特定の客体やイベントもしくは行為に言及するのではなく，それらが組織の中で扱われる方法によって定義される。それゆえ，「一貫して」理解されなければならないことは，*組織は常に新たな言語ゲームをプレーするためのコンテキストを供給しているということ*である。そこには，常に語の

使用に関わる新たな語やルールが開発される出発点がある[30]。

　第2に，ルールは，要領のよい行為[31]を始めたり，更なる会話を始めたりするために必要な会話の時間を減少させるのに役立つ。たとえば，外科医が手術で「メス」と大声で言う。看護師は語の用法のルールに精通しており，すぐに彼にメスを渡す。彼女は尋ねる必要は無く，対照的に言うならば，外科医は看護師に対して器具テーブルに置かれたしばしばメスと呼ばれるナイフのような器具を取ってくれと言う必要はない。*社会の組織知の機能は，効果的な行為への道を切り開くルールや言語化を実現することにある。*

　第3に，語の用法のためのルールは，現在思い描く未来に関連した不確実性に組織が適応するのを可能にする。ルールの連続的な再生産を通して，組織は時とともに意味のシステムとして，自身を維持する。言語ゲームは現在と過去のイベントを反映している。しかしながら，それは現時点において起こりうる未来についての会話をも構成する。将来のイベントに関する会話は，出発点として現時点における語の用法のルールを取り入れているが，これを越えてルールや語を発明したりもする。これは，たとえば産業の将来もしくは「会社のビジョン」について話す時にも必要である。ここでは，マネジャーが曖昧な専門用語，メタファー，物語，新語等を用いたりもしよう。Astley and Zammutoの言葉で言うなら「マネジャーの言語を構造化するためのレンズとして用いる...基本的に構造化されていない現実に対して，行為の新たな方向性を探索する際の心理学的自信を与えてくれる」[32]。

　語の用法のために多くの可能なルールが存在し（言語ゲーム），その幾つかは，組織が言語化を継続するときに維持されるか，捨てられるか，もしくは進化している[33]。また組織内では多くの語が会話において，導入されたり，捨てられたり，もしくは維持されたりする。原則として，意味創造に際して，語とルールの4つの可能な組み合わせがある。第1に，従前のルールが語の使用にあたって維持されるケースである。たとえば，ある会社が年度ベースで株主にその業績について報告する時に使う「株価」である。

　第2に，従前のルールで新たな語を使用するケースである。たとえば，観察者がある企業活動を「戦略的プランニング」とラベル付けしたのに触れて，会社側は「この会社の将来について何かしら考えるべきだ」と受け止めたりす

語の用法　113

る。「考えるべきだ」は「プランをたてる」，「熟考する」，「長期プランをたてる」，「アイディアを生み出す」，「戦略的プランをたてる」，または「分岐分析を行う」などであってもよい。その語を用いるルール（意味）があれば，会社の将来の局面を理解することにいくらかの思考活動が割り当てられるだろう[34]。

　第3に，新たなルールで従前の語を使用するケースである。たとえば，「将来について考えるプロセス」を生成する際に，会社のマネジャーは，その企業の強みと弱みを，またその企業を取り巻く環境の機会と脅威を確認するステップを通して，SWOT分析を適用することを決めるかもしれない[35]。マネジャーは「将来を考える」という語よりもむしろ「戦略的プランニング」という語を好むかもしれないが，考えるということが，よりフォーマルなSWOT分析を示唆していると思えば，これらの語にいくつかの新たなルールが与えられるかもしれない。

　第4に，新たなルールで新たな語を使用するケースである。前述したある会社における戦略的プランニング導入の例である。図表6.1で示しているように，4つのケースが考えられる。

　図表6.1は組織的言語化のダイナミックなプロセスを示している。図表6.1は語とその用法のためのルールの可能な変遷を識別するのにも用いることができる。たとえば，いくつかの語は，それらを伴った新たなルール[36]と共に導入

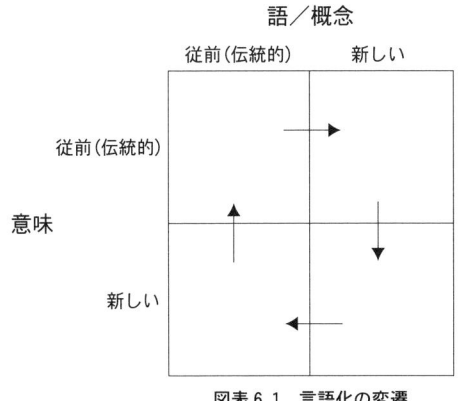

図表 6.1　言語化の変遷

される。「顧客満足」という語を組織的言語に導入した場合，「われわれの販売員たちはどうやって顧客満足を上げるか」を議論すべきであるといったように，ルールらしいルールはほとんど見当たらないかもしれない。語とルールの両方が，組織的言語化に際して使用されるにつれて，従前の語と従前のルールを参照しながらより安定したパターンが創出される。イベントにおける販売の成否を販売員が報告するときはしばしば顧客満足に触れられるかもしれない。さもなければ，語は非常に限られた使用にとどまり，その語は歴史的に「時代遅れ」もしくは「死語」と化すだろう[37]。

　ルールと語のイノベーションは，組織的言語化プロセスの豊かさの表れである。Roald Dahl の最後の短編『したかみ村の牧師さん』は，この面白い例である[38]。この物語は参考になる。Robert Cape 氏は，幼少期に風変わりな失読症を患った。Nibbleswicke の牧師として赴いた最初の日に，突然，この病気が再発した。彼が話した時，彼は言わんとして考えたことを伝えるために，新たな語を作り出し無意識のうちに言葉を混乱して用いた。多くの人は牧師が面白い人だと思ったが，ほとんどの人は彼が狂っているとも思った。牧師は逆さ言葉を話しているのでその逆に話せば治ることがわかった。

　最後になるが，組織的言語化のダイナミクスを考えるときには，おそらく過度に分析的になるべきである。組織の中で使用されるあらゆる語のリストを書き上げるのが不可能なように，組織の中で可能な限り意味が確実とされる言語ゲームのリストを完璧に書上げることはとてもできそうにない（そして，おそらくそれは間違っている）。しかし，Wittgenstein はここで改めて触れる価値のある例を述べている。命令すること，命令に従うこと（看護師と医師），ある客体の外観を記述すること，イベントを報告すること，イベントについての推測，仮定の構築や検定，実験結果の提示，物語を作り上げること，謎の推量，ジョークを言うこと，尋ねること，感謝すること，罵ること，挨拶することと祈ること，などなど[39]。言語化のプロセスを通して，新たな語やルールを使用する機会がもたらされるという点が重要である。組織の観察者として，われわれはルールにかなりの柔軟性があることを知っている。組織のメンバーは，トップ・マネジメントによって発せられるビジョンや価値のステートメントについてジョークを言う。「戦略」という語が重役会だけではなく，クライ

アントとの会合を予定している営業マンによって，あるいは，来週のメニューを議論している職員食堂のスタッフによっても使われる。看護師は，友人と食事をとりながら，「メス」と叫んでいる外科医の低音域の声を真似すると同時に，彼の特徴ある気取った顔つきの真似をしようとする[40]。

　ほとんど表面的で取るに足らない些細なルールが（会社のビジョンステートメントについての廊下でのジョークのように），社会の組織知を理解する上で含意に富んでいるという点に注意すべきである。ビジョンステートメントについてジョークを述べることが，新たな問いかけにつながるかもしれない。なぜ人びとはビジョンステートメントについてジョークを述べるのだろうか。組織の中に隠れていたなんらかの緊張から誘発されたのだろうか。ジョークが新たな組織知に意味を与えたという点について，オーガニゼーショナル・エピステモロジーは仮に答えているだけかもしれないが，それは新たな弁別形成を切り開いたのである。言語化のプロセスは多岐にわたっており，似たような疑問はいくらでも思い浮かべることができる。マネジメントのタスク遂行に関わるような質問が「ご法度」とされている組織，あるいは組織の一部（異なった言語化のプロセス）はあるのだろうか[41]。途方に暮れるばかりではなく，新たなアイディアを生み出すために熟考するような状況があるだろうか[42]。物語を作り上げ，物語を伝え続けることがマネジメントに不可欠な要因とみなされる状況があるだろうか[43]。

　組織外部の観察者にとって，重要なタスクは語られた内容の意味を分析することである[44]。そのためには，以下の観察スキームを適用できる。(1) 組織的言語化のプロセスでそれらが使われたときにルールと語を同定すること[45]，(2) 組織の中で，語とルールの変化を同定すること（図表6.1参照），そして(3) ルールや語を他の語やルールと比較すること，とりわけ他の組織で見られるそれらと比較すること。しかし，ルールが会話においてはっきりと示されることは稀で，外部の観察者による解釈を通してルールが生み出される点には留意すべきである[46]。観察者が次のようなはっきりしたステートメントを聞くことはほとんど稀である。「わが社ではトップ・マネジャーの間の議論においてのみ，『戦略』という語を使う」，もしくはよりはっきりと「この状況で私が『戦略』という語を使用するときには，私はトップ・マネジャーの間での会話に制限され

ている『戦略』についてのルールに言及している」。

組織における議論

　これまで見てきたように，組織において言語ゲームは多くの形で実施され，多くの機能を支えている。しかし，より明確に議論に適用される一部のルールが存在する。組織の観察者はよく，組織のメンバーが，特定の「議論の流れ」[47]，「科学に関する議論」，「法に関する議論」，「経済に関する議論」，「販売に関する議論」，「労組に関する議論」，「政治に関する議論」，「医学に関する議論」，「倫理に関する議論」，「美に関する議論」または「感情に関する議論」に言及しているのを聞く。議論に向けて言及する時はいつでも，ルールが機能していなければならない。ルールは，ルールを通して議論を推し進めるための特定の語や配列を区別する。そのようなルールはダイナミックでおそらく組織特有のものであるため，議論を識別するプロセスが重要である。あるマネジャーは，彼の主張を実際には正当化する必要はないにもかかわらず，いったんは何かを主張するかもしれない。聞いている側はなぜ彼がその主張をしたのか「よく分かっている」かもしれない。主張と説明が，分析によって解明できないほど完全にもつれているように見えたりもする。それでも，組織の議論プロセスの領域は刺激的である。なぜなら，意思決定，計画，実施，コントロール，フォローアップおよび他の経営活動のいろいろな局面を伴っているからだ。

　経営学の認知研究分野における，組織の議論プロセスに関する研究は，主にコグニティビストの伝統に従ってきた。そこにおける主張は，議論が議論をしている者が直面している現実を幾分なりとも「反映」し，あるいは表象しているということであった[48]。語と構造はステートメント中に埋めこまれ，客体，イベント，行為を意味する。

　組織知の展開において，オートポイエーシス的な組織観に立てば，こうしたアイディアを一貫して追求するのは困難である。しかし，「議論」はわれわれが参加する組織の中でしばしば認識されるコミュニケーションの形である。人びとが特定の方法でステートメントをいかに構築するか，あるいは人びとがス

テートメントを議論に仕立て上げる様子が観察される。これまでの分析から議論という領域を諦めるのではなく，特定の言語ゲームにつきまとうものとして，語の使用を構築するルールを観察することの方が有益であろう。すなわち，議論の本質を理解することで，社会の組織知をより理解しうる。

（Wittgenstein 自身しばしば述べているように）何かを議論として提示することは，一組の特定のルールを使用していることを意味する。しかしながら，それは世界がそうであるがごとく再提示（表象）することを意味しているわけではない（ある業界が存在すると主張するように）。むしろ Stephen Toulmin によって示された問いから始めるべきであろう。「知っていると主張するためにはどのような議論をなしえるか」[49]。もちろんこの問いは，個人的な組織メンバーによって行われたであろう幅広い議論について言及している。ここでの焦点は，社会の組織知であり，言語化は分析の自律的ユニットであるがゆえに，*組織の会話において表面化する議論は，自己言及的に過去の議論に言及する*[50]。Toulmin によって示された問いは，組織知を理解することと深く関係している。

もし，組織における議論の研究で当該組織の社会知について何かが明らかになるかもしれないと認めるならば，特定の組織の世界を越えて広がる（これまでの多くの研究者がしてきたように）一般的な議論を渉猟するリスクを冒すことになる。しかしながら，*組織の社会知が組織特有のものであるがゆえに，組織（知を要求する）の議論もまた組織特有のものであるべき*と仮定しなければならない。ここで，Toulmin の以下の言葉が参考になる。

> （議論の）妥当性はフィールド間の概念ではなく，フィールド内で判断されるべきであるということが認識されなければならない。いかなるフィールド内の議論でも（いくらか不足はあるにしても），妥当な基準で判断されるべきである。とはいえ，基準はフィールド依存的であり，あるフィールドではメリットのある議論が，他のフィールドでは全く価値ある議論としては扱われないことが（物の道理として）見受けられると予想すべきである[51]。

Toulmin は議論が行われている特定のフィールドを調査しているが，彼のポイントは，議論はそれらが起きるコンテキストに敏感でなければならないと

いうことである。付け加えるならば，これは議論が，横断的に異なるスケールでなされる言語ゲームの特定の形であるというわれわれの考えと一致している。

あらゆるスケールで，議論は4つの部分からなる。(1) 主張（C）何かと何か他のものを区別すること，(2) 根拠（G）主張とは弁別されるが，主張を支持している，(3) 論拠（W）根拠が主張を支持する道筋を示し，そして最後に(4) 限定（Q）限界を示すことによって主張をさらに展開させるか，水を差す[52]。これは図表6.2で示されている。

組織の会話における議論に，いつでもこれら全ての要素が必ずしも含まれているというわけではない。たとえば，マネジャーはことさら根拠を提示せずに*環境がますます複雑になっている*と主張したりする。より十分に発達した議論は形式的であるかもしれない。

環境はますます複雑になっている（主張）。

われわれの新しい競争者が最近外国の競争者によって買収されたために（根拠）。

われわれが経験した外国のグループによる買収においても，買収された企業が新製品を得るとともに，より簡単に資本へのアクセスを得たことが暗示された（論拠）。

しかしながら，ここで主張されることは外国のグループがその買収方針を変更しない限りにおいては，有効である（限定）。

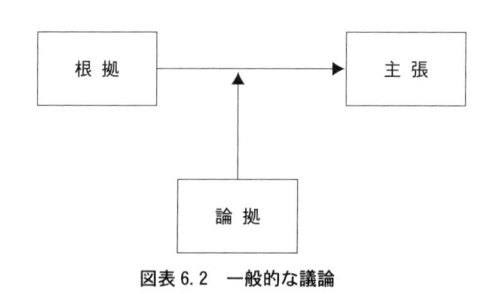

図表6.2　一般的な議論

組織では可能なスケール上で様々な議論が生じる。いくつかの議論は，十分に発達した議論の全ての要素を含んでいないという意味において不完全である。後に見られるように，そのことは至極当然のことである。主張は他のステートメントの根拠として機能したりもする。また，他の主張は更なるステートメントの論拠あるいは制限ともなる。この意味で，*組織の会話は更なる知の展開のための知的プールのようなものである*。

　ある状況下での特定の種類の議論は，特定の社会の組織知を反映している組織によって用いられる。つまり，正当な議論として扱われるルールは，特定のコンテキストとスケールに関連して進化する。議論を分類しても無益である。議論の分類は，基本的に組織の個々の観察者がすべきことである。ここでは，組織の会話における議論に関する研究のための幅広い観察スキームを提案したい。この体系には，機能に関する議論，時間に関する議論，価値に関する議論，複合的な議論，そして議論の自己相似性を含む。

機能に関する議論

　最初のタイプは機能に関する議論である。これらは次のプロセスからなる。(1) 組織の様々な機能を区別し，(2) 実行される様々な機能に関連した主張をし，そして (3) 組織－環境弁別を維持することである。機能に関する議論は，さらに，機能内もしくは機能間の活動に関連した主張，根拠，論拠，限定を含む。

　たとえば，ビジネス組織における議論は，組織，手続，プランニング・システム，顧客志向などに関してマーケティングの機能を果たしうる。機能に関する議論は機能間の関係を調整したりもする。それは，マーケティング機能や生産機能，ファイナンス機能間の関係についても調整しうる。機能に関する議論は，必ずしもその職能に関わる内部の人びとにおいてのみ用いられるわけではない。「マーケティングの議論」は「マーケティングに関わる人びと」によってなされる。それらは古典的な意味における特定の機能的な部門によって縛られたり，制限されたりはしていない。むしろ，議論はそれらが構築されるたびに実行される一連の機能を区別し，それらの機能についてなんらかの知を主張する。たとえば，それらは「マーケティングと生産の予算を組んでいる機能」

もしくは「予算を組んでいる機能の（内部の）マーケティング」に言及したりもする。

　機能に関する議論は，組織の機能について記述する。すなわちそれらの目的をも記述する。議論は社会の組織知によって構築されるがゆえに，（組織自身による）組織に関する観察に基づいて機能的な議論がもたらされる[53]。機能が機能として存在するためには，機能に関する議論を必要とし，いわゆる会話のような議論は，非常にダイナミックであることから，機能とその目的もまたダイナミックであるという興味深い結論が得られる。販売組織の管理スタッフ間の以下の日常的な会話を例に考えてみよう。

主張(1)　秘書機能の目的は，内部の人員や顧客とマネジャーを仲介し，彼らとのコンタクトに優先づけをすることである。
根拠(1)　理由は，最近マネジャーにとってミーティングの負担が重くなったからである。
論拠(1)　周知のように，われわれのマネジャーが利用できる時間を得られなかったならば，彼は重要な仕事に集中することができない。
主張(2)　え，何？　マネジャーの重要な仕事は人びとに会う事じゃないの！
論拠(2)　人びとに会って，彼らが言わんとすることに耳を傾けるまでは何が重要であるかなんて誰にも分からない。
主張(2)　秘書の機能は，彼のオフィスに来る人びとが作っている行列をより効率的に組織化することである。
根拠(2)　理由は明らかである。これらの人びとが，午前8時に一斉に入るとき，オフィスは戦場のように見える。

　機能に関する議論のこの連鎖は，一つの主張がどのように新しい議論の根拠として機能するかを示している[54]。この場合，より重要なことは，秘書とマネジャーの機能と目的に内在する不安定性が示されていることである。会話が*自律的ユニット*であるという考えに基づいて，この一節を分析すれば，どのように組織の日常生活が，社会の組織知に固有のダイナミックな性質を与えているかが分かる。そして，そこでは機能とその目的の「最高の表象」というコグニティビストのゴールは到底到達できそうにない。

時間に関する議論

　第 2 の議論の種類はわれわれが時間に関する議論と呼ぶものである。この議論は，その構造において，組織に様々な時間的範囲を示す。時間的範囲は，論拠や限定と同様に根拠と主張においても起こりうる。以下の例を考えてみよう。

　主張　戦略プランの諸前提は少なくとも 2 年間は保たれるべきである。

　この主張において，時間的範囲は主張の一部として述べられている。次に，時間的範囲が限定としてはっきりと主張される以下の例を考えてみよう。

　主張　戦略プランは，われわれが消費者家電産業で多角化しなければならないことを示唆している。
　限定　買収がわれわれの 2 年計画の範囲内でなされる場合だけ，これは有効である。

　一般に，時間に関する議論は，過去または未来について現在[55]なされる議論である[56]。時間に関する議論ではこれまでのこととこれからのことについて熟考される。それらは，年または月，日，時間などによって明らかに時間的範囲を示すかもしれないが，しばしば単に「過去」もしくは「現在」について言及する。たとえば，

　主張　われわれはわれわれの環境に対してより敏感にならなければならない。
　根拠　なぜなら環境が急激に変化しているためである。
　論拠　環境の変化に敏感でないならば，組織は将来的に存続しえない。

　時間に関する議論はしばしば，イデオロギー，基本的価値，または組織の規範についての会話を伴う。Niklas Luhmann によって提案されたように[57]，「革新派」が安定性に直面してイデオロギーのプラットフォームを変えることを支持し，「われわれはわれわれが求めている状態には未だ至ってはいない」

と主張しているとき，一方では，「保守派」が変化に直面し強いイデオロギーのプラットフォームを維持することを支持し，「全ては変わり果ててしまった」と主張する。両者ともに，異なる時間的範囲，過去と未来に関して，それぞれの議論を構築している[58]。

　過去に起こったことについての会話は，社会の組織知を維持するという観点からは組織において確かに重要な会話である。現時点において未来を議論するに当たって，会話を継続するために選択は必須である。予期しうる未来の状況を想像してみよう。この予期が的確であったかどうかは，未来においてこの状態に関する過去の会話が会話の中で*回顧*されたときにのみ明らかになるだろう。したがって，「時が教えてくれる」というステートメントには当たり前と思われている以上の意味がある。これは，未来の会話において，今日の会話への言及を可能ならしめているステートメントの分かりやすい例である。ゆえに，社会の組織知に一貫性を提供している会話の重要な要素でもある。ここでも，オートポイエーシスの一つの重要な特性，すなわち自己言及性が認められる。

　時間に関する議論は「理念化」[59]を要件とするだろう。それは歴史的条件と特定の経験に言及する普遍化として理解される。この一例として，時間に関する議論は具体的な経験によって主張を根拠とするために構築される。未来と過去に関わらず常に同じ結果を生み出すという明示的あるいは暗示的な論拠を含み，未来と過去を橋渡しする。たとえば，

　主張　経営者は労働組合との来年度の賃金交渉で譲歩すべきではない。
　根拠　それはいつもうまくいく。
　論拠　われわれは以前それをしたことがあるので，いつでもそれをすることができる。

　時間に関する議論を含んだ会話は本質的に不安定であり，「状況の定義」は会話に伴って変化しうる。すなわち，理念化された時間に関する議論はあまり見られないであろうし，それは論駁と反駁のプロセスを通して変化する。

価値に関する議論

時間に関する議論は，組織のイデオロギーについての会話で重要な役割を演ずるが，ここではもう一つの種類の議論，すなわち価値に関する議論を検討したい。価値に関する議論は断定的であり，そこでは相対的な価値と，正と負の価値が区別される[60]。そのような議論は，主張，根拠，論拠，限定の形で価値についてステートメントを形作る。このように，それらは本質的にスケールされる。価値に関する議論は，たとえば以下の形をとるだろう。

主張　組織の戦略について否定的に他の従業員と話すマネジャーは非倫理的である。

根拠　彼または彼女が，彼自身または彼女自身，以前全身全霊を捧げてその戦略にコミットしてきたからである。

論拠　全てのマネジャーは計画が承認される前に彼らの懸念を表明できる，反復的で全員参加型の計画プロセスに加わる。

限定　これは，もしマネジャーが公平に参加する機会を与えられたときのみ有効である。

この議論はその構成要素の全てで価値的判断を要件とし，そして更なる価値的判断への重要な疑問を引き起こす。「否定的に話す」とは何を意味するのか。「全身全霊コミットする」ということはどういうことなのか。計画プロセスを「参加的」にするとは何なのか。「公平に参加する機会」によって何が意味されるのか。これらの疑問に対する答えは，価値判断（5章を参照されたい）のように，論者が言及するスケールに依存している，すなわち価値に関する議論は観察状況に依存する。

複合的な議論

われわれの観察スキームによって，4つの異なる種類の議論を区別されたが，いかなる会話においてもそれらは複合的に用いられる。「複合」という語

は，いかなる議論も異なる種類の議論から根拠，主張，論拠，限定を導出しているかもしれないことを意味している。少なくとも，以下の組み合わせを「代表的な」議論として挙げることができる。

- 機能－時間に関する議論
- 機能－価値に関する議論
- 時間－価値に関する議論
- 機能－時間－価値に関する議論

機能－時間－価値に関する議論の以下の例を考えてみよう[61]。

主張　人事部の主要な機能は，企業の戦略開発の一部として人的資源の開発をすることである。
根拠　理由は，社内の人びとの中に蓄えられた知識や技術に比べて，物理的な資源は競争者により模倣されやすいからである。
論拠　模倣に耐えうるタイプの資源のみが持続可能な競争優位をもたらすことができる。
論拠　人的資源は模倣するのが困難である。
主張　今日，人事部は雇用と解雇，給与設定のような従来の機能を遂行している。
主張　われわれが長期的に生き残るためには，人事部は徹底的に改善されなければならない。
根拠　彼らの現状はあまり芳しくない。
限定　しかし，彼らが変わるためには，人事部の人びとを変えなければならないかもしれない。

この種の複合的な議論は，おそらく通常の組織の状態において最も一般的なものである。ここで展開される観察スキームは観察者が議論の種類を区別し，ゆえに，組織におけるそれらの役割を区別するのに役立つだろう。それによって，観察者は組織知が次々に生み出す様々な議論をよりよく理解できるようになる。こうした知識によって，イベント，問題，機会，人びと，コンセプト，物などを，環境と区別する多種多様な議論を生み出すことができるようにな

る。このようにして，組織は次々に新たな意味合いの会話をもたらし，それによって新たな社会の組織知を生み出していく。

議論の自己相似性

これまで見てきたように，いくつかの議論は自己相似的である。自己相似的な議論の原理は図表 6.3 [62] で示されている。

「すべては相対的である」といわれるように，議論の内容は必ずしもスケール横断的に相似ではない。むしろ，それらの議論が生み出されるプロセスこそが自己相似的なのである。自己相似的な議論の例は，

主張　われわれはこの問題の正確な理解を得ることはできない。
根拠　不確定性原理のためである。
論拠　そして，この原理はこの問題に適用することができると仮定されている。

この議論の根拠は，Heisenberg の「不確定性原理」への言及を含んでいるが，「不確定性原理」そのものが独立した議論なのである。これについては Heisenberg によって用いられた根拠と論拠，主張を研究することによって理解できる。

あるクラスの議論はひとクラス下の議論の根拠，論拠，主張を包含し，それらはさらに下のクラスの議論を根拠，論拠，主張として包含する。こうして自

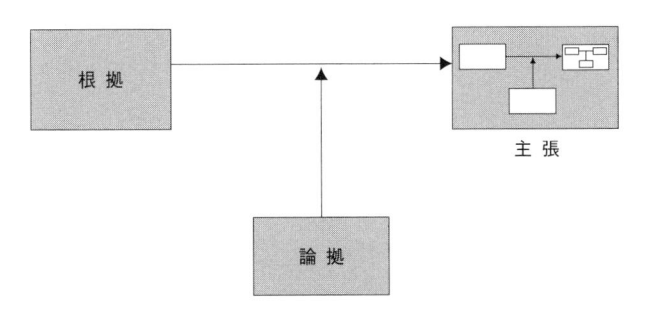

図表 6.3　自己相似的な議論の原理

己相似的な方法が続いていくのである。たとえば，

　　主張　　われわれの経営原理に則して，1995年度中に展開可能な多角化に関して，いくつかのオプションを開発していただきたい。
　　根拠　　私が決定する前により多くの知識を持ちたいために。
　　論拠　　そして私にはあなたにこれをするように命令する権限がある。相似的な主張を含み（低いスケールで）。
　　主張　　それらは会社の経営原理（総取引高の最低30パーセントは極東から得る）に反したものであってはならない。
　　根拠　　われわれのオーナーがこの原理を強く求めているためである。
　　論拠　　なぜなら，これはオーナーが引き受けられる最大限のリスク・レベルだからである。

同様に，さらにもう一つ下のレベル（第三段階，第四段階等）の相似性的な主張，根拠，論拠があるかもしれない。

自己相似的な議論は本質的に，機能的あるいは時間的，複合的である。議論の自己相似性は，組織における経営実践の場で複雑性を低減する特定の目的に適うだろう。しかしながら，多くの組織においては脈々と繰り返される意味形成と意味付与のプロセスによって，議論は常に様々なレベルで変化し続けている。たとえば，Gioia and Chittipendi[63]による研究で示されているように，CEOは，直属の部下に組織の戦略的方向性，あるいは一つのコアな価値観，指導原則を提示したりする（意味付与）。それに対して部下は，彼ら自身のパースペクティブと反応をCEOに返す。そして，次のステップでは，CEOが部下からのフィードバックに対応すべく以前のステートメントを修正したり再解釈したりする（意味形成）。この場合，CEOが部下の反応に触れることで議論は時間とともに変化する。さらには，部下がCEOの反応について触れることで部下の議論が変化する。なんらかの直接的な行為によってこうしたダイナミクスが変化しない限り，こうしたことはどこでも見受けられる。

自己言及的な言語化

　組織における議論に特有な言語ゲームを論じ終える前に，知の自己言及的な性質としてわれわれが確立したことに基づいて，組織における議論の特性について論じておきたい。本書では，個人の組織知が，個人による観察と弁別形成から生じるがゆえに，自己言及的な特性があると論じてきた。語られたことは全て*観察者によって語られた*というよく知られたステートメントはこの種の自己言及性の具体例である。

　組織の言語化も，自己言及的である。以前の言語ゲームと議論によって，新たな言語ゲームと議論を生み出すための下地が形成される。「語られたすべてのことは伝統から語られる」というステートメントを思い出されたい。他のそうしたシステム同様に，組織は自己認識し，それ自身について記述し，行為することが可能である。したがって，組織は，それらのように，自己知を持ち，自身の記述と行為が可能である*自己言及的な知の体系*として立ち現れる[64]。たとえば，組織はそれ自身に関する論駁プロセスのための議論を生み出すことができる。それらがなぜ機能するのか，もしくはしないのか，そしてそれらはどのようにして変わるべきなのかなどの議論が生み出される。さらに堂々巡りになるが，組織は論駁に関わるさらなる論駁のための特定の議論を生み出すことさえできる（会話のための会話の談話）[65]。たとえば，組織は次の議論の根拠，限定として用いたいタイプの議論を決定することが可能である。

　組織は，組織自身の論駁プロセスの「外に出る」ことは決してできない。更なる議論と知の展開の唯一の土台は，それ以前の議論と知の展開である。組織内で会話されるすべては，あらゆるスケールにおいて，組織の伝統に端を発する言葉と言語ゲームによって維持されている。会話に持ち込まれるあらゆる観察は，やがて組織の言語化プロセスにまで持ち込まれよう。Niklas Luhmannによれば，そのような自己言及的システムのプロセスは，パラドックスとトートロジーを伴う[66]。こうした理由から，組織を観察する際に，パラドックス的，あるいはトートロジー的に思われる多くの議論を見出しうる。たとえば，

128　第 6 章　組織知と言語化

主張　われわれは，新しいコンピュータ化された印刷機に投資しなければならない。
根拠　単にそれをしなければならないからである。

　組織知と言語化の自己言及的な性質は，他の例でも見られる。組織は特定のイベントやトレンドを観察し，識別したりする。また，Toulmin が示唆しているように，それらについての知を必要とする。多くの組織は，このような知をことさら検討もせずに，より複雑な環境を増大させる議論を生み出していく。しかしながら，時折，自己言及性への気づきが疑いをもたらし，次のような限定（Q）が生じるかもしれない。すなわち，われわれはそれを正確に知覚しているのか...あるいは，われわれはその正しい情報を持っているのか...。
　組織が環境について知っていると主張し，かつ，環境の観察や記述において起こりうる欠陥に気づいているならば，この主張の有効性に関してはある一定の留保が設けられる。それらがある種の「無意味な疑い」を示すがゆえに，組織は絶えず限定（Q）を設けることで，組織自身への負担を軽減しようとする[67]。組織でなされるあらゆるステートメントが不適格であると思われるならば，そもそも疑いは無意味であろう（なぜなら述べられることはすべて観察者によって述べられるため）。つまり，まったく疑わなかったり，すべてを疑うのではなく「疑うに足る理由がある」場合にのみ疑えということだ。
　疑う理由には，いくつかの原因があるかもしれない。たとえば，観察や記述において起こりうる欠陥への気づき[68]，偽りの主張（命題）が話し手にマイナスの影響を与えるかもしれないという確信，伝統的にその組織ではある手続きが遂行されるまでは確定的に何かを主張することはめったに無いという事実（すなわち，科学）[69]，組織において起こったか，あるいは起こりそうである危機[70]，誤解を招く議論の露見など。疑いは，それ自身，疑いを晴らそうとして更なるディスカッションを導くという意味において，組織知のオートポイエーシス的なプロセスを促進するのに役立つ。この意味において，議論の限定（Q）は主張された知に関わる疑いを（反論した側からの疑いのみならず）呈示するため，個人，グループ，部門などにとって，オートポイエーシス的なプロセスを維持するための重要な機能を果たしている。

言語化の安定

　組織が言語化を通して社会の組織知を創出し，逆に社会の組織知が自己言及的に言語化をもたらすことが，本章で明らかになった。組織における言語ゲームの役割，もしくは語の使用方法のルールについてもまた議論してきた。この点については，反表象主義的なエピステモロジーはあらゆる認知システムには固有の構築機能があり，そして，精確な表象を行うためには環境上の準拠点が欠如しているという認識を形成してきた。

　このエピステモロジーの重要な礎とすべく，組織における語の使用ルールとして様々な種類の議論を区別する観察スキームを開発しようとしてきた。これまでのすべての論議は，自律性，オートポイエーシス，スケーリング，自己言及性というアイディアに基づいている。これらのアイディアに従って，社会の組織知の曖昧な境界の特定ができるようになり，またこうした概念がいかに言語化に依存しているかについても示した。社会の組織知における安定と変化，および言語化のダイナミクスについても言及してきた[71]。

　言語化と組織知という概念に基づけば，いかなるものも不変の実体などではなく，絶えず変化していると考えるべきである。新たなステートメントが形成されるたびに，知は変化し，それによって，さらなる次の異なるステートメントが形成される。一方で変化は安定性を前提とする。新たなステートメントあるいは議論，会話は，以前のそれらとは常に異なるものであるが，しかし，過去の要素が新たな何かとして再認識されることを前提としている。同時に新たな何かと認識される過去の要素のことを前提としている[72]。この変化－安定の2面性は，自己言及的なシステムに固有なものとして存在する。さらに，その2面性によって言語化や社会の組織知に時を超えた安定性を付与している力や影響についての議論が可能になる（これは，自己言及性の問題に関するもう一つの見方である）。この安定性をより理解するために，われわれは組織における言語ゲームの1形態として議論に注目したい。

　社会の組織知と言語化は，互いを安定的にすべく影響を及ぼしあっている。

ここで言いたいのは，安定化によって時を越えて一貫性と整合性が維持されるということだ。議論する際には，社会の組織知は，論拠の形成を通して言語化の安定に寄与している。論拠が暗黙的であるような組織では不完全な議論がしばしば行われる。それは「プライベートなこと」であったり，もしくは「隠されて」いたり，「伏せられて」いたり，「言葉では表せ」なかったり，「タブー」であったり，「当然のことと思われて」いたりする。たとえば，次の機能−時間に関する議論を見てもらいたい。

主張　Temple氏がわが社の次の社長であると断言できる。
根拠　なぜなら，Temple氏が取締役会の3分の2の支持を得ているからだ。

上の不完全な議論では，明らかに論拠は欠けている。組織の会話の観察者にとって，論拠を見つけることは「ブランクを埋める」ようなものだ。ステートメントをつくったり，ステートメントを聞いたりしている組織のメンバーは，この「沈黙[73]」，すなわち論拠の欠陥に対して「それはなぜなんだ」「どうしてそう確信できるのか」などと探求したりはしない。

会話と個人の記憶の双方が重要である。たとえば，組織のメンバーの会話と個人の記憶は，以前の会話を通して確立される。

論拠　その会社の社長を選ぶ際に，3人の取締役が常に投票し，そして投票の結果は誰が社長であるかを決定する。

*従って，社会の組織知という観念に基づけば，知られていることよりも語られていることの方が少ないと考えられる。*この意味で，社会の組織知は，議論が形成される際に論拠を伏せることによって議論を安定させるのである。観察者がはっきり「なぜ」と問わない限り，伏せられた論拠が更なる批判や質問に晒されることはない。

議論が暗黙の論拠を含むならば，議論の生成に際して少なくとも一つの安定的な要素が組織の知識ベースに存在していると言ってよい。これが組織知の「潤滑油」になっている。社会の組織知は効率的な会話をもたらす。もし，そうでないならば，すべての論拠が疑問に晒され，次の2つのことが起こりう

る。(1) 会話はますます複雑で複合的になり，おそらく組織メンバーが無気力あるいは疲れ果て，失望した状態へと突き落とされるだろう（以前の外科医とメスの例を参照されたい）。(2) 厄介な詮索によって，論拠のための論拠が求められる。言いかえれば「なぜという質問」に対して「なぜという質問」を含む答えをつき返される[74]。

暗黙の論拠の機能を明らかにするためには，次の問いに答える必要がある。それらがいかなる種類の論拠であるのか？ すなわち，それらによっていかなる社会の組織知が隠されているのか？ われわれは，この質問に具体的に答えることはほとんど出来ないと考えている。しかしながら，様々な種類の論拠が見出されうる観察スキームの要点を述べることには意味があるとも考えている[75]。そのような観察スキームによって，可能な論拠の幅広い種類をカバーすることができるだろう[76]。しかしながら，本書の目的に照らして3種類の論拠を提示するに留めたい[77]。

定義に関わる論拠

定義に関わる論拠は，組織における定義を確立する。一部の語には，各々の会話，ステートメントまたは議論において表面化しない定義が存在する。そのような定義は，それらを使用する年月を通して蓄積されたものである。定義は多かれ少なかれ公式なものであったり，ユニークなものであったり，多種多様なものであったりする。一部の語には数学的な定義さえある。例として，次の議論を考えてみよう。

主張　われわれは生産ラインにおける品質コストを改善しなければならない。
根拠　なぜならわが社の品質コストが3,000USDであるのに対し，競合他社の平均は2,000USDであるからだ。

この議論において暗黙の定義に関わる論拠は，次のようなものであろう。

定義に関わる論拠：品質コストは各々の製品の調査費用プラス不良品にかか

る費用と定義される。

　会話においてルールに則った妥当な方法で語を使用すること，すなわち確立されたルールに従うことによって，さらなる探求や質問がなされなくなる。*暗黙の論拠を伴う定義は，やがて疑問すら抱かせない堅固さを帯びていくかもしれない*。逆に，場合によっては，定義の頻繁な使用や語を再定義する例外的な決定によって，定義は時が経つにつれて，変質するかもしれない[78]。たとえば，新参者が新しい方法やコンテキストで語を使用したりもする。組織のメンバーやコンサルタントが，いつ，どこで何をどのように言うべきかという語の用法やそれが現実に適合しているかに疑問を抱いたりもする。新しい語も持ち込まれる。たとえば，書物[79]からである。そうした新語を組織の既存の言語ゲームに組み入れようと努めているうちに，その語自身が語の既存の定義や用法に疑問を投げかける。

　しかし，組織において新しい定義が賞賛されたからといって，必ずしも古い定義が自動的に孤立し，除外されるとは限らない。定義に関わる論拠は，議論においてしばしば伏せられているため，組織の言語化を持続し安定させる。会話の形式と議論そのものの内容が疑われるまで，たとえば，定義の受容と除外を議論することにより，組織は2面的でおそらく矛盾さえしている定義で会話を再生し続ける。その場限りの会話を通して，組織のメンバーは同じ語がそれまでと同じように使われているのに接したり，逆にそれらが彼らの期待している成り行きにそぐわない方法で用いられているのに接する。「言語闘争」を闘う理由ははっきりとはしないものである。それは，一種のシャドー・ボクシングのようなものだ。

命題に関わる論拠

　命題に関わる論拠は，変化とその原因に関して概念の関係を規定する（「真理関数の連結式」に関しては第2章を参照されたい）。それらは，量や順序，数，時間に関する概念的特性を規定する。定義に関わる論拠と同様に，命題に関わる論拠は組織においてそれらが繰り返し用いられる過程を通して蓄積され

る。上述した新任社長への取締役会における投票は，命題に関わる論拠の一例である。取締役会における社長継承と投票の関係が数によって規定されるという意味で，これはフォーマルな論拠である。

とはいえ，組織におけるすべての論拠がフォーマルなものではない。いくつかは非常に原初的な[80]形をとり，不明瞭な特性や概念の関係を含む。そのような論拠は，組織における会話を通して伝えられる物語の形式をとる。暗黙的で原初的な命題の論拠を伴う，機能及び価値に関する議論の例を考えてみよう。

　主張　顧客がわれわれのサービスを購入しようとしている限りは，顧客の行動に対して不満をもらすべきではない。
　根拠　なぜならそれは，この会社のやり方ではないからだ。

命題に関わる論拠：そして，社長がそれはここで行われるべきやり方ではないと明言しているからだ。サービス・スタッフのメンバーの一人を解雇するにあたって，社長は彼に対して叫んだ。「いつでも，私は顧客について否定的に話す人を解雇する！」

ここでは，物語が主張に「実体」と「力」を与えている。物語は，会話や討論の中に表れたりはしない，他の論拠と結びついたりもする[81]。フォーマルなものであれ，原初的なものであれ，暗黙の論拠と同様に，暗黙の命題に関わる論拠は，組織において議論のたびごとの「立証責任」から人びとを開放する。ほとんどの組織では，議論を立証するために血眼になって会話をする必要などない。暗黙の論拠が欠如した議論では，次のような質問が飛び交う。「あなたの意見にはいかなる論拠があるのか？」，「この場合，あなたは論拠と主張をどのように結びつけるのか？」，「いかなる証拠に基づいてあなたはこう主張するのか？」，「あなたの議論のロジックはいかなるものか？」。上述したように，このような質問は日常会話をとても複雑にする。組織のメンバーが効果的に話すためには，フォーマルな命題であれ，原初的な命題であれ，それらについて他者が（社会的）に知っているということを個人的に知っているのと同様に，それらについて（個人的に）知っていることが重要である。にもかかわらず，暗黙の命題に関わる論拠は組織にとって「諸刃の剣」である。それらは，個人

的な，あるいは社会的な知の展開を妨げもする。

パラダイムに関わる論拠

　パラダイムに関わる論拠は，組織における全般的な目的を確立し，オーナーに対し利益をもたらすのみならず，社会一般や専門職，あるいは組織のメンバーに奉仕し，イデオロギーを維持するのに役立つ。さらに，パラダイムに関わる論拠は，目的に添ったより大きな社会的，あるいは政治的，経済的コンテキストの下で合目的的に組織を突き動かす。たとえば，政治的な組織は，社会における富の創造と分配を維持，あるいは改善し，犯罪と戦い，高齢者によりよい生活条件を提供するといった綱領を掲げている。

　パラダイムに関わる論拠は，しばしば暗黙的であり，疑われたり討議されたりすることはほとんどなく，長い時間にわたって持続する傾向がある。パラダイムに関わる論拠は，しばしば組織の会話の基礎を築く。パラダイムに関わる論拠が用いられている議論の例は次の通りである。

　主張　この学校は授業を改善しなければならない。
　論拠　われわれのコースの平均的な学生の評価が最低であったから。
　パラダイムに関わる論拠：この学校の目的は，要求の多い経済界で活躍できる高度専門職を効率的に育成することである。

　この例では，その学校の「ミッション・ステートメント」がほぼすべて導き出されるように，パラダイムに関わる論拠が正確に規定されている。とはいえ，現実的には明確性や一貫性がいつもこのレベルまで必要なわけではない。パラダイムに関わる論拠は，多くの異なる形で，多くの異なるステートメントに立ち現れる。しかしながら，パラダイムに関わる論拠は会話の調整に必要な社会の組織知の一部を表し，それゆえ，それがいかなる形を取ろうとも，一体全体この組織は何なのかという問い—レゾンデートルへの問い—に対して同じ答えに至る道筋を提示する。パラダイムに関わる論拠は，このように組織の「アイデンティティ」としてしばしば概念化されることと密接に関連している[82]。

組織のアイデンティティとパラダイムの変化に対してこれまで組織論の文献において，多大なる関心が払われてきた点には留意すべきである。組織は少なくとも2つの条件下において学習したり，「パラダイムシフト」を企てたりすることが研究者によって見出されてきた。2つの条件とは，(1) 新しいマネジメントが入ってきて，古いパラダイムに疑問を投げかけるとき，そして，(2) 組織が危機に直面したとき，である[83]。暗黙のパラダイムに関わる論拠という概念に拠れば，パラダイムの転換に関わるさらなる条件を見出しうる。組織においてパラダイム転換が実現したということは，日常会話のみならず，議論やステートメントが一組の新たなパラダイムに関わる論拠に依拠しているということである。とはいえ，パラダイムに関わる論拠が目的の安定化に寄与していると考えるならば，組織のアイデンティティの変化がいかに遅々たるものか分かる。また，組織変化の性質に関する新しい見解も必要となる。組織のパラダイムというレベルにおける望ましい転換のマネジメントとは，規範を確立するという危険を冒しつつ，様々なスケールにおいて適切な会話を形成することにつきる。それは古い論拠と対峙し，それらに疑問を投げかけ，それらと新たな論拠を入れ替えることである。

反作用的な論拠の重要性

　これまで見てきた3つの論拠は，時とともに組織に根付き，言語化を安定させる。言語化を安定させるもう一つの論拠は，反作用的な論拠である。このタイプの論拠は，定義に関わるものであったり，あるいは命題に関わるものであったり，パラダイムに関わるものであったりする。反作用的な論拠は，除外によってではなく受容によって，代替的かつ競合的な定義や命題，パラダイムを確立する。この意味において，反作用的な論拠は反対意見とは異なる。反対意見が単に矛盾したステートメントを提供するのみであるのに対し，反作用的な論拠は，議論に安定化をもたらす高度に洗練された戦略的要素を含む。反作用的な論拠の例を挙げよう。次の不完全な機能－時間に関する議論を考えてみよう。

主張　わが社（衣料品メーカー）は，投資銀行を買収しなければならない。
根拠　われわれの金融に関する知識は乏しい。

　2つの異なる命題，すなわち主張を支持している命題および反対している（反論している）命題を考えてみよう。第1の命題は，買収活動には大きなリスクを伴うため，無関連ビジネスよりも関連ビジネスにおいて他社を買収すべきである，といったものである。衣料品メーカーは，投資銀行業務となんらかのシナジーを生み出すのに必要なマネジメント能力と物理的な資産，マーケット，流通チャネルを欠いており，買収を控えるべきである。次に，上とは逆に，買収は本質的に学習プロセスであり，それによって時とともに効果的なプロセスを経て2社間で技術移転が図られ，やがてそれは彼ら相互に財務的な利益をもたらす，といった命題である[84]。これら2つの命題に対して知識があれば，2つの命題のうち一つを無効にする効果的な論拠を形成できる。たとえば，

　　論拠　長期的な成功のためには知識を強化しなければならないことを銘記されたい。得られるシナジー効果は，すでに知っていることをより深めるよりも，知識の新たなストックへより迅速なアクセスを得ることにある。買収が適切かどうかを判断するための基準は，オペレーションの関係性およびその目に見える短期的な効果よりも，知識へのアクセスおよびその長期的な効果に基づくべきである。

　このような論拠は，暗黙的であったり明示的であったりする。いずれにせよ，次の点に注意されたい。反対意見や反論は，会社はそう考えてきた，とか，われわれは努力したが，報われなかったということでしかない。このようなステートメントは組織生活においてしばしば耳にされる。反作用的でない議論は，反対意見と新たな論拠の供給を通じて，議論と探求の新たな方向性を示し続けなければならない。逆に，反作用的な論拠は新しい社会の組織知の展開のみならず，組織における言語化をも安定させる機能を果たしている。

　最後に，言語化の安定に関して以下の点に留意されたい。定義に関するものであれ，命題に関するものであれ，パラダイムに関するものであれ，組織が論

拠を見出し，それらを疑い，それらを代えていくことで時とともに論拠は変化する。しかしながら，論拠の変化は残りの議論や根拠，主張が変わることを必ずしも意味しない。それは，新しい方法で根拠と主張を結びつけながら議論の意味を変えるだけかもしれない[85]。意味の変化を示すかもしれない痕跡や手がかりを探すためには，本書であげた観察スキームが役立つ。観察者は通常明示化されないものに関しても疑問を呈するべきである[86]。

注

1. 生きている細胞の表面の膜が電力と高分子の間の相互作用によって維持されるように，細胞間のコミュニケーションの最初の手段が電気放電を通して起こったと主張されてきた。電磁力と電子化学力の変化を通して，分子細胞構造は，相互作用することができる。体と脳の言語に関してより詳しくは Joseph（1993）を参照されたい。
2. Maturana and Varela（1987）は，新たな「自然現象の領域」として言語の領域を打ち立てている。
3. Varela（1989, 269 ページ）。ここでは「自律的ユニット」という語で，自律的システムの広範囲なクラスに言及している。自律システムの特徴や機能，限界については白熱した議論が展開されてきた。提起された重要な問題のいくつかは，自然生命と人工生命，認識と人工知能の意味に関するものである。Varela and Bourgin（1992）や Morin（1982）を参照されたい。こうした研究の流れは，複雑なシステムの認識論を理解すべく努めている者にとって極めて魅力的なものである。
4. Sorry and Gill（1989, 71 ページ）。
5. Rorty（1989, 4 ページ）。
6. 言語の哲学に関する論文集，Martinich（1990）を参照されたい。
7. Joseph（1983, 8 ページ）。
8. 人間以外の動物は話す能力を持ってはいないが，彼らは原始的で情動的な方法で発声する。たとえば，性的に興奮していたり，恐れていたり，怒っていたり，助けを求めている状況下で，吠えたり，ブーブーと鬱陶しい声を出したり，うめき声を出したり，クークー鳴いたり，舌打ちをしたりする（Joseph, 1993）。
9. Sorri and Gill（1989）。
10. Maturana and Varela（1987）。
11. Luhman（1986）はスピーチに関連して，「発話（utterance）」という語を使う。
12. Becker（1991）。
13. この本では文法関係や言語の外示的な特徴について論じるつもりは無い。
14. 言語を学ぼうとしているストレンジャーの好例は人類学の研究から見出しうる。たとえば，バリの男達によって取り決められた闘鶏に関する Geertz（1973）の研究を参照されたい。Geertz が闘鶏を適切に記述し，その深い意味合いを理解できたのは，試合終了を示すある種の行為への気づきをもたらす一連の区別であった。たとえば，彼は発話を識別することができた。前にも述べたように，われわれは話し言葉の音量や強さ，韻律，旋律，リズム，感情的な特性の重要性についてこの本で論じるつもりは無い。われわれがここで言語について述べるときにも同様の注意をされたい。ここでは，フランス語やドイツ語，イタリア語もしくは英語のような「一般的な」言語にではなく，むしろ組織において展開される言語に言及する。
15. Hegel の外面化（Entauserung）というアイディアも個人的な経験の伝達という点では一致しており，Alfred Schutz などによって用いられてきた（たとえば，Schutz（1970），Schutz &

Luckman (1985 ; 1989), Berger and Lukman (1966) など)。だが, 用心しなくてはならない。Alfred Schutz の現象学では外面化は言語使用に制限されず, そこにはサイン, ツール, マーク等も含まれている。経験を表している個人の問題が, 表現の方法あるいは手段に関わるもう一つの疑問を生起するという点には注意すべきである。個人的な経験について語る個人的な言語があるのだろうか？ 本書では後に, Wittgenstein (1958 ; 1953) の著作に合わせて組織における言語ゲームを取り上げるが, そこでは言語ゲームのルールは公的なものであって個人的なものではないことが前提とされている。ルールが正しく用いられたか否かが判別されるのは言葉が公的に用いられたときだけである (あなた自身は正しくルールを用いていると思うかもしれない)。これは重要な問いではあるが, 本書ではこれ以上個人的な言語に関する議論をしない。Kripke (1982) を参照されたい。個人的な言語の問題に対する Maturana and Varela の考えがいかなるものかはわれわれにとってもはっきりとしたものではない。

16 これは Wittgenstein (1958) が「語の明示的教習」(訳者注：全集6巻, 134 ページ) と呼ぶ最も単純な訓練形式である。これは, 話し言葉やジェスチャーといった2つの言語システムを結び付けているものとしてとらえることも可能である。

17 繰り返しになるが, このパースペクティブは話される言葉に限られる。この「言語化」のパースペクティブは, 組織における言語の理解に関わる従前の多くの研究とは全く異なるものだ。たとえば, 組織経済学に貢献した Fiol (1991) (たとえば他にも Barney (1991), Barney and Ouchi (1986), Mahoney and Pandian (1992) など) は, 言語をサインやシンボルの安定したシステムとしてとらえている。他の競合している組織との差別化を確実にするために, Fiol は時折このシステムを操作する組織のマネジメントを薦めている。

18 言語は組織の境界を定義すると主張している Fiol (1989) によって, この観点から言語の役割が議論されてきた。

19 これは, 組織メンバーを横断して「組織」という概念がどのように異なっているかを研究した Bittner (1974) の研究内容と興味深い類似点を持っている。

20 Varela (1979, 268 ページ)。

21 もちろん, パラ言語学的なニュアンス (たとえばメロディー, ピッチ, 文法) を含めて考えれば, 可変性は非常に大きくなるだろう。

22 「言語ゲーム」という語が, 会話とは人びとがすることであり, それはわれわれの広範な社会的行為であるという事実を強調している点には留意するべきである。同様に, 言語を考える際には他人との関係において生起する言語化に焦点を当てたゲームが重視される。両者の (明らかな) 特性は, 前に議論された表象主義的なパースペクティブによればぼやけてしまう (Sorri and Gill (1989) を参照されたい。

23 Wittgenstein (1958 ; 1953)。言語に関する Wittgenstein の哲学を詳細に取り上げることは, 本書の範囲を越えている。われわれは Wittgenstein のアイディアから生じた言語に関する思考における見事なアレンジを分析したりはしない。興味のある読者には, Kenny (1973) や Martinich の分析 (1990, section ⅶ) を参照することをお勧めする。

24 Van Maanen (1991) を参照されたい。

25 Percy Barnevik が 1993 年 11 月にハワイで開催された Academy of Management International Business Conference (AIB) で行ったスピーチである。

26 たとえば Westley (1990) の研究に見られるように, 戦略についての会話が組織横断的に広範囲に及ぶ点に注意が払われていないことには留意して欲しい。ある組織にとって戦略的な事柄が, 他の組織にとっては極めてオペレーショナルだったりもする。たとえば, ポートフォリオ・プランニング・インストゥルメント (portfolio planning instruments) の使用に関する組織横断的な違いは Haspeslagh (1982) を参照されたい。

27 「創発戦略 (emergent strategy)」という語と比較せよ (Mintzberg and Waters, 1985), (Mintzberg, 1989)。
28 Eisenberg (1984), Eisenberg and Witten (1987), Astley and Zammuto (1992)。
29 Astley and Zammuto (1992). Meyer (1984) も参照されたい。
30 この結論は，組織における会話は自律的なユニットを形作るというわれわれの見解と一致している。自律的ユニットは多くのスケールでオートポイエーシス的に，ということはおそらく自己相似的方法によってそれら自身を再産出している。会話は，同じスケールと異なるスケールで新しい会話の創発の出発点を形成する。
31 「要領のよい行為」が命令を下す人によって，あるいは，それらを実行する人によって判断されることに留意するべきである。それは第三者の観察には委ねられない。
32 Astley and Zammuto (1992, 452 ページ)。
33 Wittgenstein は言語ゲームのルールを変えることについてどのように述べているだろうか。「われわれは，グランドで様々な既存のゲームを始めるためにボールを使って遊ぶ。多くの遊びにおいては，際限なくボールを始終空中に投げ，互いにボールを追いかけ，ふざけて攻撃しあったりして楽しんでいる人びとを容易に想像することができる。いつでも彼らは球技をしている間中，ボールを投げる明確なルールに従っている。また，遊びながら私たちが従うべきルールを作っているケースはないだろうか。そして，われわれが従うべきルールを変えてしまうことさえある。私が言いたいのは語の適用はルールによって縛られてはいないということだ」(Wittgenstein (1958, 83-84 ページ))。ここでは，ルールは変えられるかもしれないし，もしくは存在すらしていないのかもしれないということを彼が指摘しているように思える。
34 ある言語から他の言語への翻訳は，これの特別なケースでもある。たとえば，ラテン語から母国語へのハイレベルな学術的翻訳には，時間を要する。多くのラテン語における語と概念は，容易には直訳し難いがゆえに，厳格な言語的ルールに従って多くの新しい語と概念が母国語で考案されなければならなかった (Stichweh (1990))。
35 SWOT 分析のより詳しい手法については，Ansoff (1965) と Andrew (1970) を参照されたい。
36 「新たなルール」はまた，定まったルールが確立されていないという点で「ルールの欠如」を意味するかもしれない。
37 時々，われわれは両親や祖父母が完全に時代遅れになった語を使っているのを聞く。
38 Dahl (1991)。
39 Wittgenstein (1953)。
40 このケースは，言語システムよりも話し言葉に関わりがある。
41 コンピュータメーカーのエスノグラフィーにおいて，マネジャーが改善提案のためのサポートを部下に求めることにより「面目を失う」ことが確認された。部下の意見は以下のようなものであった。マネジャーは変化を指示するために当然必要な権限があると思われ，必要に応じてそれを求めるようなことをするべきではなかった。サポートを求めることは，結局マネジャーの信頼を失墜させる問題をさらけ出す弱さの徴候であった。Haerem, von Krogh and Roos (1993) を参照されたい。
42 Nonaka (1991) は日本の自動車エンジニアリングチームによって用いられる熟考を詳述している。「生命種のように進化するならば，車とはいかなるものなのか」。
43 われわれの多国籍製薬会社の研究によれば，オーナーや CEO によって作り上げられる物語は高く評価されるべきである。彼は活動的に物語を作り上げ，物語によって組織全体に彼の考えを伝達している。人びとは何度も様々な状況下で，これらの物語を再び語り，議論し，解釈し直す。
44 社会学の基本的な概念としての意味については Luhmann (1990b) を参照されたい。

45 方法としての言語ゲームは，たとえばLyotard（1984）によって研究されている。彼は知識の様相を同時に論じている。Lyotardは少なくとも3つのタイプの発話（象徴的，価値的，規範的）とWittgensteinが述べた言語ゲームの範囲（Wittgenstein（1953）を参照されたい）に関連付けを試みている。

46 このテーマについて可能な別の言い方をすれば，ルールは組織の暗黙知に属する（たとえば，Polanyi（1958））。

47 Huff（1990），von Krogh and Roos（1992）を参照されたい。

48 たとえば，Fletcher and Huff（1990）を参照されたい。この章で著者らは，11年にわたる年次報告書で示される議論を，マッピングと記述によって分析し，AT＆T社における戦略的方向付けを調査した。所与の世界の正確な表象というコグニティビストの伝統と軌を一にして，著者らは議論マッピングが一種の二重の表象的な機能を果たすと主張している。「…われわれの関心は認知的な方向付けであり，議論マッピングは特に戦略改良の長期的な研究に適しており，従って，組織がそれ自体とその環境の理解を提示する方法の変化の要旨を捉えることが可能である」がゆえにわれわれの分析方法は議論マッピングに左右される（Fletcher and Huff（1990, 166ページ））。にもかかわらず，Ludwig Wittgensteinによって提示された言語の哲学を出発点とするならば，われわれは彼が，Maturana and Varelaのように，本質的に反表象主義的な立場をとっていることが分かる。Wittgensteinは彼の研究を通して，いかにして言語に対して表象主義者的な立場をとることを回避するかを示した（Rorty（1992））。

49 Toulmin（1958, 255ページ）．

50 実際にToulminは，事物の認知に関する心理学的，生理学的問題は彼自身の研究とは無関係であると述べている。ある意味において，彼の研究は「哲学のシステム」に大きく貢献するものであった。それは，そのシステムに貢献している個人の行為者に関わりなく，それ自体によって存在することが可能である。この点で，彼の提案は，オートポイエーシス理論の基本的な特徴と合致しているように思える。しかしながら，個人的な行為者から「話し手」と「聞き手」のレベルへと観察をスケールするならば，更なるルールもしくは，「信頼」と「真実」のような他のタイプのルールが用いられているのを発見することができるという点に留意すべきである。聞き手は，話し手が知っていることについて真実を言うものと信頼しているかもしれない。Lewis（1990）を参照されたい。

51 Toulmin（1958, 255ページ）．

52 Toulmin（1958），Toulmin, Rieke and Janik（1979）．これはLautour（1987, 23ページ）が「様相」と呼んだことと類似している。「それが産出される条件から離れ，ステートメントを導くものをポジティブな様相と呼ぶ。それは，若干の信頼するに足る他の結果を確実に提示するに十分である。次に，その産出条件に従って他の方向にステートメントを導くものをネガティブな様相と呼ぶ。それはそれ自身によらず，なぜそれに論拠があるかの詳細を説明することで他の信頼するに足る結果を提示する」。

53 Varela（1979, 64ページ）は以下の考察を提供している。目的は，そのシステムと「われわれが考察の対象としている…何らかのコンテキストを包含しているシステム」の観察者によって付与される。そして，このことをMaturana（1988, 30ページ）は次のように述べている。「*観察者は，まるでそれらが彼もしくは彼女がすることから独立して存在するかのように客体，実体または関係についていかなるステートメント，または主張をするためのオペレーション上の基盤を持たない*」。ゆえに，特定の機能に帰するような意図はシステムの観察者が付与している。もちろん観察者は，この意図の付与に際して，それの意図と機能を双方とらえている。

54 議論が新しい議論に出発点を提供することを提唱し続けたFretcher and Huff（1990）によってもまた観察された。これは驚くべきことではない。この本で展開された観察スキームに基づけ

ば，そこではプロセスとしての会話はすべてのスケール上でオートポイエーシス的にそれら自身を再生する。
55 われわれの議論がここまで，歴史的に記録された議論ではなく会話について論じていたことを思い出して欲しい。
56 われわれは，Luhmann（1993）が「未来における現在」よりむしろ「現在における未来」と言う事に言及している。
57 Luhmann（1990b）。
58 スウェーデン語のイディオムは，未来完了時制で未来を議論する際の潜在的パラドックスを皮肉っぽく描き出している。「より早ければより良い，より良くやればより早くいく」。
59 Schutz（1970）。
60 Brockriede and Ehninger（1960）の研究に基づき Fletcher and Huff（1990）は，いくつかの議論は，「評価的な主張」を含んでいると述べている。彼らの主張をより拡張しない限りは，全ての種類の議論を包含的に扱うことができない。「価値に関する議論」の概念は評価的主張よりも包含的であり，それによって組織が促進する会話のタイプをより明確に示すことができると考えている。ポピュラーなマネジメントに関する文献の多くにおいて，組織の基本的価値に関わる効果的な議論が展開され，そこでは基本的価値が経営者のみならず従業員からの幅広い参加を促すとされてきた（Senge, 1990）。われわれは全ての会話が組織の「価値」もしくは「イデオロギー」を中心に展開される例を想像している。本質的な議論は価値についての主張がなされるところに現れる。根拠と論拠は価値に基づいており，限定は主張の範囲を制限している。
61 こうした議論は，企業のいわゆる資源依存パースペクティブとして知られている（Barney（1991））。このパースペクティブにおける一つの考えうる含意は，人事機能は主に雇用問題からそのタスクを再定義されるべきであり，それらは企業の競争優位に寄与するような方法で人的資源を開発すべきであるということである。また Roos and von Krogh（1992）も参照されたい。
62 これは，図表6.2の一般的な議論と比較しうる。
63 Gioia and Chittipendi（1991）は戦略的な変化プロセスを経ている大学のエスノグラフィーをまとめた。彼らの研究によって変化プロセスのダイナミクスが明らかにされるとともに，組織プロセスの研究にとっては部門横断的な方法論よりもむしろ長期的な方法論を適用する必要が示されている。
64 von Foerster（1972）。
65 認知が回帰的な計算（計算の結果を計算し，そのまた結果を計算し…）から生じるという von Foerster（1981）のアイディアを参照されたい。
66 Luhmann（1992, 1990b）。または，Quinn and Cameron（1988）の組織理論におけるパラドックスとトートロジーの役割を参照されたい。パラドックスは，通常，「クレタ人が言うことはすべて嘘である」という有名なクレタ人のパラドックスのように，あるタイプが一つの明白な特徴を有しているときに通常起こる。他方，トートロジーは，識別しない弁別である。たとえば「この車は車である」というように。
67 哲学上の難題に関する John Wisdom（1992）のエッセイを参照されたい。Wisdom は日常言語によっては観察と知識に基づく厳密なステートメントを作成することは可能であるが，極めて困難であると主張している。
68 Argyris and Schon（1978）を参照されたい。
69 Maturana（1991）。
70 Hedberg（1981）。
71 われわれが打ち立てた問いは，組織知について問われるべき問いのほんの一部でしかない。組織学習について問われてきた多種多様な問いに関するアイディアを得るためには Huber（1991）を

参照されたい。
72 以前のステートメントまたは議論，会話とは少なくとも時間的には全く異なるものである。これは，聞き手を退屈にさせている「模倣者（copy-cat）」においての場合も同様である。
73 言語における沈黙の役割については Becker（1991）を参照されたい。
74 Mason and Mitroff（1982）による「隠れた戦略的仮定」という語は，ここで見てきた暗黙の論拠と類似している。しかしながら両者の違いは，暗黙の論拠は戦略的プランニング活動に対してばかりではなく，組織における日常会話においても用いられ，またなぜという質問を通してそれらを見つけるべく試みたとしても必ずしも最終的な解答を導くというわけではないという点である（最高の表象（仮定）を達成するという観点から）。「なぜ」という質問は日常的な会話において，新しいなぜという質問を再帰的にもたらすだろう。
75 これらの種類は代替的ではないが，上でまとめた種類の議論に付け加えることはできる。
76 Fletcher and Huff（1990）を参照されたい。
77 これらの種類は，Alfred Schutz（Schutz（1970），Schutz and Luckman（1989, 1985））の現象学と Peter Berger と Thomas Luckman（Berger（1981），Berger and Luckman（1966））の社会学理論の影響を受けている。Berger and Luckman の研究では，社会的に客観性が与えられる知識は，すべて4つのレベルで概念化される。妥当な言語（語），妥当な物語と基本的な命題，妥当な理論，最後に妥当なパラダイムである。しかしながらここでは，Niklas Luhmann（1984）の言うとおり，フッサール流の純粋現象学とオートポイエーシス理論の間に存在するいくつかの論争については注意すべきである。詳しくは，たとえば Luhmann（1984, 1986）を参照されたい。
78 たとえば，Xerox 社で「固定費」という語が再定義される Whyte（1991）の報告を参照されたい。この再定義は，コンサルタントと管理者，労働者が，用いられている様々な定義の含意とそれらの定義が表面化したオペレーションの局面を学習するプロジェクトを通して達成された。
79 たとえば，現代のビジネス用語を考えてもらいたい。
80 ここでいう「原初的な」という語を用いて，Berger and Luckman（1966）は「フォーマルな理論」と「原初的な命題」を区別している。
81 本書では後に「議論不能」に関する問題に立ち戻りたい。組織行動の文献において「議論不能」は，組織から学習の可能性を奪い取る難題として主に位置づけられてきた（たとえば，Argyris and Schon, 1978）。これから論じていくように，本書では，「議論不能」なことはそれ自身問題を含むものとして現れることに加えて，社会の組織知の一貫した開発にとって必要な側面を有するかもしれないと考えている。しかしながら，多くの例で見られるように，語が特定のタスクを解決するために形作られたときに論拠あるいは，David Bohm の言葉によれば「拡張仮定」を調査し，発見または啓示することは有益であろう（Senge（1990））。
82 たとえば，組織のアイデンティティの定義については Dutton and Dukerich（1991）を参照されたい。
83 Hedberg Nystrom and Starbuck（1976），Hedberg（1981）．
84 von Krough, Sinatra and Singh（1994）を参照されたい。
85 科学哲学でも類似の議論がなされてきた。Feyerabend（1972）は，新しい理論が公式化され新しい現象が発見されるときに「古い」理論が「普遍の意味」をもつことによって抵抗したりしないということを示すべく試みている。むしろ，進歩は古い理論の新しい解釈を推し進めるのである。
86 第8章では，組織知にとっての障害に関する議論を扱う。そこでは，同意という障壁は知の展開に対して起こりうる障害として示される。

第 7 章
言語化とその先にあるもの

テキストと社会の組織知

　これまで本書では，それは時を問わず常に行われるものであるがゆえに，組織の会話に焦点を当ててきた。言語化は，組織メンバーがスケール横断的かつ協調的にオートポイエーシスを実現するための手段を提供してくれる。組織のもう一つの重要な知をベースにした活動が書くこと（writing）である。書くことは会話と同じく言語システムとみなせる。

　文化や発展という観点から見て，口頭の言語によるステートメントから書かれたステートメントへと進歩するのが普通で，それは明確さの度合いが増大することを意味する，と言われてきた[1]。記録したり，指示したり，知らせたり，招聘したり，楽しませたり，など様々な目的のために，テキスト（書かれたもの）を作り出すこと，これも重要な組織活動の一つである。組織で作り出されるテキストは数多く存在し，その様式・形態・内容も次のように様々である。レポート，メモ，手紙，手続き，ビジョンやミッションに関するステートメント，組織の価値に関するステートメント，戦略計画，職務記述書，契約書，などである。当然ながら，この手のテキストは多くの場合，個人の知識，または組織メンバーからなるチームの知識に基づくものである場合が多い。テキストは，サインとかマークに相当するものなので，組織メンバーがさらに掘り下げたり調べたりするのに役立つ客観化[2]されたもの，ということになる。このことは，テキストも会話と同様に自ら自律的な状態を獲得し，また会話と同様その形態ないし機能によって分析できる，ということを意味しているのであろうか？　たとえば，組織のルーティンとは社会の組織知が具現化したステートメントであると言えようか？

表象主義に基づくコグニティビストのエピステモロジーでは，多くの場合情報＝知識という前提に立っている。したがって，組織に関して文面で書かれたものは，組織知のもう一つの表象なのである[3]。そして，こうした情報を，アーカイブやデータファイルのようなものを含めて，組織全体の「メモリー」に「ストックされているもの」と考える。どんな場合でも，こうした知識の表象は組織の行為があってはじめて喚起しうるものであるはずなのだが[4]。

オートポイエーシス理論の特性からすると，情報＝知識とはならない。情報とは知の創出を可能にするプロセスの一つに過ぎない。事実，社会的スケールであろうと個人的スケールであろうと，オートポイエーシス・システムでは情報という概念は重要な意味を持たない[5]。オートポイエーシス・システムは，インプットされたデータに基づいて絶えず情報を創出するのである。よって，オートポイエーシス・システムの理論では，知識や情報という概念は次のような面白い問題を提起する。この理論のパースペクティブによるテキストとは何なのか？ この問題に対する回答の試みの一つとして，組織とは知のシステムであるのでテキストは組織という環境に属する，と言えるのではないか。言語化と社会の組織知との関係についての議論から，テキストはさらに会話という環境に属するということになろう。組織によって作り出されるテキストとは，組織のメンバーやグループなどに様々な時に読まれる（観察される）のみならず，会話の影響を受けやすいものでもある。このように，テキストは個々の組織メンバーの認知プロセスへのインプットとなるのであり，個人の組織知の創出を刺激するのである。テキストはまた，新しい社会の組織知の創出を刺激することもある[6]。

テキストは，タイトルが付されたその瞬間に，認知者としての1人の著者または複数の著者によって作られるものである。そして，テキストはある時点での書き手の知識を「表象している」，いや少なくともあるトピックに関する著者の「体系化された」知識を表象している，という単純な仮定が成り立つであろう[7]。だが，オートポイエーシス理論の観点からすると，テキストでは示しきれないような，著者が知っていることの細部にわたる表象[8]を，書くというプロセスと読むというプロセス双方の観察者に対して示さなくてはならなくなる。書くことと読むことという2つのプロセスは，本来別個のものであり，少

なくともテキストの伝播ということに関して言えば，2つの異なる認知領域にそれぞれ属する。従来の語形論で言語の二重結合性と言われる，書くことと読むこととのこの手の二重性については，Beckerによる次の記述を見れば非常によくわかる[9]。

> 私が書く時の意識状態は，あなたが読む時の状態と一致する必要は全くない。私たちの記憶は異なっているのだから。言語化が私たちを違った風に方向付けているのはそのためだ。弁別とは人によって異なるものだしオートポイエーシスの特徴を持つものだが，そうした各自の弁別の領域内で，言語化は方向付けを行なっているのである。自分自身の弁別域内にいる観察者は，情報の変換プロセスを通じて規則性を見出したり，起こっている事を説明したりするのだ。だが，そうしたことは，あなたなり私なりが経験することと一致する必要性が全くない，第3の方向付けとなるであろう[10]。

新しい手続きが書かれたり，新しい戦略ドキュメントが記されたり，株主との新しいコミュニケーションが形成されそれが文書として出されたりした場合，それらのテキストは自らの自律性を獲得し，「自らの人生を歩み始める」。テキストが読まれるたびごとに，読むというプロセスがそのテキストの意味を決定付けてしまう。誰か他の人にテキストを読ませることの効果は決して十分に推し量れるものではない。それは，認知プロセスとは本質的にはすべて自律的なものだからである[11]。テキストが書かれた時に書き手が提示した知を推し量るにあたって，当然このような事実は読み手をして注意深くさせるはずである。

テキストは組織メンバーがそれを観察する際に，ユニティーとして提示される。テキストは全体として，「一筋の光明」とか，単定立的なもの[12]として観察されよう。読み手はテキストの中を行きつ戻りつしながら，新しい組み合わせを発見する（新しい情報と知を創出する）のである。その一方，会話はユニティーとしてではなくプロセスとして観察者に提示される。会話は，あるステートメントに対して他のステートメントがそれに続く，ある議論に他の議論が続く，ある証明に他の証明が続くといった具合に，それぞれ歩調を合わせて続くようなステップの連続として，複定立的なもの[13]として観察されねばなら

ない。だが，普遍化や結論付けというものは，すでに言われたことについて回顧的になされるものである。記憶には，言語化のプロセスを安定させたり，すでに言われたことを「後付で合理化する[14]」必要性を知覚させてくれる，などの効用がある。そして，結論付けとは，不十分な記憶とそれがもたらす効用とに常に影響されるものだろう。とはいうものの，組織メンバーは，社会知のシステムおよび言語化に参加するに際し大きなメリットを持っている。それは，会話が複定立的なものとして観察されるべきものであったり，連続的に繰り返し生ずるものであるにもかかわらず，組織メンバーと彼らの会話のパターンが持つ次のような大きなメリットである。組織メンバーは，過去にあった会話の展開から想起できることに基づいて，ある特定の会話の展開を自ら予測するであろう。したがって，テキストの場合のメンバーの経験と会話の場合のメンバーの経験とのギャップは，実際のところ必ずしもそんなに大きくはないのである。おそらく，あるケースでは，記憶というものが，組織メンバーが会話を（彼らがこれまでに耳にしてきたことや想起するものを外挿することによって）かなり単定立的なものとして観察するのに一役買うこともあるだろう。

　オートポイエーシス理論に依拠したオーガニゼーショナル・エピステモロジーにとって柱となるテキストのタイプは「自己記述」である。Luhmann は自己記述を次のように定義している。自己記述とは，「*観察がよりシステマティックになされたり，様々なことを想起させたり，よりシンプルに表現できたり，さらに，観察と観察とがうまく結び付けられるように，構造や「テキスト」を固定する（固定化）*[15]」ことである。いろいろな自己記述の例が，組織の自己観察の結果である組織内の様々なテキストにみてとれる。ここで組織にお馴染みのテキストをいくつかあげてみよう。

(1) 組織構造についての記述：組織が，職能，人員，地位，役職などの諸関係によって自身について理解する方法。
(2) 手続きとマニュアル：組織が内部機能を実行するためのガイドラインを提示する方法。
(3) ポリシー：組織が果たす様々な役割。および組織が提供すべき製品とその市場。

(4) ステークホルダーへの報告書：組織が重要な問題やイベントを記述する方法[16]。
(5) 歴史に関する説明：組織が今現在の記述しうる状態へ，自らが進化してきたということを組織が説明しようとすること。

　こうした組織のテキストは，組織がシステマティックに自身を観察するのに手助けとなるような観察スキームを提供してくれる。このことは本書にも当てはまることである。テキストには，言語化の諸形態もそうであったように，組織の自己観察を安定させる効果がある。テキストは，事象，自己観察，会話，社会の組織知の創出など，かなりなダイナミクスに直面してもその効用を失わない。また，テキストは，たとえば使用されている概念そのものについての定義が変わったり，概念間の関係についても新しい定義がなされるという事態に直面しても，やはり持ちこたえる。これまでにも述べたように，こうしたことは，組織が今現在どのように機能しているのかを適切に記述するということからすれば良くないことなのかもしれない。

　そうした耐久力のある組織のテキストとは，組織の自己観察のプロセスおよび知の展開のプロセスにまさにデータを提供してくれるのだ，ということがここに至って読者にとって明らかなはずだ。ゆえに，テキストの耐久性とは意味や知識の保持に関連しているのではない。むしろ，それは組織があらゆるスケールにおいて，オートポイエーシスを継続しようと努めるに際して「一瞥する」「定点」と関連しているのである。しかしながら，テキストの意味は，テキストが読まれたりそれについて議論がなされたりするたびごとに，耐久力を備えて新たに生み出されていく。戦略計画に関するテキストは，組織の戦略にまつわる会話の中に時空を越えて含まれている。だが，あるマネジャーのグループが戦略計画について議論するために会合を持つたびごとに，彼らの見解，議論，暗黙の論拠，明示的な論拠等々は，変わってしまうであろう。手短に言えば，社会の組織知とは相当ダイナミックなものなのである。一般プロセス論の言葉で言えば，戦略計画に言及するということは，*積み上げ*ではなく*反復*であると言えよう[17]。マネジャーの会合を通じて展開された戦略計画に関する新しい知は，その計画に関するそれまでの知に積み上げて追加されたとい

うわけではない．マネジメント・チームは会合を重ねるたびごとに，それまでの知に言及したり，会話の所々を忘れたり，新たな経験を取り込んだり，戦略計画についての新たな解釈を革新的に生み出したり，といったことを通じて計画についての新しい知を展開していくのである．こうした見方は，従来の文献に見られる極めて規範的な戦略計画モデルとは相当異質のものである．従来の文献では，知識の積み上げが，戦略プロセスの様々な局面を通じてのマネジメント層の仕事であると仮定されている．それは，機会と脅威および強みと弱みの分析による目標設定，代替戦略の策定，戦略の選択といったことから，計画の実施および計画からの逸脱のコントロールといったフォロー・アップ活動に至るまで，あらゆる局面が対象となっている[18]．

ほとんどの組織は，単定立的な経験と複定立的な経験との違いを説明できるようになっていないし，そうしたことはお構いなしに発展していくものなのである．ある組織では，新参者は，組織のあちらこちらで利用できるような，簡潔にまとめられていて（たった1ページでとか），有用で，明快で，説得力のあるメモの書き方を学習することになる．また別の組織では，新参者は，電子メールで「自分の考えや経験を表現する」方法を学習することになる．しかしさらにまた別の組織では，「自分のボスの時間を浪費させてしまうのはよくない」との考えから，会話が最小限しか存在しない場合もある．さらに，「もし何かあったら，事の真相を表に出すべきだ」というアカウンタビリティーに基づく考えから，企業の内部資料をストックしておく大きな保管庫が作られている組織もあろう．また，全社的意思決定のための基本データが，部門レベルでそこでのスタッフらによって上手く収集・整理されていることを示す優れたレポートを自慢げに公表する組織もあるだろう．

このように例には枚挙に暇がないが，ポイントはたった一つである．それは，組織はたいていの場合，テキストの意味の創出とそれに基づく知の展開とに導かれてデザインされているわけではないということである．社会の組織知の展開にとって重要な次のような諸問題が投げかけられることはめったにない．このテキストの意味は？　ここでの議論とは何？　このテキストが書かれた理由は？　それ以外のメッセージが含まれないのはどうして？　ここには暗黙の論拠が存在するのか？　このことは組織の状態についてわれわれに何を語って

いるのか？　このテキストについてのわれわれの理解はどのようにして変わったのか？　日頃の組織の実践活動においては，こうした問題は，とても扱いにくかったり，答えるのが難しかったり，回答にかなり時間を消費するものであったり，あるいは単にあまり重要でない，などと思われがちである。それにもかかわらず，この手の問題は，世界を創出しようと個人的に試みる組織メンバーによって私的に投げかけられることはよくある。(どうしてJoeはこのメモを書いたの？　私は自分自身を見つめ直すべきか？　このメモは私にどんな影響があるだろうか？　どうしてメーリングリストにLizの名がないのか？　なんで戦略計画に*私の*持ち場がないのか？)

　仮に社会の組織知を個人の組織知とは一緒くたに扱いたくないと真剣に思っても，個人レベルのスケールでの知の展開と，組織レベルのスケールでの知の展開とはいずれも自己相似的であるという点での類似性は避けて通れない。組織は，社会の組織知の展開の仕方を変えるために，テキストの意味の創出のプロセスをいじって刺激することもあろう。

組織と環境

　これまでのところ本書では，社会の組織知，言語化，テキストの産出，リーディング(読むこと)，これらがどのような関係にあるのか，といった組織の内部機能に焦点を当ててきた。環境と組織との基本的な違いについてはこれまでも触れてきたが，組織と環境との関係についてはこれまでのところほとんど言及してこなかった。以下ではこうした関係性についてさらに議論を試みようと思うが，まずは，本書ですでに言及されたオーガニゼーショナル・エピステモロジーにまつわる3つのポイントを再確認しておくのがよいだろう。

　第1に，組織は自らを取り巻く環境を観察し，観察結果を記述し，記述内容に基づいて具体的活動を行なう[19]。こうした観察を行なうことで，組織は自らを取り巻く環境について*自らが*記述した内容に関する社会の組織知を獲得するのである。この社会の組織知によって組織はさらなる観察を行なうことができるのである。第2に，言語化のプロセスとテキストの産出には，スケール横

断的に，社会の組織知を安定させる作用がある。第3に，観察者やオートポイエーシス・システムは，議論をしたり，テキストを生み出したりしながら，アウトプットとインプットの関係や輸入と輸出の関係などになぞらえて，環境と組織の関係を記述できる。だが，（この手の観察スキームに従う）観察者は，組織と環境との関係をクローズドなものであったり，オープンでもありクローズドでもあったり，幾分クローズドではあるがオープンである（！）[20]，など様々に記述できる。

　オートポイエーシスは自己相似的な性質を有しているゆえに，個人のケースと同様に，自己相似的な連結構造を通じて，組織と環境との関係を作り上げてしまう可能性というものを研究するのは意義深いことであろう。Gunther Teubner は，社会システムレベルでの連結構造は次のように定義できると言っている。「*あるシステムが自らの構造を作り上げるにあたって，環境に存在する事象を不安定要素とみなす場合，そのシステムは環境と構造的に連結されていると言える。*[21]」組織は決して怠け者ではないので，観察を通じて環境に存在する諸事象を弁別し，組織の言語化のルールに基づいてそうした事象についての議論にエネルギーを振り分ける。組織は新しいテーマ，問題，機会，脅威，強み，弱みなどを発見するためにそうした事象を利用する。次第に，環境についての記述を構築することになる新たな議論が行なわれるようになる。機能に関する議論は，組織の中の諸事象に上手く対処できるよう，機能に関する変化について教えてくれる。時間に関する議論は，特定の事象や状況が続くと思われる時間に関しての評価を提供してくれる。価値に関する議論は，生じている環境の変化がプラスの価値を持つのかマイナスの価値を持つのかに焦点を当ててくれる。自己相似に関する議論は，戦略プロセスや組織の規範を刺激するために，あるいは固定化しないようにするために利用される。これらの議論がミックスされた形態も，時を問わず行なわれており，それも社会の組織知の展開を後押しするものである。

　組織，組織と環境との関係，環境，これらそれぞれを記述し直したり，定義し直したりするような新たなテキストが生み出される。事象とか環境の状態を記述する旧い言語化とテキストは，環境を記述する新しい言語化とテキストの産出のための土台を，自己言及的な方法で形作っている。環境との連結構造に

まつわる組織の歴史，すなわち観察・言語化・テキストの産出の歴史は，こうした意味で，その組織に固有の社会の組織知の展開をもたらすものである。しかし，事象についての「正確な」（コグニティビストの言うような）表象は，どうして事象が「実際に自己の向こう側に存在する」などと言えようかという本書のパースペクティブからも分かるように，決してなしえないし，そうすることが組織の目標でもない。*組織は自らを取り巻く世界を作り出す*。つまり，*組織は――それぞれの組織流に――観察を行ない，言語を使用し，そして事象について知るのである。そしてその結果，組織は首尾一貫した知のシステムとして持続可能な存在となるのである*。

ある組織の環境とは，消費者の組織，サプライヤーの組織，株主の組織，競合する組織など（組織以外にも様々なものがあるが）他所の組織からなる。知のシステムとしての組織は，環境との連結構造の関係のあり方に，何だかの規則性も有しているであろう[22]。こうした関係性は，観察，社会の組織知，組織内の言語化，組織のテキスト産出などに左右される。ある特定の関係性についての組織の論じ方が，その関係性を実際に形作ってしまう。次のような不完全な議論を考えてみよう。

主張：組織Bと契約するためには組織Aとの競争に勝つ必要がある。
主張：組織Bとの取引のために組織Aと争った後の次の戦いのラウンドでは，組織DやEを打ち負かして組織Cとの契約を勝ち取るために，組織Aと連合を形成する必要がある。

組織の関係性にかかわる言語ゲームには数多く多様なものがあり，それはまたかなりダイナミックなものでもある。以前の著作でわれわれは，組織が環境との協働的な関係を構築しそれについて観察できるような，言語の展開の解明に貢献しようと努めた[23]。そうした関係は，緩やかな関係を企図した「軽いテキサス流の握手」のようなものから本格的な合併に至るまで，様々に記述できる。とはいうものの，その著作で取り上げた様々な例に関して，われわれが行った類の記述は，せいぜい観察者（著者たち）の域内に甘んじるものに過ぎない。組織が他の組織との関係をいかにそつなく記述できるかは，自分たちの組織がしていることにそのヒントがある。自分たちの組織も他の組織も同じよ

うに提携，買収，合併という言葉を使うが，これらの言葉の*使用ルール*，したがってその言葉の*意味は*，組織によってまちまちである。そうは言うものの，組織間の関係の記述には，外部の観察者による記述，自らの組織による記述，相手の組織による記述など，少なくとも3つの異なる一般的な記述タイプが存在するが，組織間の関係の記述を特徴付けるある普遍的な特性が存在するはずだ。

　各組織との関係は，価値，信用，構造，時間性という少なくとも4つの異なる次元に基づいて（自己言及的に）記述される。第1に，組織間の関係構築を可能にするような連結構造すべてにおいて，必ず*価値*が時間ベースで関係に割り当てられると言ってよいであろう。ある組織の他の組織との関係は，（スケール可能な）価値のステートメント，すなわち「前向き」「後ろ向き」「協働的」「競争的」「挑戦的」「退屈な」「生産的」「混乱している」などといったものとともに記述されるだろう。組織の言語化とは，関係に価値を割り当てることによって，自らの行為や他の組織との相互調整の仕方に影響を与える。たとえば，一方の提携パートナーが相手方から「新参者」とみなされるのに対して，もう一方の提携パートナーが相手方から「旧知の友」と記述されるとすれば，組織はそれぞれのパートナーを違った風に処遇するであろう。相手の組織による新しい行動が識別され観察される時は常に，言語化にあたってこうした観察に対して何だかの価値が割り当てられている。こうしたことから，組織は自らを取り巻く環境を絶えず評価するという意味で，組織のそうした側面は「裁判を実際に見ているようなもの」なのである。

　第2に，*信用*ということも組織間の諸関係を記述する際の重要な次元である。信用は，組織間の経済的取引の成功にとって必要であろうし[24]，また関係の記述に際して，「良きビジネスパートナー」「いつも期日通り支払いをしてくれる」「商品の受け渡しが信頼できる」「大きなミスがない」などといった表現をすることで信用しているということが明確になるであろう。組織間の関係の安定性について記述する際や[25]，「信頼できる」「頼りになる」「無責任だ」といった言葉を含んだ価値に関する議論を行なう際にも，信用は重要な次元となる。関係は組織の複雑性のレベルを左右する。そして，信用はこの複雑性をコントロールする必要性を軽減してくれる[26]。さらに，信用は関係に固有の不確

実性の程度に影響する[27]。こうしたことは，*彼女はSmith & Jones 社の本当に有能で素晴らしい代表であり，だからわれわれは彼女にお決まりの官僚的手続きを教える必要はない*，というフレーズを見ればわかる。したがって，このように信用について語りだしたらそれについての本が必要なくらいの内容であるが[28]，信用は，連結構造との関連において，組織の言語化と社会の組織知にかなり影響を与える次元なのである。

　第3に，組織間の諸関係を記述するさらなる次元は*構造* である。ここでいう構造とは「期待の構造」を意味する[29]。関係とは，他の組織の行動についての観察と記述に関連した一連の期待を内包している。諸々の観察についての多様な記述をそれぞれ区別することがここでは最も重要なことである。というのは，そうした記述は，組織間の諸関係の観察次第で変わるのが普通だからである。ある組織は他の組織のある特定の行動を観察することを期待する，という言い方の中に構造という言葉の意味が見て取れる。他の組織の行動が期待と一致するならば，他の組織の行動に関して，その関係の記述も大方期待と一致するだろう。他者についての観察結果が期待から幾分ズレるような場合に，組織がとりうる行動の一つが，期待した関係とは違った風に他者の行動を記述することだ。だが，他にもまだ組織がとりうる行動が存在する。そのような場合の記述とは，当初の期待とマッチするように変えてしまう，すなわち，「捻じ曲げられた観察によってそれをマッチするかのごとく見事に記述してしまう」ということである[30]。たとえば，ある組織が言語化によって「前向きで，協調的で，興味深い，生産関係」という記述を行なったとしよう。そうした状況下で，パートナーが自分たちの組織にネガティブな影響を与えるような戦略的な駆け引き[31]を行なったとしても，当該組織はさらに言語化を行なうにあたって，これまでの記述を維持することを選択するかもしれない[32]。さらに，たとえば，実際にネガティブな行動を観察した後の議論でも，都合の悪いことは，組織のそれ以後の言語化において上手くなかったことにされるかもしれない。組織は記述を維持することを好んだり好まなかったりするのである。だが，記述の内容を簡単には変え難いような場合には，組織は今見たように，言語化を安定させるための戦術的な妙技を持っていて，それを意のままに操ることができるのである。

時間性 という最後の4つめの次元は，時間に関する様々な視点を提示することから，組織間の諸関係を記述するものの一つとみなされることがよくある。たとえばそれは次のような視点を提示してくれる。関係はある一定期間続く。関係を特徴づけるような特定の象徴的な出来事が存在する。（失われた希望といったような）過去時制＋未来時制で表現しなくてはならないような希望や目標もある。関係のあり方に関して記述し直す必要がある。等々がそれである。繰り返しになるが，時間に関する議論は，組織間の関係を記述したりそれについて議論する際に重要な役割を演じる。ネガティブに記述された関係を擁護する者が行き着く先は，そのような関係は長い目で見れば当該組織に成功をもたらすという希望に満ちた議論である。これと反対の立場をとる者は，そうしたネガティブな関係は望ましい結果をもたらさないという確証があるといった正反対のことを主張するであろう。こうしたことから，時間性には，記述に際して組織間の関係を安定させる効果もあるのだ。パートナー組織の裏切りにも似た策略を見たからといって，当該組織は関係を絶つといった反応にただちにでるとは限らないのである。いやむしろ，将来的にはより良い行動をとってくれるであろうということを示唆するような時間に関する議論を，当該組織は生み出すかもしれない。

連結構造に関する記述が重要なのは，組織がどのような関係を築くかがそれによって左右されるからである。協働の形態，関係に割り当てられる価値，関係の拠り所としての信用，関係に対する期待という意味での構造，関係に関する時間的な視野，こういったものを記述が提示することで，組織が今後の関係構築に備えたり，実際に構築したりすることがまさに記述によって可能になるのである。しかしながら，これまでに述べたことから，組織間の諸関係に関する記述は2つの組織間で決して同じではないということが分かろう。というのは，協働とは言いながらの「独り善がりの関係」の多くが，失望，短期志向，信用の欠如，マイナス思考，などに満ち溢れた状態にしてしまうからだ[33]。マネジメントの研究者の多くがそういった事実を，「情報のやり取り」が増えることがこうした問題を軽減するとか，たとえば戦略的提携とか企業合併などに関する情報を相互に利用して計画を共有することが，互いのパートナーがそれぞれ提携の背後にある意図をもっと良く知ることになる，といったように捻じ

曲げてしまうのである[34]。記述とは，組織の言語化から生じるものであるがゆえに，ここで論じた4つの次元すべてにおいてかなりダイナミックなものであり，完全に固定化されるということはまずない，ということが問題なのである。象徴的な出来事，責任，資源配分，コントロールに関する哲学，などが書き留められた計画書の中に，関係は構築されるのである。だが，テキストとしてのそうした計画書は，知のシステムとしての組織の環境に属するものである。よって，計画書とは，知のシステムとしての組織およびその連結構造を構成する果てしなく続くダイナミックな会話を，勢いづかせることになるかもしれないまさしくデータなのである。

著者であるわれわれの意図はこうした問題に対する十分な回答を本書で提示することではない。とはいうものの，何かしら解決策の輪郭ぐらいは見て取ることができるはずだ。計画するという行為は，企業で会話という形態を必要に応じて引き出すための訓練のようなものとみなせる[35]。ゆえに，提携関係にある各企業から集ったメンバーらによる計画に関する会話は，彼ら自身の手による自律的なユニット（訳者注：units）を形成する。そしてそのユニットの存在によって，組織間の関係に関する記述を展開できるようになる。そのような「会話を行なうユニット」は，トップマネジメント・チームのメンバーらによって形成される場合もあるだろう（実際そのようなケースは多い）。だが，トップからなるユニットは双方の組織に存在する唯一の会話を行なうユニットではないので，連結の構造を規定することはできない。それよりもむしろ，共同のマーケティング，共同の製品開発，共同の生産，たとえばこのような活動を分析したり計画したりする会話を行なうユニットが，双方の組織間による共同の知の展開を始動させるよう，できるだけ早いうちに形成された方がよいのである[36]。加えて，双方の組織間の関係の性質をよりよく理解するためにも，マネジメントに携わる者はこうした活動の周縁でよく起こっている会話に目を光らせる（観察する）べきなのである。

読者諸氏はここにきて次のようなコメントを発したくなるかもしれない。「どうして会話を観察することにそこまでして心を砕くのか？　双方の組織のマネジメント層が，お互いの関係にとって，構造，（訳者注：継続）時間，価値観などはどうあるべきかとか，相互の信用を築き上げるにはどうしたらよいか

ということに同意しているとしよう。その場合まさに問題となるのは、そうした同意事項を組織のその他のメンバーに伝えられ、彼らに同じ見方をさせられるかだ。」このようなコメントは表象主義者の見解に基づいたものである。つまり、関係のあり方についての正確な表象はマネジメント層が与えることができ、さらに組織のその他のメンバーはこうしたマネジメント層が与えた表象を正確に表象することができる、という見解である。

　他方、こうした表象主義に基づくコグニティビストの考え方に固執する度合いを緩めて、組織メンバーが関係について会話をする時には、世界は絶えずすべてのスケール上で生み出されているのだとの考えに立てば、次のような表象主義者に固有の問題が見えてくるであろう。「正確な表象」とは、まさに世界はどのようなものかという究極の表象と同じく、捉えられるものではないし、組織の他のメンバーにたやすく伝えることができる代物ではない。表象の担い手としてのマネジャーが（たとえば組織メンバーは関係の中で各自どのように働くべきかといったようなことに関して）可能な限り最高の表象を得ようと努めている間も、会話は必ず進行していて、新たな問題や、関係の中に芽生える新たなチャンスやチャレンジの機会、新たな価値、新しい観察、などが生み出されているのである。さらに、表象の担い手としてのマネジャーが自分には表象を行う優れた「力」があると感じているような場合には、関係を観察するのに皆が使うまさにそのツールとして、彼は組織の他のメンバーに自分の表象を差し出したり、またその「普及に努めたり」するだろう。この手のコミュニケーション手法は、リアリティーをしっかりと焼きつけるという点で重要なのではなく、組織でいっそう会話が行われるように、これまでと違う観察方法やテーマを取り込むという点で重要なのだ。たとえば、会話や議論の中には、状況を間違って把握しているとか、関係を適切に表象していないと思われる事柄の周縁に集まってくるものもある。

　ここで、新しいオーガニゼーショナル・エピステモロジーなるものを適用する場合に、組織が見せる真にダイナミックな姿について考察することにしよう。われわれは組織と環境との関係を安定した契約上の形態という観点から考察できる[37]。また、組織のリアリティーを表象するものとして、特定のテキストやステートメントを囲い込むという選択もできる。だが、そうする際に、わ

れわれは自分自身の観察スキームを組織に当てがう観察者として行為している，のもまた事実である。そうは言っても，そろそろ組織の特徴である変わり易さとダイナミズムについて記述する用意もすべき時である。それは，組織とは社会の組織知のシステムでもあり個人の組織知のシステムでもあり，この両システムとして展開するものだからである。これまで本書で提示してきた観察スキームに従えば，組織によって記述されたものとして環境を観察できるようになる。ゆえに，そうした記述されたものとしての環境とは，組織を構成する広範で，複雑で，絶え間なく変化する会話のパターン次第で変わるものということになる。

注
1 たとえば，Olsen（1977）などがある。
2 「客観化する」とは，ここでは，社会システムのその他の参加者がそれをさらに掘り下げたり調べたりできるよう，ある事柄を個人的な経験の範疇外のものとすることを指す。Berger and Luckman (1966), Berger (1981) を参照されたい。
3 たとえば，認知マップのテクニックを援用する研究者は，企業の年次報告書のようなものを当該企業の組織知の表象物と考え，そうした組織の出版物を分析の対象とする。これについては，Huff (1990) を参照されたい。さらに，独創的な研究である Nelson and Winter (1982) も参照されたい。この Nelson らの著作では，組織知とは組織ルーティンの文脈の中でこそ理解できるものだとされる。Fiol (1990) は，組織知の研究に記号論を導入することで，テキストの特性に対する感度という問題を特定の事例でもって説明している。
4 Walsh and Ungson (1991) は，組織のメモリーという概念について広範に論じている。
5 Luhmann (1986).
6 ここで注意して頂きたいのは，書くこと（writing）との関連でスピーチ（話すこと）を理解するというやり方を今ここですることによって，一方に対する他方の優越を示唆するようなヒエラルキーの問題を持ち出そうとしたわけではないということである。前章と比べてボリュームの少ない本章で書くことの方にどちらかというとウエイトが置かれることになるのは，紙面のスペースの問題と著者である我々の洞察の方向性の問題とに起因しているだけだ。とはいうものの，フランスの哲学者 Jacques Derrida が先導した脱構築主義のことをわれわれはよく知っている。彼の企図は，テキストとスピーチ，書くことと話すこととがどちらも西洋哲学において同等のステイタスを得るような，「書くことを科学する」という概念を創出しようということである。だが，彼が最も主張したいことは，テキストとは所与のリアリティーとは異なり自律性を獲得している，という本書の理論的パースペクティブから導出される考え方と大変似通っている。テキストを表象されたものとする考え方を棄却するということは，Derrida が示唆しているように，テキストの読み手に対してある種のチャレンジを要求することになる。よって，Derrida は有名なものもそうでないものも含めて，これまでのテキストの最初の優れた批判的読み手ということになるのだ。脱構築のシステマティックなプロセスを通して，テキストの隠れた意味をひも解くこと，これが彼の狙いである。Derrida は，著者というものが，いかに自らの手を離れ独り立ちしようとする意味に自縄自縛されたり拘泥したりするものなのかに気付かせてくれる。Derrida の著作と脱構築主義運動のより詳細については，Derrida（1978 および 1988），Taylor (1986) を参照されたい。組織理論における脱

構築主義の例としては，March and Simon（1958）の *organizations* の脱構築を試みた Kilduff（1993）を参照されたい。Derrida の研究は組織理論に対して様々な意義を持つという事実が，より多くの研究の中で十分に理解されなくてはならないと思う。

7　Winter（1987）を参照されたい。

8　文学研究のフィールドにおいて，Italo Calvino（1990）はタイトルの設定プロセスの解明に大きく貢献した。またCalvinoは，そのプロセスが，テーマやストーリーを練り上げるための著者のイメージとかアイディアといったような，著者自身が（したがってCalvinoが自己言及的に）経験するものと，いかにかけ離れたものであるかを理解することにも大きく貢献した。次の文章がその点について説明してくれる。「あるストーリーを創作する際に，まず私の心に生じるのは，なんだかの理由で意味に満ち溢れていると私に感じさせたあるイメージである。この時，そうした意味を，私が論証できる言葉や概念化できる言葉で系統立てて述べることができなくても構わないのである。イメージが私の心の中でかなりくっきりするとすぐに，私はそれをストーリーへと展開し始める。…その際，類推したり，調和について考えたり，対比したりしながら，それぞれのイメージの周縁に別のストーリーが浮かび上がってくるであろう。今やここに至っては，ストーリー展開に秩序や意味を与えようという私の確かな意図は，もはや簡単に視認できるものではなくなり概念的なものへと変質を遂げた，創作のための数々の素材の中に入り込んでいるのである。…時を同じくして，書くこと，すなわち言葉からなる成果物がいっそのこと重要になってくる。私が原稿にペンを走らせ始めた瞬間から，まさに重要なことはどのような言葉が書かれるかであると言えよう。…これ以降，最も似付かわしい言葉の表現を駆使してストーリーを導いていく役割を担うのは，まさに書くことであろう。また，当初の視認できたイマジネーションは，すでに付随的な役割へと後退している。」（Calvino（1992，89ページ））したがって，書くということは，すでに形成されている考えを再び提示するというような半ば自動的なプロセスではない。むしろ，イマジネーションの賜物であり，徐々に変質もするし，はたまたイマジネーションを左右することもある，そういうプロセスが書くということなのである。さらに，Calvinoは，書かれた言葉はそれがいったん読まれたなら，その言葉に対するイメージを生み出すとも言っている。

9　Becker（1991，229ページ）．

10　このことは，スケールの問題，すなわち両者に対応できるような「言語化に関するスケール」の必要性の問題と解釈することも可能である。

11　このため，Jacques Derrida（1978；1988）のような西洋の思想家の多くが，書かれたものよりも話されるもの（スピーチ）の方が優れているとの仮定に立つ。即時性こそが，起こるかもしれない誤解や不透明性という問題の解決策であると考えてきたのだ。

12　テキストとスピーチとの違いを示すために，ここではSchutz（1970）からイタリックで書かれた言葉を引用している。

13　Schutz（1970）．

14　March（1988）を参照されたい。

15　Luhmann（1990，253ページ）．

16　こうした問題やイベントの類は，いかなる世界観もとどのつまりシステムを取り巻く環境に依存するという伝統的なオープンシステム観の範疇のものであることに留意されたい。だが一方，オートポイエーシス・システムの理論的アイディアに従えば，組織が行なう観察についての記述の中に必ず自己記述が見い出せることになる。この点についての詳説は，Luhmann（1987）を参照されたい。

17　一般プロセス論の組織理論の分野や戦略プロセスの研究への応用に関する詳細については，Van de Ven（1992）を参照されたい。

18　たとえば，戦略計画のプロセスに関するPeter Lorangeの著作（1980）を参照されたい。

19　Luhmann（1990b）.
20　P. Kennealy（1988）における Teubner の引用。本書第2章の議論を参照されたい。
21　Teubner（1991, 133ページ）。ここで Teubner は Luhmann についてもかなり引用している。
22　「関係のあり方」に対するまた別のパースペクティブとして，Teubner（1991）を参照されたい。
23　協働にかかわる戦略についての詳論は，Lorange and Roos（1992），von Krogh, Sinatra, and Singh（1994），Wathne, Roos and von Krogh（1994），それから，協働戦略と知の移転に関する *International Business Review* の1994年特別号を参照されたい。
24　Hirsch（1978）.
25　Blau（1964），Rempel, Holmes and Zanna（1985）.
26　Luhmann（1979）.
27　Heimer（1976）.
28　信用という問題を戦略的選択との関連で学術的に取り扱う研究として，Huemer（1994）を参照されたい。
29　Niklas Luhmann の理論とは，基本的には反構造主義的なものである（King, 1993）。ゆえに，Luhmann は，構造とは本質的に社会的期待と関連するものである，という彼自身の解釈を披瀝してきた（Luhmann, 1982, 1986；Deggau, 1988）。
30　これは，March and Olsen（1975）の「迷信的学習」という概念と関連している。しかしながら，March and Olsen は，組織のすぐれた環境表象能力に依拠している，ということを再認して欲しい。この能力が劣っていたり，欠如していると，間違った表象をしてしまい，結果として迷信的な学習が生じてしまうことになる。本書で主張したいことは，環境は表象されるものではなくて創出するものだとの前提に立ち，*組織とは関係についての記述を，観察結果とマッチするようにではなく，組織の期待するものとマッチするように改竄してしまうものだ*，ということに組織自身が「気付く」その様子についてなのである。
31　Mintzberg（1989）.
32　こうした問題は，パートナーが時間をかけて形成してきた相手方企業に対する「イメージ」ということとも関係するだろう。
33　Meeks（1977）の研究を参照されたい。
34　たとえば，Lorange and Roos（1992），Hamel（1991）を参照されたい。
35　この手の議論は，量的にも少なくないしまた質的にもバラエティーに富んだ，経験主義とその理論に基づく研究書において地位を確立してきた。たとえば，Lorange（1980），Westley（1990），Chakravarthy and Lorange（1991），Gioia and Chittipendi（1991）といった文献を参照されたい。
36　これは，スウェーデンの家電製造企業 Electrolux 社がイタリアの白物家電企業 Zanussi 社を買収した際に行なった，買収後のマネジメント手法の話と酷似している。Electrolux 社は双方から集った様々な分野の専門家からなるタスク・フォースを設置した。このタスク・フォースの目標は，新たな生産技術の導入とかセールス部門の立て直しなど，Zanussi 社の業務方法を改善するものがほとんどであった。このケースについてもっと詳しく知りたければ，Sumanthra Goshal and Phillipe Hapseslagh によるケース研究「Electrolux-Zanussi」（INSEAD-CEDEP）を参照されたい。
37　たとえば，取引コストの経済学やエージェンシー理論（Williamson, 1975）といった術語を用いて説明できる。

第 8 章
組織知の展開の妨げとなるもの

妨害の3要因

　組織とはいかにして，またなぜゆえ知るようになるのか，というオーガニゼーショナル・エピステモロジーなる領域を本書は取り扱ってきた。本書で詳述したオーガニゼーショナル・エピステモロジーでは，知の展開とは，自己相似的な方法で，また，すべてのスケールで，言語化によって組織にもたらされるオートポイエーシス的なプロセスであるとみなされる。ここに至って，こうした知の展開のプロセスを妨げる可能性のあるものとは何だろう？　と自問自答する読者諸氏もいるであろう。本章では，組織知の展開を妨げる以下の3つの要因を指摘しておこう。
- コミュニケーションの非作動
- 同意にとっての障壁
- 自己相違

コミュニケーションの非作動

　現行の考え方によると，組織とはたいてい「頑健な」ようだ[1]。従来の組織観は次のように簡約できる。つまり，組織が拘泥する確信，パラダイム，世界観などは，当の組織が低収益であっても長期間存続しうるということだ[2]。新しいマネジメント層がやってきたり，危機的状況に置かれたりしない限り，すでに確立されている知の構造が変えられることはめったにない[3]。だが，組織とは本当にこんなにも頑健な存在なのか？　資源配分の決定，トップ・マネジ

メントの採用，財務成績，というようなレベルの話では，おそらく組織は文字通り頑健なシステムの特徴を示すに違いない。しかし，組織における知の展開というスケールの話では，従来の組織観は補足される必要があろう。

第6章および第7章で見たように，組織において知が展開するためには，コミュニケーションが不可欠である。言語ゲームが行われるのも，新しいテーマが伝えられたり捜し求められるのも，誤った理解が明らかになるのも，すべてコミュニケーションによるものである。コミュニケーションが機能しないならば，知は組織において展開しないだろう。だが，このようにコミュニケーションに依存することが，知の展開に関して組織を脆弱なものにしてしまうのもまた事実である。

社会システムにおけるコミュニケーションは，あってしかるべきものではなく，むしろ例外つまり最も起こりそうもない事象と考えるべきだ，と Niklas Luhmann は「コミュニケーションの非作動」というタイトルの小論で述べている[4]。われわれは当たり前のことと言ってもよいほど，日常生活で「コミュニケーション」を経験しているが，実際にはコミュニケーション[5]が生じるのはまれなことであり，生じたとすればそれは極めて貴重なことなのである。コミュニケーションがまれなことであり貴重なものだとする理由が少なくとも3点ある。第1に，人の認知はオートポイエーシス的すなわち自律的なものであるので，他の人が意味するところを理解するということがごく自然な営みであると考えてはいけない。われわれは同意するということはあるが，同意するということと理解するということは必ずしも同じではない。

第2に，コミュニケーションすなわち知の展開は，時間と空間とに束縛されるものである。それぞれの状況に存在している当該グループを超えて，コミュニケーションが到達したり，そこで知が展開したりということはあり得ない。また，各グループに適用されるコミュニケーション・ルールの存在もある。たとえば，先生と生徒間や，上司と部下間に存在する礼儀というルール，などである。コミュニケーションに関心が持てないとか，コミュニケーションを継続しようとする意図がないとか，こうしたことを伝えるためのコミュニケーションというものもあるのでコミュニケーション自体が全くストップするということはない。ところが，このように考えてはいけない。しかしいずれにしても，

フォーマルなものであれインフォーマルなものであれ，ルールが，今ここにいる人々のグループを超えて，別の参加者をコントロールすることはできない。

　第3に，コミュニケーションや知識が理解されたとしても，受容者がそれに同意するとは限らない。それはまた，ある人がメッセージを良く理解すればするほど，その人はそれと完全に対抗する議論を行なうのに必要な主張，根拠，論拠をいっそう準備するようになる，ということでもあろう。逆に言えば，それはもちろん，メッセージが理解されていなくても，それに同意している旨は伝えられるということである。このように，知の展開は妨げられることもあるのである。つまり，メッセージを受容する者はそれに同意はするかもしれないが，与えられたメッセージに何も付言しないかもしれない。これは，知のシステムとしての組織のもろさを示す「リップ・サービス（訳者注：口先だけの賛意）」の究極の形態である[6]。したがって，組織知の展開の研究では，「理解」と「同意」とを決して混同すべきではないのである。

同意にとっての障壁

　ここでは，組織知の展開を妨げるものを3つに分けたように，同意にとっての障壁も3つに分けて考えてみよう。これら3つに分類されたそれぞれの内容は，異なるスケールでの論拠とみなすこともできよう（第6章参照）。

　同意にとっての障壁の第1の分類は，実施手続き，お役所的な事務処理，会計原則，品質管理の手続き，情報システム，組織のルーティン，などのフォーマルな手続きやフォーマルに受け入れられている理屈である。一般消費財産業のとある大企業で，新入社員たちが社内連絡メモの書き方のトレーニングを受けている。つまり，メモは1枚が簡潔で良く，適当な余白があって，フォントのタイプと大きさもそろっていた方が良い，等々である。このように書かれていないメッセージはフォーマルなものとはみなされない，というのがしきたりである。

　ある組織では，フォーマルな分析ツールが知の展開の主な障害物となっている。たとえば，有名なボストン・コンサルティング・グループが開発したポー

トフォリオ・マネジメントのための BCG マトリックスを利用するということは，それがフォーマルな障壁となるのだ。つまり，戦略的ビジネスユニットと呼ばれる各戦略的事業単位は，「花形」，「問題児」，「金のなる木」，あるいは「負け犬」と単純にそれぞれ分類分けされこのようなラベルが貼られなくてはならなくなる。

　同様に，ことに有用で価値のある知識やスキルを体現することで知られるいわゆる専門家は，フォーマルな障壁となる。スカンディナヴィアのある化学品メーカーでは，たった一人のチーフエンジニアが，特定の生産プロセスに関連した，すべての数学上の計算をフォーマルな手続きとして担っている。この人物はもともと非常に秘密主義者であり，他の組織メンバーから自分自身や自分のノートなどを人目につかないようにしたがる。みんな彼の数学の才能を賞賛しているが，彼の仕事のプロセスに参加したりそれを観察することすら他の誰も許されてはいない。実際に，やがてこの男は現代版「祈祷師」になってしまった。つまり，彼はすべての手続きを一人で処理し，そのことゆえに尊敬されてもいたので，明らかに知識も豊富であったし，企業にとってなくてはならない人物であった。だが，まさに彼が何をしているのかとか，どうやってしているのかを知っている者は誰一人いなかったのである。この企業では，彼以外のほかの誰かがその計算とそれに関連したフォーマルな手続きを引き受けて処理することができるなどとは考えも付かなかったのである。つまりは，こうしたフォーマルな手続きやフォーマルに受け入れられている理屈を参考にしたり，あるいは参考にするだけでなく具体的に使ったり援用したりすることによって，個人の知識が制度そのものになってしまうこともあるのだ。

　同意にとっての障壁の第 2 の分類は，組織における*神話*，*物語*，*金言*，*伝説*，*座右の銘*など，いわば原初的理論の類である[7]。こうした原初的理論の典型例として，とある地方新聞社のトップ・マネジメントが次のような提案に対して反応するかどうかということがあげられよう。その提案とは，*わが社は以前に投資を試みたことがあるが投資など上手くいかないということを今では分かっている*，とのステートメントが存在するにもかかわらず，あるテレビ局に投資すべきだという彼らへの提案である（もちろん，読者は今ではもう，そのようなステートメントはオートポイエーシスおよび自己言及によって説明する

ことができるということをご存知のはずだ)。同様に，格言や座右の銘なども また知の展開にとっての大きな障害物である。何年か前に，ヨーロッパのとある巨大素材メーカーの取締役会は，魚類加工産業からある新しい CEO を起用した。新 CEO はビジネスの 10 年サイクルという格言の受け入れを拒んだ。それに代わって，彼はビジネスの 5 年サイクルに基づいて企業戦略を展開した。それは彼が出身の魚類関連の産業での常識であった。その結果一方では，10 年サイクルの世界観によって押さえ込まれることがしばしばあった新しいアイディアの台頭が許された。だがもう一方では，5 年サイクルの世界観がそれに依拠しないアイディアにとってのフォーマルな障壁となってしまったのである。

フィルム産業のある有名な企業では，創業者の伝説が強大な影響力を持っていて，それが新しいアイディアの社会化すなわち知の展開をたびたび妨げていた。そんなことを創業者が聞いたら草葉の影できっと嘆くに違いない，という決まり文句によって，マネジャーたちによる多くの提案が退けられてきた。同じように，ビジネススクールの多くで，*実務家は理論を好まない*，という原初的理論がはびこっている。このことを明確に示しているのが，ほとんどの MBA スクールや管理者養成プログラムでは，純粋に理論的な議論よりも，「日常的な問題の解決法」のためのツールの開発にほぼすべてのエネルギーが注がれているという事実である。たとえば，本書が (お決まりの) ビジネススクールでの (お決まりの) 管理者養成プログラムのためのフォーマルな読物であると思わせるのは無理があるだろう。しつこいようだが，オートポイエーシス理論に沿って考えると，言動とはすべて伝統から生じていると考えられる。

同意にとっての障壁の第 3 の分類は，「あらゆるものを*適切な場所に収める作用のある組織のパラダイムや世界観*[8]」である。このことを説明するのが，受容可能な企業行動としての産業特定的処方箋[9]という Spender の概念である。パラダイムとは，組織における最高次元のスケールでの論拠に相当するものと考えることもできる。

「パラダイム」がフォーマルな障壁となる典型例が，市場占有率と投資収益率との関係である。市場占有率が増大すれば投資収益率も増大する，と両者の関係を直線的なものとマネジャーが確信して止まないような企業もある。その

一方，増大するシェアに対して減少する収益率という関係のタイプや，減少するシェアに対して増大する収益率という関係のタイプなど，どのような関係のタイプを自認するかは，企業や産業またマネジャーによってまちまちである。どのようなパラダイムかはともかく，パラダイムとはフォーマルな障壁の源，いわば主張に対する論拠（第6章を参照）として機能することがある，というのがここでのポイントである。したがって，今問題とされた市場占有率と投資収益率のパラダイムによれば，たとえば市場占有率を増大させるような新製品のアイディアが提示されなければならないということになる。

将来の成功をかなり左右する要因を意味する，業界での「成功のカギ」という考え方に傾倒する組織やマネジャーも存在する。このような要因も，「こういうことに対してはこういう風に対処すべきだ」ということを説明するという意味で，パラダイムの一つであるとみなせる。組織メンバーが提起する提案やアイディアはすべて，こうしたフォーマルな障壁つまり知の展開にとっての潜在的妨害を潜り抜ける必要がある。

自己相違

本書で提示したエピステモロジーの重要な性質の一つが自己相似性である。すなわち，オートポイエーシス・プロセスはスケールを横断して相似であるということだ。組織が知を展開する方法は，SBUが知を展開する方法と相似である。さらに，SBUが知を展開する方法は，グループや個人が知を展開する方法と相似である[10]。他方，分析の対象となるユニットにあてがわれるこれまでのスケールは，コグニティビズム（訳者注：認知主義）とコネクショニズム（訳者注：結合説）の築いたものに基づいている。だから，本書では新しいエピステモロジーのための新しい独自のスケールを開発する必要があるのだ。したがって，どんなスケールが利用されるのかということだけでなく，こうしたスケールの範囲の問題も含め，エピステモロジーという研究テーマに内在する固有のスケールが明確にされる必要がある。

知の展開のプロセスがスケールを横断して*相違*であるならば，ここではそ

れを自己相違と名付けることにするが，その場合組織知の展開は妨げられると言える[11]。実際，自己相違はけっこう簡単にお目にかかる代物である。また，自己相違は，あるトップマネジャーの次のような主張に端を発する組織知の展開が何を意味するのかを教えてくれる。

> 新しい企業では，未来と現在とが上手く融合されなければならない。…この「二重性」は，実際のところ組織のラインのかなり下層には関係ないことだし，関係させるべきでもない。ラインの下層の人々が企業の将来像をあれこれ考える必要以上の機会を与えてはいけない。というのも，彼らはルーティンな反復作業に本来集中すべきなのである[12]。

たとえば，戦略デザインのプロセスに関する伝統的なパースペクティブは，自己相違がどのようにして知の展開を妨げるのかを説明してくれる。ビジョンやミッションの設定から始まって，戦略目標の策定を経て外部環境や内部資源の様々な分析へと進み，実施のための作業計画へ向けてそれぞれの結果を考慮した上で代替戦略間での選択を継続していくという，合理的・分析的アプローチの周縁にそうした戦略デザインのプロセスは集中するのが常である。戦略をデザインすることとは，概念的なプロセスであり，フォーマルなプロセスであり，分析的なプロセスであり，構想力のプロセスであり，メンタルなプロセスであり，創発的なプロセスであり，パワーのプロセスであり，イデオロギーのプロセスであり，消極的なプロセスであり，様々なエピソードが関与するプロセスでもある[13]。同じ種類のプロセス（たとえばフォーマルなプロセス）が，個人，2者関係，グループ，部門，SBU，組織全体といったように，組織の各レベルで同じように適用される，これが自己相似的な戦略デザインということである。自己相違的な戦略デザインとはこの反対である。ではこの原理・原則について説明しよう。

最近とある大企業でトップマネジメント・チームによってビジョンが表明された。それは，財務に対する責任，従業員に対する責任，消費者に対する責任という3つの責任の次元に焦点を当てたものであった。その目的が，すべての組織メンバーをビジョンに従って行動するように仕向けるということは明らかであった。したがって，その意図するところは自己相似的な原則を創出するこ

とであったと言える。つまり，その根源的な原則が意味するところは，組織のすべてのレベルで相似であるべきだということである。しばらくすると，そうしたビジョンの表明は末端の階層には実際には知られていないばかりか，組織メンバーの間で笑いの種にもなっていたということが誰の目にも明らかになった。したがって，ビジョンの表明という形で具現化された原則は，スケールを横断して相似ではなかった，この場合は階層レベル間で相似ではなかったということである。また，ビジョンの表明がマネジャーによって意図的に歪められるケースもあったので，この場合ビジョンの表明は*実質的*に自己相違になったのである。

　組織には言葉に意味を付与する，言葉の使用に関するルールが存在する（第6章を参照）。こうしたルールとは，言葉が出来する社会的コンテクストに左右される。たとえばある組織で，「戦略」という言葉をフォーマルに使用することは，トップマネジメント・チームが行う議論と彼らが使用する文書に限られる。また別の（科学関係の）組織では，「フラクタル」という言葉を使用するのはやめることにし，かわってメンバーは「レベル」という言葉を使用するようになった。言葉の使用に関するルールとはダイナミックなものである。とりわけ，フォーマルなコントロールがあまり発揮できないような企業ではとくにそうである。マネジャーは，古い弁別を捨て去ったり，新しい弁別を導入したり，新しい状況に対して古い弁別を用いたり，言葉を新しいコンテキストに当てはめてみたり，仮の弁別を行ってみたり，などということが頻繁にある。個人やグループは，他の個人やグループの行為に影響を与えるような自分自身の言語を発展させる。言語に関する慣例・しきたりとも言えるルールが，個人，グループ，部門，組織全体の間で異なるようならば，その場合組織知の展開は妨げられることになる。他方，スケールを横断して相似であるということは，複雑性を削減し組織知の展開を後押しすることになる。

　要約すると，本章で論じられた問題とは，会話に話題自体が持ち込まれるのを妨げる，組織の言語化を妨げる，理解はしているが同意を妨げる，という3点である。このように，本章で論じられた3つの問題点は，いずれも組織知の展開にとって妨害となるものである。

注

1 たとえば，1993年にシカゴで開催された戦略経営学会の研究発表大会で，Kagono, Gupta, and Bambhri らによってプレゼンテーションされた，「頑健な組織」という概念がある。
2 Meyer and Zucker (1989).
3 本書第2章を参照されたい。さらに，Prahalad and Bettis (1986)，Hedberg (1981) も参照されたい。
4 Luhmann (1990b).
5 Luhmann のコミュニケーションの定義を巡る議論については本書第4章を参照されたい。
6 このことについて関心のある読者は，優れた説明として，BBC の TV シリーズ物である *Yes, Prime Minister* をご覧頂きたい。
7 Berger and Luckman (1966).
8 Berger and Luckman (1966, 116ページ).
9 Spender (1989).
10 本書で提示されたエピステモロジーはいろいろとスケールできる。つまり，すでに知の具現化について議論してきたこともあり，*弁別*する際には，分析の対象となるユニットを，自然とスケールダウンしていくことになるということが分かる (von Krogh, Roos and Slocum, 1994)。
11 この議論は Anderson (1977) に基づいている。
12 Heineken 社の財務担当重役 Beks 氏の言葉で，Abell (1993, 18ページ) から引用。
13 Mintzberg (1990).

第9章
オーガニゼーショナル・エピステモロジーの未来

方法論

　ロジックとエピステモロジーは方法論に関して枝分かれした2つの小枝のようなものであり，言ってみれば，哲学の問題にかかわる大分水嶺のようなものである。こうした捉え方はすでに披瀝されたので，次に考えたいこととして，本書で展開されたエピステモロジーから，組織研究やマネジメントの方法論に関してどのような意義が浮かび上がってくるであろうか？　新しいエピステモロジーという考え方は，最高次元のスケールでの新たな研究の方法論の可能性を暗示している，という一文にその問いに対する答えが見て取れる。知の解釈方法は知の獲得方法と相互に密接に関連しているので，本書のような反表象主義者の立場に立つオーガニゼーショナル・エピステモロジーは，マネジメントおよび組織研究の基本的な「研究ロジック」を考え直す必要を迫る。

　本来の研究領域で認知に関する表象主義者の一般的な見解が広く採用されているように，マネジメントおよび組織研究においても，表象主義者の研究ロジックが跋扈しているという事実は驚くにあたらない。次のような異質なロジックを利用した場合とそのインパクトについて考えてみよう。「経済ベースのロジック」（たとえば，ある国特有の優位性[1]），「産業組織ベースのロジック」（たとえば，産業に通有の戦略[2]），「資源ベースのロジック」（たとえば，能力の形態[3]），「行動ベースのロジック」（たとえば，ドミナント・ロジック[4]）などである。本書で新たに提示されたオーガニゼーショナル・エピステモロジーは，オートポイエーシス理論，知の具現化，スケーリングに基づいている。これらは従来のものとは異なる哲学的前提に依拠しているので，マネジメントと組織研究に上述のように表象主義者のロジックを適用するのは適切で

はない，ということになる。

　新しいエピステモロジーなるものは，研究者が用いる理論のタイプを決定付けてしまうことがよくある，確信とアイディアの拠り所について今一度考え直すことを暗示している。それでは，「表象主義者のスタンスに立った」マネジメントおよび組織研究での，確信の拠り所とは一体どのようなものなのか？　マネジャーの言うことが拠り所なのか？　それともある種の普遍的な原理・原則から導かれる抽象的な推論であろうか？　触覚，嗅覚，聴覚，視覚，味覚といったような感覚的な経験であろうか？　ほんとに単純に研究者の直観か？　経営の結果か？　あるいは，証明できるようでできないようなそんな類の命題なのか？

　著者であるわれわれは本書で，知の具現化ということと，スケールに基づくオートポイエーシス・プロセスとしての知の展開，この2点を強調してきた。このことが確信の拠り所に関する思索の扉を開いてくれることになる。他人の言うこと（たとえばインタビュー），異なる感覚的な経験（たとえば，参与観察法），実地の活動（たとえば，アクション・リサーチ）等々は，研究者のオートポイエーシス・プロセスにまさしく不安の種を蒔くのである。研究者の自己言及的な知の展開のプロセスと，彼もしくは彼女の自己言及性における「結合可能性」の範囲とに取り込まれるためには，こうした不安の種はどれくらいのインパクトのものがよいか，これが大問題である。研究者の成果物であるテキスト，それはたとえば本という形態をとるが，それはまさに読者のオートポイエーシス・プロセスに対して蒔かれる不安の種そのものである。ちょうど今読んでいるこのセンテンスは読者であるあなたにとっての不安の種なのである。組織研究という領域内で知見を得るためにわれわれはどのような拠り所としての基準を用いるべきかということは，われわれがまさに今研究している（自分が構築した）リアリティーの性質に左右されるのだ。その基準はロジックと呼ぶには程遠いものなのか？　それとも何かイベントのようなものなのか？　同じように，マネジメントおよび組織研究において知を解釈する方法は，自身の価値論と関連しているばかりではなく，自身が基本特性とみなすもの，つまり今述べた類の「本質的な拠り所の問題」とも相互に関連し合っているのである。

組織知を研究するに際して

　（形式的なまたは暗黙的な）知（「能力」,「才能」,「素質」,「ノウハウ」と言ってもよい）を探求して研究者が組織の問題に入り込もうとする場合，その研究者は整合性のある 1 次元, 2 次元, 3 次元それぞれのユークリッド空間という二千年の伝統をすでに持ち合わせている。一次関数（線と面），または面積や体積（円，球，三角形，円錐）によって，組織知および知の展開について考えるということに関しては，ある種プラトン哲学の臭いがする。それは次のような疑問に表われている。知の（空間的）次元とは何か？ 知のサイズはいかほどか？ どのようにして知はつかまえられるのか？ どのようにして知は（2 次元または 3 次元で—それ以上はないが）測定されるのか？ 知はどれくらい濃厚か？ 知はどれくらい深遠か？ 知はどれくらい長く続くのか？ 知はどれほど大きいのか？ もちろん，こうした疑問は研究者が提起する最も根源的な疑問のうちの一部である。

　さらに，研究者は近現代の言葉を使用することもよくある（そしてこの近現代の言葉は逆説的に聞こえるかもしれないが，Euclid の残した古い遺産とかなり良く調和するように思われる）。そのことは次のような疑問に見て取れる。どのような知が*発見される*のか？ 知の*繰り返し生ずるパターン*とは何か？ 知に関する*客観的で公平な見方*とは何か？（独立変数の時間に関する優先順位に基づく）*知の因果*とは何か？ どのような*普遍的な知のパターン*が存在するか？ どうすれば知を*観察する*ことができるか？ どうすれば知を*測定する*ことができるか？ どうすれば知についての*多様な解釈を整理・分類*することができるか？ こうした疑問は研究者が提起する最も「自然な」疑問を代表するものであるが[5]，それに対する回答からどんな洞察が浮かび上がってくるであろうか？「組織知」の理解に関して，コグニティビストとコネクショニストのエピステモロジーにおいて明示された「現代の Euclid のパラドックス」は，一体われわれにどんな知恵を授けてくれたのであろうか？ 第 2 章での議論が何がしかの有用な指摘となるであろう。

日常の経験の中で，その性質上ダイナミックで複雑なプロセスに出くわすことがよくある。たとえば，天候，細菌の繁殖，人口の変動，株式市場，管理者の意思決定などである。こうした複雑な自然現象と同様，実験室のビーカーの下で成分を分離させたり，実験用ブラシで作業するようには，（個人のものであれ社会のものであれ）組織知というものを研究できないことは分かっているし，さらに組織知はアンケート調査やケーススタディーで簡単にとらえることができるなどとも考えてはいない。なぜそうなのか？　その理由は，知は世界を生み出すものであり，世界は知によって生み出されるものであるからだ。この物言いを，人は「知」という言葉を使うことでその言葉に意味を付与しているのだ，というWittgensteinの考え方と結び付けてみると，知とか組織知といったことを研究する者は常にやっかいなチャレンジに直面しているということがよく分かる。

そうすると，組織知というものを研究することは可能なのだという何かしら希望のようなものは果たしてあるのだろうか？　ありますとも！　組織知を理解するには，組織の境界，組織のアイデンティティー，組織の自己言及，組織の言語化，こういったことをすべてのスケールで理解することによって可能となる。本書で展開されたオーガニゼーショナル・エピステモロジーからはこのように言える。こうした本書のパースペクティブは，多くの学問研究の後ろ盾となっている，知と情報は同じであるという単純な思考とは対照的なものである。最近の例では，*Strategic Management Journal* の1993年冬期特集号があげられる。本書ですでに言及したがそこでは，「*本質的に，情報と知は互換的に用いられるものだ。*[6]」と述べられている。情報の性質は，「*…戦略的決定を下すためにどのように情報が探索され，処理され，そして利用されるかを確定するに際して，組織にとって最も重要なものであるとみなせる。*[7]」組織は情報処理メカニズムとしていかに機能するのかとか，どんな情報のことを戦略的というのか，こういった問題の領域には，Richard Cyert, James March, Herbert Simon らのような著名なコグニティビストがいる。彼らのパースペクティブからすると，研究の方法論ということは争点になっているとも思われないし，問題とみなされることすらないのではないか。一方，本書のパースペクティブからすると，研究の方法論に組み込まれる諸前提は，他の哲学の前提

がそうであるように，エピステモロジーに固有の前提として他の哲学と同じスケール上になくてはならない。

組織の閉鎖性について

　本書で提示されたエピステモロジーは，組織（の境界）を理解することの重要性を指摘する。組織とはオープン・システムなのか，それともクローズド・システムなのか？　あるいは，スケールにもよるが，オープンであると同時にクローズドでもあるものなのか？　組織研究やマネジメントに関する理論の多くが拠り所とする「伝統的な知恵」が存在するが，中でもインプットとアウトプットの関係に着目したパースペクティブは，数多くの洞察を提供して今日に至っている。少なくとも，それはその手の出版物の数を洞察の表明の数と同一視すればの話ではあるが。広範に浸透しているこのような範疇の研究は，コグニティビストの前提に確固として基づいている。驚くべきことではないし，オートポイエーシス理論の流れに沿って考えれば分かることなのだが，コグニティビストのエピステモロジーはここ数十年で自らの確信のシステムを再産出してきただけでなく，その確信のシステムが自らを再産出する能力をも再産出してきたのだ。そして，おそらくこれからもそうしたことは続いていくであろう。

　オートポイエーシスのパースペクティブからすると，組織とはクローズドであると同時にオープンなシステムでもある。つまり，組織はたとえばフォーマルな構造というスケールではオープンであるし，規範や確信という他のスケールではクローズドである[8]。社会システムをクローズドなものと解釈することによって，コグニティビストの陣営からは詳細にわたって理解することができなかった現象について，数多くの新しい洞察を提供したりそうした現象を説明したりできるようになる。Gomez and Probst (1983) は，カトリック教会を引き合いに出してこの種の閉鎖性に関する有益な例を提示している[9]。

　　絶え間なく変化する環境の下で生き残ってきた社会制度の最良の例はおそらく

カトリック教会であろう。「成功」の秘訣は―カトリックの教義―という一連の強力な確信にある。そして，環境の乱れからこれらの確信を守る制度に関して，確信を脅かすような外部の影響をブロックしたり，まさにシステムの内部からの進化を可能にするのが教皇庁の存在であろう。教皇庁は，オープンであるという印象を与えるために，外部のニーズに応じたマイナー・チェンジを承認するであろう。とはいうものの，聖なるミサの形態を変えるといった場合のように，変更は，最終的には，うわべだけの見せ掛け程度のものにとどまるに過ぎないであろうし，教義の本質部分に手を付けることなどありえないのだ[10]。

　たいていの読者は他の（自分自身の？）組織にこの手のタイプの閉鎖性を見てとることができる。というのも，多くの組織が「より深い」スケールではクローズドなのに，表面上のスケールではまさにオープンのように思われるからだ。組織の閉鎖性は，「企業文化」，「分権化」，「秘密裏の研究開発部門」，「社内ベンチャー」，といった類のものに焦点を当てるような，組織内部の自律性に関する従来型の議論の範疇では語れないようなまさにスケールの問題なのである。したがって，組織のオープンとクローズドの同時性についてもっと理解することにより多くの研究がつぎ込まれる必要があると言いたい。
　通常，マネジメントや組織研究のような領域では，物事の見方，問題提起の方法，問題を重大なものとして認知する方法，こういったものを人々は共有しているとされる。これをパラダイムの共有と呼びたがる者もいるだろう。本書を通じて議論されたコグニティビストのエピステモロジーはまさにこの典型的な例である。このような「告白」は驚くに当たらないし，オートポイエーシスによっていとも簡単に説明できる。つまり，そうしたことはまさに行為における自己言及なのである。アカデミックなジャーナルやビジネスマガジンが扱ったトピックを簡単に概観してみるとこの種の傾向が鮮明に見てとれる。たとえば1994年には，多くの研究者が「リエンジニアリング」というトピックを調査・研究することを告白したようである。さらにそれほど前のことではないが，全社的品質管理というトピックもあった。
　研究者は認知に関する新たなドメインへ向けて頭の中での小旅行に取りか

かったり，パラダイムを変えることに着手したりする時が今まさにやってきた。また，研究者は実際にこれまでとは異なる世界に遭遇することもあれば，そうした世界を自分の手で構築することもある。ここではこうしたことが主張されてきた。このことは，認知に関するこれまでとは異なる実り多いドメインの存在に気付くということだけでなく，そうしたドメインに自らをあえて巻き込むべきだということも暗示している。頭の中での小旅行が不安を伴うものである限り，認知に関してこれまでとは異なる考え方が存在するかもしれないというまさにそうしたアイディア自体が，多くの研究者と経営者にとってよろしくないもののように思われてしまう，ということが問題なのである。本書では，認知に関するこれまでとは異なる一つの考え方，すなわちオートポイエーシスという考え方が存在するということを示してきた。実際に，本書での議論はこれまでのものとは異なる「認知にかかわる文化」[11]への小旅行であった。したがって，著者であるわれわれが強調しておきたい方法論に対する本書の意義とは，研究者がそうした新しいことを怪しげで妙なこととか，時間を費やすに値しないことと考えてしまうのではなく，認知に関しての未知の文化に勇気を持って飛び込んでみる準備をもっともっとすべきであるということである。もちろん，研究者が認知に関しての未知の文化にチャレンジしているようなマネジメントや組織に関する研究の例が多々あるのも事実である。そして，そのような研究のいくつかについては，本書巻末の文献リストに見出すことができる。しかしながら，一つだけはっきりしているのは次に述べることである。*あなたが自分自身で自己構築した科学的な方法論でもって観察を行ない，あなたが自分自身で自己産出した理論でもってこうした観察を記述するとすれば，その場合あなたはそれがどのようなスケールであろうとオートポイエーシスのいう自己言及を逃れ得ないのだ！*

注
1 Hymer (1966).
2 Porter (1980).
3 Roos and von Krogh (1992).
4 Prahalad and Bettis (1986).
5 このような近現代風の研究アプローチは，Rosenau (1992, 8ページ) が「テクノ-サイエンス的で，堕落した，文化規範」と呼んだものである。
6 Cyert and Williams (1993, 7ページ). 彼らは複数の論文からなるこの特集号の中でその一部

を担っているわけだが，彼らの論文はこの特集号の顔でありすべての主張を代表していると思っている。
7 Schendel (1993, 3 ページ).
8 このことは，複雑性の科学でいうところの「創発性」という概念に通じるものがある。
9 Gomez and Probst (1983, 10-11 ページ).
10 こうした閉鎖性の最近の分かりやすい例としては，1994年の6月に世界の枢機卿の139人のうち114人が一堂に会した異例の会合があげられよう。そこでは，その年の9月にエジプトのカイロで開催が予定されていた人口問題に関する国際会議の場で，中絶が合法化されるのをいかに阻止するかが話し合われた (*International Herald Tribune*, 1994)。
11 これは Krishna (1989) による造語である。

第 10 章
新しいエピステモロジーの実例：センコープ社 (SENCORP) のマネジメント・モデル[1]

イントロダクション

　本書のこの最終章では，米国に本社のあるセンコープという企業において過去 13 年以上にわたって用いられてきたマネジメント・モデルについて述べることにしよう。本章は 3 つのパートに分けて考えられている。第 1 に，従来型のマネジメント・モデルおよび理論に共通するテーマを簡単に見てみる。第 2 に，センコープ社の新しいマネジメント・モデルとその展開について記述する。第 3 に，戦略的マネジメントに関してその新たなモデルが何を語ってくれるのかを考える。だがその前に，センコープ社の概要とそれが新しいマネジメント・モデルを編み出すことになったワケとについて若干知っておく必要があると思う。

センコープ社

　センコープ社はオハイオ州シンシナティーに本拠地を置く米国の一民間企業である。トータルで 2000 人の従業員を抱え，3 つの事業会社を統括する親会社である。センコ社 (SENCO) はセンコープグループの中で最古の企業であり，1940 年代末の自動車関連産業にそのルーツがある。センコ社は世界の多くの国々の産業向けにエアー式釘打機の設計・製造・販売を行なっている。センコ社は山形材のつばの技術を進化させて医療用創傷ファスナーの分野へ進出し，それが現在のセンメド社 (SENMED) の原型となった。今日では，セン

メド社は企業およびその技術の範囲を医療産業にまで展開している。センスター社（SENSTAR）は金融関連の企業で，主に産業向けリースの領域で活動している。これらの企業が示す明確な非関連性と多様性にもかかわらず，各社の進化の基となっているマネジメントのプロセスには重要な一貫性と呼べるものが存在している。

1980年代の10年間に，センコープ社は，自社のますます複雑になるビジネスに対処するため，より適切なマネジメント手法の研究と開発に着手した。当初の解決のための手段は，明らかに戦略的マネジメントの範疇の一群の文献に答えを見出そうとするものであった。だが，センコープ社の考え方によれば，（歴史的なデータと観察に裏打ちされたものであるにもかかわらず）こうした文献は，ただ単にルーティン，コントロール，効率性，といったようなことに集中しているに過ぎない。マネジメント・プロセスの大半が実施のプロセスとみなされている。すなわち，いったん決定がなされると，あとはそういったルーティン等のスキルやツールが決定を実行するために使用されるだけということだ。しかし，マネジメントにかかわる領域で実際に生じているすさまじい進歩に目を配らないと，関心がよりうまく実施するためにはどうしたらよいかということですらなくなり，実施するのにより都合の良いオプションを選択するにはどうしたらよいかということの方が主たる問題になってしまうように思われる。したがって，センコープ社は本業のみを行なう企業から複合的なビジネスを行なう企業へと進化を遂げるにつれて，オーソドックスなアプローチを超越して，独自のマネジメント手法を模索し始めたのである。このことが複雑な環境下での組織行動を説明する簡潔なマネジメント・モデルの開発へと導くことになったのである。

マネジメント・モデルおよび理論に共通するテーマ

人間の性質のモデル化

われわれはマネジメント・モデルを組織のヒューリスティック（訳者注：発

見的教授法）と考える。それは世界について，および世界と組織との関連について，共有可能で普遍的な考え方を提供してくれる。さらに，それはマネジャーが実際に何かを見た時にそれを認識できるようにするといった実体的な性質や特徴を有している。マネジメント・モデルをこのように定義することで，とりわけ人間の行動や認知にかかわる根源的なテーマについてなにがしかを語れるようになる。こうしたテーマの中で中心となるのは人間の性質の理解である。この場合のマネジメント・モデルは，人間の性質をモデル化したり，人間がベストのパフォーマンスをする条件を作り出したりしようとするものとなる。

マネジメントに関する諸理論は人間の性質の描き方において様々であるが，このこと自体は別段驚くべきことではない。たとえば，人間とは怠惰であるゆえにコントロールする必要がある（Taylor），または，人間は本来持てる力を十二分に発揮したいと思っている（Y理論），などがそれである。あるいはまた，人間はプロテスタントの労働に対する倫理観に由来する根源的な経済合理性に触発される（Weber）。人間は利他主義者，日和見主義者，利己主義者のいずれかである（たとえば，Williamson）。人間の精神と肉体との間になされる弁別には深い意味がある。つまり両者には分かれていながらも統合されているという特性がある（すなわち，Weick）。従来のマネジメントに関する理論では手付かずのままになっていたやり方で，センコープ社が人間の性質を概念化するチャンスを見出せたのも，実際のところこの精神と肉体との二分法的な考え方に拠るところが大きい。

精神と肉体との弁別

このように精神と肉体との弁別を行なった上で，これまでのモデルおよび理論は焦点を当てるべきものとして「肉体」の方を選択してきた。それらはタスクとか問題解決に着目するといったように，観察可能な行為に費やされる時間を測定する。また，そうしたモデルおよび理論は，誰と一緒に作業するのか，誰がどんなタスクを解決するのか，誰が誰に意見するのか，などといったことをきちんと決めることで，身体的動作を管理する。さらに，それらは組織の産

物と個人の産物との相互作用の集大成である種々のヒエラルキーという考え方を固持する（たとえば，製品の品質，情報システム，職場のレイアウト，生産技術）。だが，肉体の方に影響を及ぼす事柄に焦点を当てるがゆえに，これまでのモデルは人間や組織がいかにして知るのか，なぜ知るのかというような，いわば「精神」がもたらす事柄を考慮していない。したがって，そのようなモデルは，組織における知の展開を刺激したり方向付けたりすることへはうまく導いてくれない。こうした事実は一般にはほとんど見落とされていたが，より良いマネジメント・モデルを求めるにあたって，はやくからセンコープ社の注意を引き付けていた。知の展開と日常業務とを両立させるようなアイディアやヒューリスティックをセンコープ社が探求し始めたのはまさにこうしたことからであった。意思決定の質を上げる基盤として当社の絶え間ない知の展開を刺激したり，方向付けたり，確保するためにはどうしたらよいか，について理解することにセンコープ社が没頭していったのもまさにこうしたことからであった。

　肉体と精神とのやりとりを無視することで，これまでのマネジメント・モデルおよび理論は，Aristotle（アリストテレス），Descartes（デカルト），Leibnitz（ライプニッツ）などの偉人らによって広範に議論された古くからの問題を回避している。それとは対照的に，センコープ社は肉体と精神およびその結合について論じるようなモデルと理論を希求している。センコープ社は，肉体と精神とが互いにどのように影響し合うのかということに関心を持っているだけではない。さらに，肉体と精神とが同調し，その結果，瞬時に何かが生まれる際の，知の展開の状態や環境との関係のあり方にも関心を持っているのである。

知の展開のプロセス

　まさに知を論じているマネジメント・モデルや理論に関して言えば，たとえばコア・コンピタンス（Hamel and Prahalad），ドミナント・ロジック（Plahalad and Bettis），知識構造（Nisbeth and Ross；Lyles and Schon），さらに多くの支持を得ている理論とか実際に用いられている理論

(Argyris and Schon) などのように，多くのものが知の展開というよりは知の内容にフォーカスしている（第2章の議論を参照されたい）。時の経過とともに知が基本的にどのように変わっていくのかその軌跡を辿りたいのなら，知の内容を理解することが有用であるのは言うに及ばないし，知の展開のための一般的なガイドラインを見出すための訓練にもなる。だが，知の内容にのみ焦点を当てると厳しい限界に直面することになる。というのは，人間の知というものは，ある時は会話を，またある時は観察を通じて，この瞬間瞬間で絶えず変化し続けているからである。とはいっても，変わってしまう前に今知っていることを簡単に「表象する」ことは可能である。

さらに，オートポイエーシス理論（第3章参照）が，他人の中で知はどのように作用しているのかということについて観察者としてのわれわれは限定的に理解することができるに過ぎない，ということを教示してくれる。個人は自分自身の知の展開への「自分だけの特権的アクセス権」を持っている。これまでのマネジメント・モデルでは，マネジャーはこうした知のダイナミクスを無視するということになり，その結果マネジャー自身の（または他の誰かの）能力基準で従業員の知を判定してしまうということになる。このようなアプローチの結果他人の能力を間違って知覚してしまうことが多い。

したがって，知の内容をベースとするモデルに依拠するマネジャーは2種類の問題に直面することになる。まず，彼らがある従業員の知の展開の軌跡を追うということは事実上不可能である。次に，（あるワーク・グループの能力をマッピングするなどして）彼らがそうしたことを行なおうとするならば，ある従業員の実際の知に関してあまりにも無知になってしまうという危険を冒すことになる。このような問題を回避するために，センコープ社は知の内容ではなく知の展開のプロセスに照準を合わせる。こうしたプロセスを研究することによってはじめて，センコープ社は組織における知の展開のためのより詳細なガイドラインを開発することができたのである。

要点をまとめると，人間の性質をモデル化しうるようなマネジメント・モデルを希求するセンコープ社には次の2つの要件が必要となる。それは，そうしたモデルは知の展開のプロセスを考慮したものでなければならないということと，肉体と精神を異なるものとしながらも相互に作用し合うものと認めるよう

なモデルでなければならないということである。

センコープ社のマネジメント・モデルとその展開

知の転換

　センコープ社が彼らのマネジメント・モデルにおいて知の展開の役割をはっきりと意識し始めるにつれて，彼らは未知のものから既知のものへの知の転換という，ごく自然な知的潮流を発見した。そうした連続する流れにおいて，知の価値を認識していて喜んで知にお金を払おうとするなにがしかの他の実体にとって有用なものとなるように，（それが個人であれ組織であれ）ある実体の手によって知が転換される場合，知は左から右へと流れる。逆に，金が知に転換される場合には，金は右から左へと流れる。センコープ社はこのことを価値の転換プロセス（知が金へと，金が知へと転換するプロセス）と呼んだ。そして，程度の差こそあれ，われわれ一人一人はそのプロセスの中で役割を演じているのである。

　そうした連続は森羅万象や未知のものから始まる。（図表 10.1 根源的な知の連続性(i)参照）それはまた価値の転換プロセスの出発点でもある。森羅万象との境界からスタートするのが科学であり，それは未知から生まれた知をテクノロジーに転換する。われわれはビジネスにおいて科学やテクノロジーからの知を利用し，そしてそれを消費しうる何ものか（商品やサービス）に転換する。最後に，知は金銭と引き換えに（商品やサービスとして）市場で消費（使用）される。（用語の変化を考慮に入れている）このプロセスは不変的なものである。それは人間がこれまでの歴史の上で，個人として組織としていかに振舞ってきたのかを説明してくれる。

　このようにして，知はそれが商品やサービスという形態になるまで絶えず転換されながら，そうした連続の流れに沿ってごく自然に移動して行くのである。実験のような科学の初期段階で知の展開を結局のところサポートしたりも

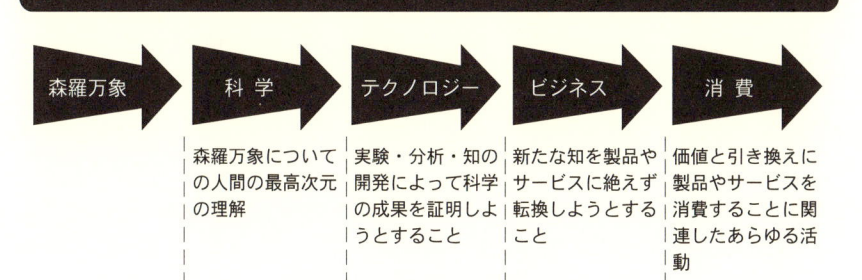

根源的な知の連続性

森羅万象	科学	テクノロジー	ビジネス	消費
森羅万象についての人間の最高次元の理解	実験・分析・知の開発によって科学の成果を証明しようとすること	新たな知を製品やサービスに絶えず転換しようとすること	価値と引き換えに製品やサービスを消費することに関連したあらゆる活動

図表10.1　根源的な知の連続性(i)

するので，金はその流れとは反対方向に移動していく。ビジネスとは新しい知を商品やサービスに転換するというユニークな役割を担っているのである。重要な価値の交換，すなわち使える知という価値と金銭に代表される価値との交換，が生じるのはまさにビジネスを通じてのことなのである。したがって，転換の担い手としてのこうした役割を成功裏に導くためには，ビジネスは自らが転換する科学とテクノロジー，そして消費者，さらに自らが後々そこで価値の交換を行なうと期待するマーケット，これらについてビジネスはよく理解する必要がある。そして，ビジネスは（商品やサービスの産出のような）自身の内的な転換プロセスを管理することに加え，このようなことすべてを知っていなくてはならないのである。

マネジメントの責務

　知の連続性という考え方に関連して，次のようなビジネスのマネジメントのための3つの明確な責務が浮かび上がってくる。(1)知を展開して意思決定のためのオプションを開発すること（未知のものの方への移動），(2)オプションのうちどれを実施するかについて決定すること，(3)選択したオプションを実施すること（既知のものの方への移動）。知の展開と実施とは，分離・独立しているのではなくて，両者への資源の配分を決める意思決定という責務によって結び付けられているのである。言い換えれば，知の展開と実施との間の

（人・物・金といった）資源の最終的なバランスは，常に意思決定の結果なのである。センコープ社はこれら3つの責務を便宜上A・B・Cと名付けた。したがって，ビジネスのマネジメントにかかわるすべての活動とは，考えること（B），決定すること（A），実施すること（C）という相互に結び付いた3つの特定の継続的な責務に集約されるものとみなせる。これらの責務は組織の階層によって同じ責務でもその範囲が異なる。中でも意思決定という責務は多少切り離して考える必要がありとりわけバランスが求められる責務である（図表10.2 根源的な知の連続性 (ii) 参照）。多年にわたるこのような責務に関する探究と記述がセンコープ社のマネジメント・モデルの土台を形作ったのである。

　AはA決定を行なうというマネジメントの責務である。BはAのために新たな知を展開し新たなオプションを開発するというマネジメントの責務である。CはAによってなされた決定を実施するとともに，できるだけ効率的に作業

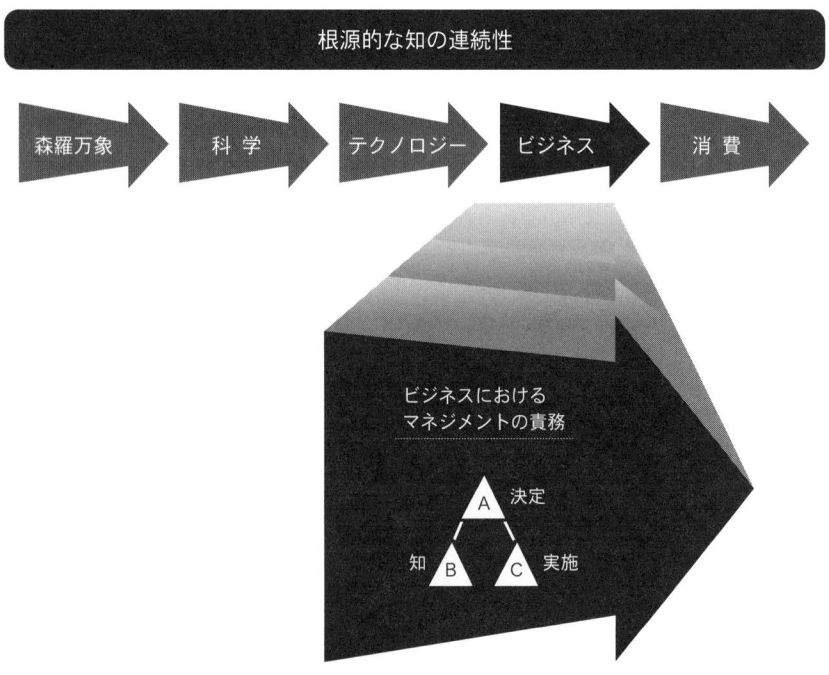

図表 10.2　根源的な知の連続性 (ii)

を管理するというマネジメントの責務である。

根本的な違い

　ＢとＣとは同時に管理されるが，それは別々のやり方で管理される。それぞれ独自のマネジメント特性を有している。（知を展開するという）Ｂは，始まりと終わりが明確な各プロジェクトのネットワークとして管理される。（決定を効率的に実施するという）Ｃは，スムーズに行なわれているオペレーションをルーティン化することによって管理される。ＢとＣのさらなる違いは関係する事柄の範囲である。ＢはＣよりもその範囲において広い情報を扱うものであるが，情報の細かさという点ではＣよりもかなり劣る。Ｂは組織の今後のさらなる成長と関係するものであるが，Ｃは目下の存続と関係するものである。

　*存続と成長*はともにセンコープ社のマネジメント・モデルでは重要なコンセプトである。成長志向のＢでは，資源はより柔軟に管理され，それが正しいとか間違っているとかよりも，とにかく知を獲得し理解するということの方がより重要である。存続志向のＣでは，資源はもっときっちりと配分され，コミュニケーションはスピードとわかりやすさを第一にシンプルで，関連事項の数は多いがその中身はあまり深くない。存続するためにルーティンを絶えず改善するというのが精緻な構造のＣの目指すところである。

　成長志向か存続志向かということ以外にも，ＢとＣに関して様々な弁別の仕方が存在する。こうした様々な弁別の仕方は，ＡＢＣモデルでのＡＢＣ間の相違や相補性に関してためになる事をあれこれと提供してくれよう（本章末の補遺「言語化が弁別をもたらす」を是非参照されたい）。

　意思決定者と呼びうる者はすべて組織において２つのタイプの関係を管理することになる。１つは，とりわけ知の展開と情報の自由な流れを実現するためにデザインされた関係であり，もう１つは同意されたルーティンを実行するためにデザインされた関係である。これら２つの関係は別々のやり方で管理される必要がある。評価の尺度，期待されるもの，コミュニケーションのあり方などといったものは，ＡとＢとの関係とＡとＣとの関係とではかなり異なるか

らである。

プロジェクト・マネジメント VS オペレーション・マネジメント

　リサーチ，実験，テストなどを通じて知が展開するBで用いられる方法論，それがプロジェクト・マネジメントである。ここでの物事は初めて管理されているものばかりである。Bで唯一ルーティンなのはプロジェクト・マネジメントのプロセスそれ自体であり，Bでは各プロジェクトそのものはルーティンでないものばかりである。計画が実行されルーティンが管理されるCで用いられる方法論，それがオペレーション・マネジメントである。ここでの物事は，反復性の利点を活かすような方法で管理される（プロジェクト・マネジメントとオペレーション・マネジメントとのさらなる弁別が図表10.3 2つのマネジメントの諸特性および図表10.4 2つのマネジメントの方法論の比較に示されている）。

　この2つのタイプのマネジメント間の最も重要な違いの一つが時間の使われ方である。オペレーション・マネジメントでは，効率性を獲得する手段として時間が使われる。オペレーションをストップさせたくはないし，できる限り効率的にオペレーションを実施したいので，オペレーションのプロセスをさらに細分化し寸見すれば済むようにするのである。それとは対照的に，プロジェクト・マネジメントでは資源として時間を使う。プロジェクト・マネジメントでは次の3点が必要とされる。(1)目的を設定する，(2)始点と終点を明確に定める，(3)情報の展開および構築にあたっては，次のステージである意思決定のための情報なり知になるよう方向を定める。

　意思決定（A）と実施（C）は，センコープ社のマネジメント・モデルに関してお馴染みの側面である。AとCとの関係は，意思決定者が何事かをなさしめるために，どのようにして方向性を与えるのかを示している。そのような方向付けというのは，ビジネスのルーティンの側面，すなわちオペレーション・マネジメントによってもたらされるものである。

　センコープ社のケースでは，知とは自己言及，弁別形成，実験的な試みを通して展開するものとされる。そして，このことはオートポイエーシス理論とか

２つのマネジメントの諸特性：Ａから見たＢとＣの対比

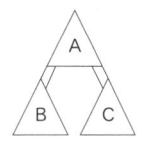

	プロジェクト・マネジメント	オペレーション・マネジメント
期待される結果	プロジェクトの目標として表明されたもの	計画通り実施した結果
時間の流れ	スタートとストップの反復	継続（ストップしない）
結果の評価	イベント毎に測定（ある事柄が成就するまでの期間）	時間ベースでの測定（ある一定期間の達成度）
コミュニケーション	マイルストーン的な出来事が生じた場合	例外事項が生じた場合
思考の範囲	適度な森羅万象世界での現在のオペレーション	現在のオペレーション
文化の標準	「変化を追い求める」	「可能な限りスムーズな運営」
最重要ポイント	代替案の探求	問題の回避

図表 10.3 ２つのマネジメントの諸特性

なり合致している（図表 10.5 Ａ，Ｂ，Ｃそれぞれの内部プロセスを参照）。自己言及とは新しい知は過去の知に言及するものだということを意味する。マネジャーは環境の中で自分たちが見るものや，評価に値すると思うものを決めるのに過去の知を用いているのだ。新しい知はマネジャーがより洗練された弁別を行なうのに役立つものである。目にするものが過去の知と矛盾する場合，さらなる知の展開活動と実験的試みとが生じうるようなリニューアルされた境界が改めて設定されることになる。そしてこの新しい境界は，新規の，もっと広範で，より初々しい弁別を展開するチャンスとなるのである。

２つのマネジメントの方法論の比較：ＢとＣの対比

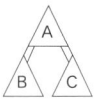

		プロジェクト・マネジメント			オペレーション・マネジメント
A	決定に必要な知の領域	未知の領域	幾分知っている領域	かなり知っている領域	既知の領域
A	決定の方向性	不正確	おおまか	特定	かなり特定
A	決定に必要な時間的資源	フルタイムでの参加	計画された重要な決定の場へのある程度の参加	プロジェクトの結果に責任を持つ者としての最低限の参加	決定の場への参加は不要でそれにかわってルーティン・レポートによってコミュニケーションの代替とする
A	決定に必要な金銭的資源	低コスト	中コスト	高コスト	長期にわたる価値の交換という観点にたったコスト意識
例1		代替案が策定できる次元にまで問題領域を明確化する	代替案の開発と結果の評価	代替案の実施計画	代替案の実行
例2		コンセプトの探索	コンセプトの開発と構造化	コンセプトの実施計画	コンセプトの実施

マネジメント構造

試行錯誤とオプション開発　　　　　　　実施

図表 10.4　２つのマネジメントの方法論の比較

実際の知の展開の追求の仕方について

　センコープ社が知の展開のプロセスを追求する際の最も重要なやり方の一つが，組織内での徹底的な議論である。ABCモデルの言うように，こうした議論とは実施の上部のスケールに照準を合わせたものである。この議論によって，環境を記述したり，現在の用語をもっと有用かつ適切に定義したりできる新しい用語が開発されるのである（すなわち，言語化が行なわれると同時にそれが重要な役割を果たしているのである）。

　センコープ社では，どんどん議論を促すようなプロジェクトを展開すること

```
┌─────────────────────────────────────┐
│    Ａ・Ｂ・Ｃそれぞれの内部プロセス    │
└─────────────────────────────────────┘
```

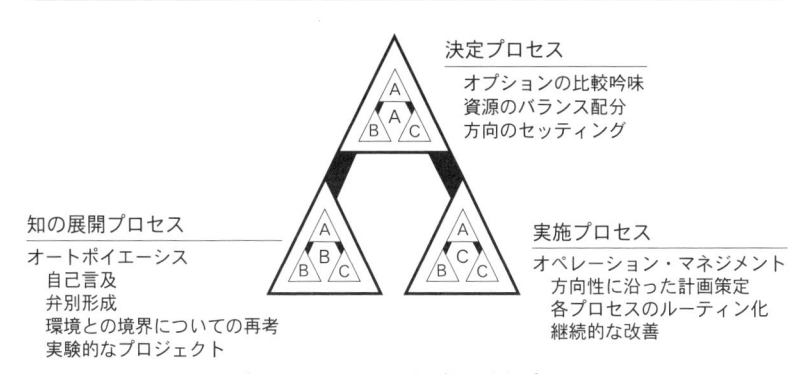

                    決定プロセス
                    オプションの比較吟味
                    資源のバランス配分
                    方向のセッティング

知の展開プロセス   実施プロセス
オートポイエーシス   オペレーション・マネジメント
  自己言及   方向性に沿った計画策定
  弁別形成   各プロセスのルーティン化
  環境との境界についての再考   継続的な改善
  実験的なプロジェクト

図表 10.5　Ａ・Ｂ・Ｃそれぞれの内部プロセス

に時間が費やされる。新しいテクノロジーの開発，目下の出来事，科学的な理論，地政学的な展開，自社以外の他の組織，こういったことを熟慮するようなプロジェクトは，コンセプトおよびそれに伴う言語の洗練に役立つのである。

組織内の個人

　あるコンセプトについて個々人がどんどん経験を積んでいくにつれて，それに関する定義，説明，表象はさらに一層洗練されることになる。議論したり個人が学習するための環境とは，Ｂにかかわる環境，すなわちオープンで，冒険的な，威圧的でもなく階層的でもないそんな環境である。また，どんな時でもいかなるテーマであっても閉鎖的であってはならない。そこでの目的はオプションを開発することである。このタイプの環境は個々人が２つ以上のスケールで知を展開することを可能にしてくれる。

　組織内の個人の役割についてさらに理解を深めるために，「ポピュレーション・バルブ」なるコンセプトを利用して考えてみよう（図表10.6 ポピュレーション・バルブ（ｉ）参照）。一つ一つの球は知の連続における一人一人の人間を意味する比喩的なプロットであり，それぞれ（知の創出を意味する）左側から

190 第10章 新しいエピステモロジーの実例:センコープ社 (SENCORP) のマネジメント・モデル

図表 10.6 ポピュレーション・バルブ (i)

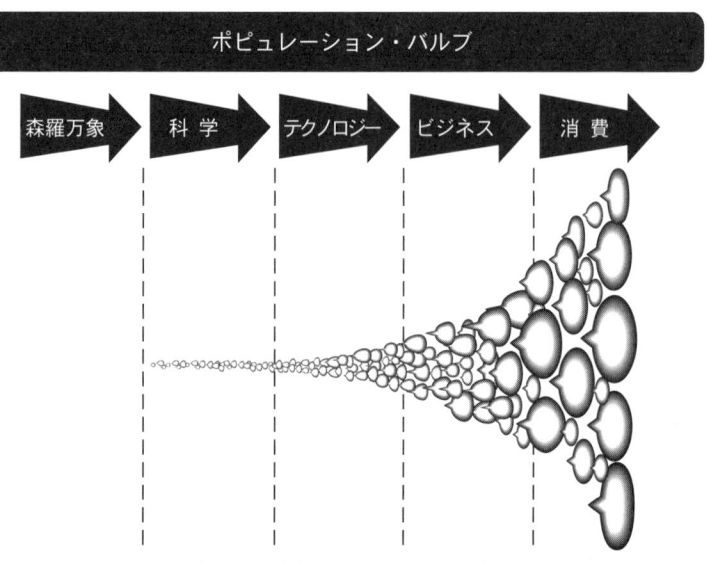

図表 10.7 ポピュレーション・バルブ (ii)

（知の消費を意味する）右側へと移動する知の連続上のどこかに位置付けられる。その様子は図表 10.7 ポピュレーション・バルブ (ii) を見れば分かる。

　知の連続上の各人の分布の様子はある種指数関数のようである。言い換えると，科学の所に該当するそれぞれ一人一人の個人に対して，テクノロジーの所に該当するそれぞれのプロットには各々1000人が含まれている。同じように，テクノロジーの所に該当するそれぞれ一つ一つのプロットに対して，ビジネスの所に該当するそれぞれのプロットには各々その1000倍が含まれているということである。もちろん実際には，われわれは知の連続上の異なる場所の異なる組織に同時に属することもある。われわれはみな確かに消費者である。われわれはみな何かしらのビジネスあるいはそれに近い形態の組織に参加している。またわれわれはみな新たな知識を求めている。したがって，われわれはある組織の中でこうしたいくつかの責務を引き受けるのと同じように，各人が自分自身の個人的な知の連続の中に置かれているのである。そして，われわれ自身の個人的なバルブの形状および自身の位置付けは，消費，価値の交換，学習，こういったことに自分が費やす時間によって決まるのである。

　ゆえに，一人の従業員は，より大きな会社というバルブの中（そこではその会社自身の知の連続が存在する），さらに大きな産業というバルブの中（そこではその産業自身の知の連続が存在する），そして，さらにさらに大きな国というバルブの中，それぞれの中で自分自身でも知の連続を持った一つのバルブとして表わすこともできると言えよう。バルブの階層化，つまり，それぞれ位置が異なり，ごく小さなものから大きなものまで多様であるということは，フラクタルに見られたりカオス理論で議論されるのと同種の自己相似性を示しているのだ。それはまた，組織のマネジメントに関するいかなるモデルも個人のマネジメントのレプリカ（訳者注：写し）なのだ，というセンコープ社のマネジメント・モデルの基本原理を物語っているのである。

　知の展開，意思決定，実施という責務は，もともとわれわれ一人一人が個人として自分自身を管理する時に使用するのと同じ責務なのである。すなわち，われわれ個人は，考え，決めて，そして行動するのである。

センコープ社のマネジメント・モデルの持つフラクタル性

マネジメント・モデルは全体としての組織という単一のスケールで描写されることが多い。それは今し方説明したケースで言うと、知の連続上には単一のバルブしかないとみなした場合と似ている。しかしながら、本書ではたとえばルーティン活動と知の展開とを分けて考えているので、ＣはＣで別個に存在する単一のスケール上にあり、そこでは組織のサバイバルが管理されるということが理解できるはずだ。それは船のアンカーのような役目をするスケールで、お馴染みの信頼できるスケールである。Ｂはより高次のスケール上にあり、実施活動を管理するＣの範疇およびスケールを包含している。Ａは両者のバランスをとる。意思決定者がＣを扱う（そしてＣを進歩させる）のに必要な知識を提供してくれるＢを確立するのもＡである。ＢはＣの上位のス

知のスケールの比較

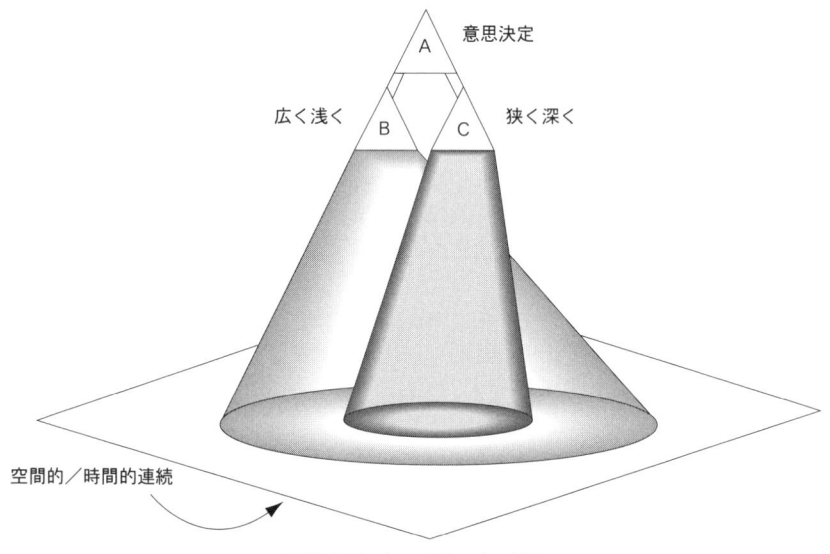

図表 10.8　知のスケールの比較

ケールで作動するとはいうものの，さらにたとえばBが組織の意思決定のレベルとかかわることなく独自にオプションを生み出す場合もある，という事実はさほど驚くべきことではない（図表10.8 知のスケールの比較を参照）。

　現実にはマネジメント層は自らの組織を多様なスケールで定義する。それは，（個人，グループ，ビジネス・ユニット，部門といった）レベルであったり，地理であったり，（訳者注：ABCという）責務であったり，多種多様である。そうであるがゆえに，有用なモデルとはそれがどんなものであれ，多様なスケールを扱えるものでなければならない。こうしたことから導き出される原則とは次のようなものとなる。（個人，グループなどといった）それぞれ繋がりのあるスケールで責務は繰り返し現われる，という原則である。各スケールは，当該スケールでの元来の責務はもちろんだが，それ以外も含めた責務すべての集合体として管理されねばならないのである。ゆえに，ABCモデルの各責務は，一つのスケールで一つの実体あるいは組織について説明しているに過ぎないのである。包括的なマネジメント・モデルとは，関連するすべてのスケールを包摂していなければならないのである。これゆえ，マネジメント・モデルは，スケール横断的に相似であったり，ポピュレーション・バルブのようにフラクタルな性質を有するものを扱えなければならない。換言すれば，組織の機能を記述するのに線形な方法などないということである。組織はスケールによって記述されるしかないのである。

組織構造に関する新しい見方

　ABCマネジメント・モデルは，センコープ社が従来の組織チャート図に描かれるような人々の階層構造から離れて，スケール間をシフトする責務のネットワークというものへとその考え方を変えるのに役立った。これまでのチャート図は人々の（いや，より正確には肉体の）ヒエラルキーである。トップがありとあらゆる知識を所有していて，その下の人々はそうした知識のうちのほんの僅かな部分を所有するに過ぎない，と想定されている。センコープ社では，知の連続における各持ち場で事が上手く運ぶように，各責務がまとめられ組織化されている。また，これまでのチャート図では，各人は一つ一つの箱に相当

組織構造の比較

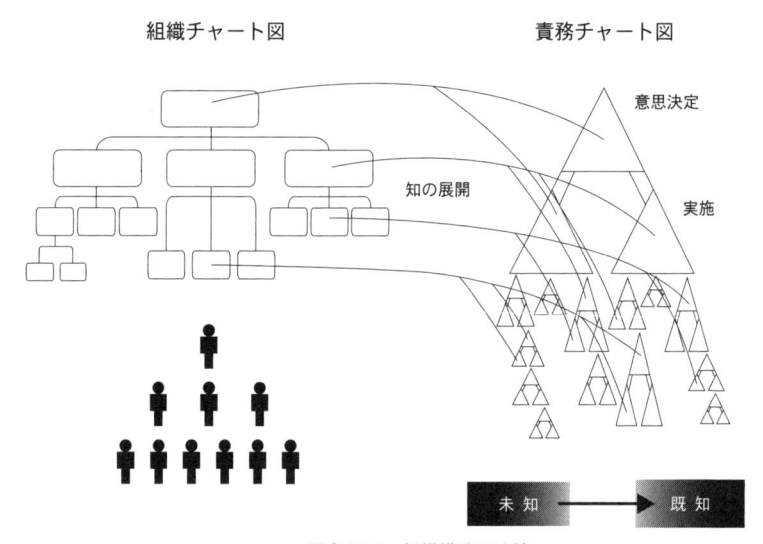

組織チャート図　　　　責務チャート図

意思決定
知の展開
実施

未知　→　既知

図表 10.9　組織構造の比較

するということもよく知られている。一方，センコープ社の「責務」チャート図では，各人は同時に複数の場所に姿を現す（図表 10.9 組織構造の比較を参照）。一人の人間が実施の責務，知の展開の責務，意思決定の責務を同時に受け持つのである。

　センコープ社のマネジメント・モデルが生み出す自社の従業員にとっての全般的な旨みは，時を刻むにつれて積もり積もっていく。そのモデルが今以上に探求され広く用いられるにつれて，それはますます組織全体がより良い意思決定を行なえるようになるためのベースとなっていく。それと同時に，センコープ社が組織の外部の英知からより多くのことを学習するにつれて，モデル自体も進化していく。組織の異なるスケールでそれぞれ知の展開にかかわる業務に携わっている人たちの間には，共通する部分やオーバーラップする部分があるので，そこでは組織全体にまたがる知の内部連結が展開している（図表 10.10 企業知のベースとなるものを参照）。組織とは，総じて言えば，時と場所を選

企業知のベースとなるもの

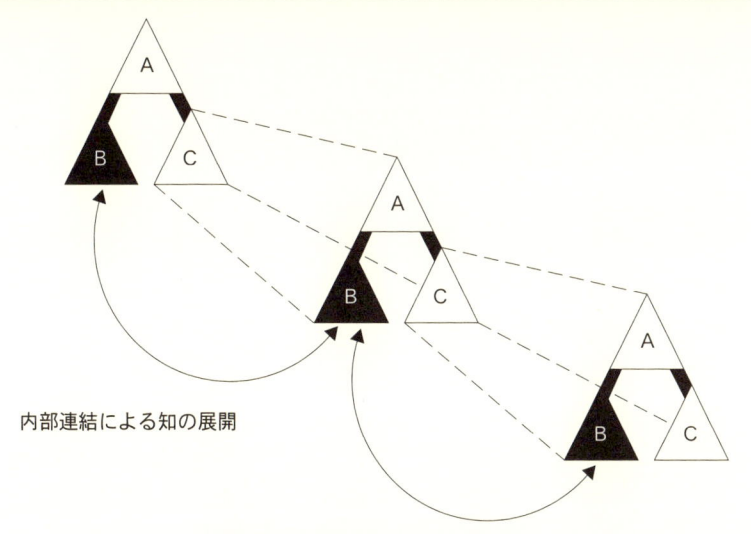

内部連結による知の展開

図表 10.10　企業知のベースとなるもの

ばず起こる変化を手なづけるようなマネジメント原則とか共有の知識ベースによって導かれるものだ，ということをこれは物語っているのである。

センコープ・モデルから得られるもの

　本章のそして本書の最後を飾る本節の目的は，マネジメントに関するモデル，理論，哲学，についての議論に火を付けることである。その目的を達成するために，センコープ社のマネジメント・モデルによって提起されると著者が思う問題をいくつか明らかにしてみた。

(1)　新たなマネジメント・モデルがなぜ必要なのか？
(2)　もっと現実を見据えたマネジメント・モデルをどうすれば開発できるのか？
(3)　斬新で現実を見据えたマネジメント・モデルをどうすれば記述できるの

か？
(4) 新たなマネジメント・モデルの構築へ向けて将来的に取り組まなければならないこととは一体どんなことか？

1. 新たなマネジメント・モデルがなぜ必要なのか？

　今日のマネジメント・モデルの実情は，ビジネス組織を適切に導いたり，複雑な組織の諸関係が今後どうなるかを洞察するものとはなり得ない。というのは，それが知の内容にしか焦点を当てていないからである。ダウンサイジング，従業員への権限委譲，TQM，リエンジニアリングといったプログラムがもたらす変化は，せいぜい漸進的なものに過ぎない。影響力という点から見れば，それぞれのプログラムは，サービスを向上させ，コストを削減し，職能間の協力関係を刺激し，そしてある程度はこれまで以上の企業内コミュニケーションを醸成する。だが，オペレーション志向の活動にのみ焦点を当てる従来のモデルは，マネジメントにとって必要なもっと重要な問題を扱っていない。すなわち，それらは複雑な決定，つまり将来の環境下での組織のあるべき姿や方向性に影響を与えるような決定を行なうプロセスの考察とか，さらにはスケールというようなパースペクティブをマネジメントに対して授けてはくれないのである。

　機械ベースの生産から情報ベースの生産へと技術的なシフトが進行中であるという事実は，組織のマネジメントに関して新たな方法が必要とされていることを示す最も重要な手掛かりである。また，情報が新たに生み出されるにつれて，情報はわれわれが知の探求へアクセスするのを容易にしてくれるとともに，そうした新たな知の探求から価値を見出すチャンスを与えてくれる。ここで分かるのは，そうした組織の価値がハードな資産や人の肉体から人の精神へとシフトしたということである。

　新たなマネジメント・モデルとは，個人と組織との関係性および組織と環境との関係性を記述するものでなくてはならない。新たなマネジメント・モデルとはそれがいかなるものであれ，次のようなことをベースに展開されていなければならない。それは，人間の組織に関して新しい科学やテクノロジーを駆使

して理解すること，また，それに関して新たなパースペクティブを援用して理解すること，さらに，これら2者間の相互作用について理解すること，という3点である。センコープ社が新たなマネジメント・モデルを開発しそれを実行してこられたのは，まさにこうした特質にかなっていたからなのである。

2．もっと現実を見据えたマネジメント・モデルをどうすれば開発できるのか？

　個人の場合であっても，センコープ社のマネジメント・モデルで説明したような組織の場合であっても，それを構成している実際のコンポーネントは肉体と精神である。成長にかかわる活動（精神）とは，企業の知やオプションの開発に関連した活動である。サバイバルにかかわる活動（肉体）とは，組織のルーティン活動とか現在進行中の活動，すなわち選択したオプションを実行したり，環境に対して働きかけたりするのに欠かせない活動なのである。従来型のマネジメント・モデルが主に焦点を当てるのは，こうした肉体とかサバイバルの側面なのである。

　それとは対照的に，センコープ・モデルは知の展開のマネジメントということを弁えた上で，スケールされた責務のネットワークという概念を通じて，さらに知の展開のマネジメントを（計画，生産，販売，マーケティングといった）オペレーションのマネジメントとうまく結び付けているのである。センコープ・モデルは，組織のマネジメントとは個人のマネジメントのレプリカである，という考え方に基づいている。よって，自分自身を管理するのに使われるモデルと組織を管理するのに使われるモデルとは同じものなのである。センコープ・モデルは人間の脳の働き方（オートポイエーシス的な認知の仕方）と一致しているし，サバイバルに関する活動と成長に関する活動とを同時に許容し励行している（複雑な適応）。それゆえに，このモデルは文献で議論されることが多いこれまでのモデルよりもずっと現実を見据えたものであるという基準を満たすのである。さらに，このモデルの構造とダイナミックな特性は，フラクタル幾何学（カオス理論）や複雑性の科学との類似点も多い。こうした理論は，なぜセンコープ・モデルの大方の特性が上手く機能しているのかを説明してくれるはずだ。

3. 斬新で現実を見据えたマネジメント・モデルをどうすれば記述できるのか？

　新たなマネジメント・モデルは，組織の2つの主要なインターフェース（あるいは境界），すなわち個人と組織の境界，および組織と環境の境界を記述できる必要があろう。これらについての記述が展開されるにつれて，組織のマネジメントについての考え方に関して重大な変化が生じたのだということが実感できるはずだ。そうした記述は，新しい用語やコンセプト，また古い用語やコンセプトの新しい定義を含んでいよう。言葉は新たなモデルの構築にとって重要なカギとなる。古い言葉で記述すると新しいモデルの潜在能力を相当抑圧してしまうであろうから，新たなマネジメント・モデルは新たな言葉で記述されなくてはならない。

　これまでのそして現在のマネジメント・モデルから新たなマネジメント・モデルの構築へ向けて国境線を越えて行くということは，「大きなジャンプ」でそれを越えることはできない。そうした移行は，知のベースをスケール横断的に展開する組織の能力があってはじめて実現するものである。

4. 新たなマネジメント・モデルの構築へ向けて将来的に取り組まなければならないこととは一体どんなことか？

　組織がサバイバルや成長を実現できるかどうかは，組織とは個々人が「複雑かつ適応的に」結合したものなのだ，と考えられるかどうかにかかっている。複雑性の科学やその他の自然科学の発展に依存する面もあるが，この一文の意味はよく分かるはずだ。そして，このように考えることで，組織は実際に複雑で適応的なものになっていくことだろう。たとえば，グローバルに活動する大企業は，広大な地理的領域にまたがって関係を持つ複雑なシステムの具体例である。とはいうものの，環境の変化に適応したり環境を再定義したりする能力は制約されてきたのが実態である。

　複雑で適応的な組織とは，オープンであり同時にクローズドでもある。そのような組織は，大局を定義したり理解したりする高次のスケールでの産物の具

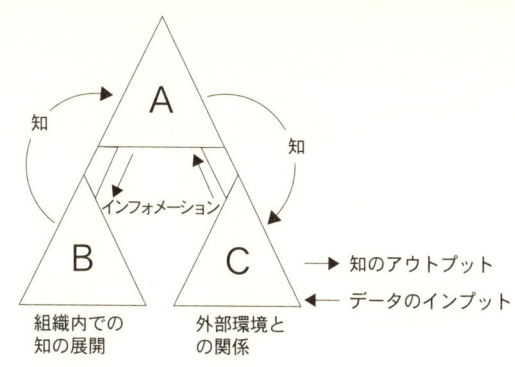

知のプロセスにおけるデータとインフォメーションとの関係

図表 10.11 知のプロセスにおけるデータとインフォメーションとの関係

現化である組織固有の秩序や構造を有しているものだ。だが，一方でそれと同時に，環境からのシグナル（あるいはデータ）に対してオープンでもあるに違いない（図表 10.11 知のプロセスにおけるデータとインフォメーションとの関係を参照）。また，そのような組織は空っぽの状態では機能しないので，意思決定のための知を展開できるよう外部からデータを取り込んだり，組織内で情報を作り上げたり，情報をふるいにかけたりする。こうしたタイプの構造とプロセスを備えた組織は，現在の組織のサバイバルを確実にするとともに，将来の組織のサバイバルを後押しするような成長に関わる活動をうまく行なえるであろう。

補遺：言語化が弁別をもたらす

　この表は言わんとする意味を伝えるための言葉の比較である。ペアーで示されたそれぞれの言葉（点線で仕切られたもの）はそれぞれペアーで一緒に考えてほしい。というのは，意思決定者（A）が各言葉を見るに際して，BとCを比較することでより理解できるようにこうしたペアーでの比較を行なっているのであるから。
　一つ一つの言葉はそれだけで意味を持っているが，この表の意義は，（Aが

```
            A      決定

     思考                  行為
            B      C
```

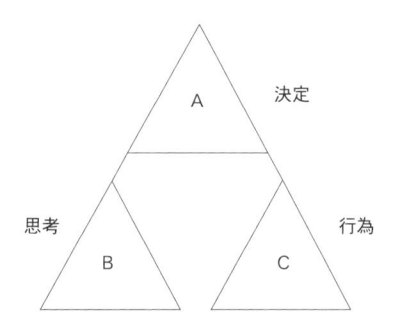

成長に関わる活動とサバイバルに関わる活動とでのコンセプトの相違

実験的試み	実施
プロジェクト	ルーティン
内部志向	外部志向
知の展開	データのインプット・知のアウトプット
能力	性能
マルチ・スケール	シングル・スケール
質重視	量重視
アナログ	デジタル
ネットワーク	ヒエラルキー
オートポイエーシス	情報処理
言語の開発	言語の使用
対話	交渉
理解	同意

各言葉を見た時に）言葉のペアーの意味するところをそれぞれ関連付けて比較するということにある。比較のプロセスからこそ得られるようなレベルの異なる意味を生み出すためにもそうしてほしいのである。

　各言葉をペアーで比較するということに加えて，BとCとの比較と同じようにして，言葉の各ペアーをセットにして比較する（実線で仕切られたもの）ことから得られるさらなる意味が存在するに違いない。

注
1　本章は，George von Krogh, Johan Roos, Ken Slocum の3名で執筆されたものである。

後記：最後の自己言及

　本書の終わりを迎えた今，本書の言わんとすることはいったい何であったのだろう，と考え始める読者もいらっしゃることでしょう。本書のメッセージとはなんだろう？　著者は読者に何か新たなソリューションを売り込んでいるのだろうか？　表象主義は本当に終焉を迎えるのか？　結局のところ，著者は自分たちの新しいエピステモロジーが最高だと唱道したかったのか？　それに対する回答は，このいずれでもないということです。知についての知，これが本書の内容なのです。著者としてのわたしたちは，こういう類のオーガニゼーショナル・エピステモロジーもある，というメッセージを読者の皆様にお伝えしたかったのです。読者の皆さん方を，自分自身のエピステモロジーについて再考・発展させることへと誘うことでしょう。あなたにとって意味があるかどうかはあなた*自身*が決めることなのです。本書は知の展開に関して現在行われている問答のうちのある学派の言葉で語られているものであり，自分はその学派ではないと読者が考えているとする。このような場合，明らかにその読者は本書のいかなるメッセージに対してもそれに反応するかどうかは自由に決められる。本書は，組織知の展開に関する現行の研究のうちの簡素なレポートに過ぎないと思っています。発言されることはすべて伝統に基づいて発言されるのであり，行なわれることはすべて自分がしたことに遡って言及してから行われるのである。ですから，読者が反応するメッセージというものは，いろいろなスケールでその人の人生を変えることになるかもしれません。しかし，以下の例で説明されるように，本書がもたらす心理的動揺のうちどれがその人自身のオートポイエーシスの中に入り込んでいくかは読者がそれぞれに決めることなのです。

懐疑的な読者：マネジメントおよび組織研究の領域でこの新しいオーガニゼーショナル・エピステモロジーが真摯に受け入れられたいと望むならば，著者

であるあなた方は，われわれ読者の疑念を晴らすことができるということをわたしやわたしの仲間にまさに証明しなければなりません！ 知の展開に関する諸仮説を受容もしくは棄却できる能力がなければなりません（あるいは，少なくともこうした仮説の受容なり棄却がどのようになされるのかを示せなければなりません）。組織における知の展開を予測する方法を言えなくてはなりません。知の展開は組織のパフォーマンスにどんな影響を与えるのかも言えなくてはなりません。パワーと知の展開との（因果）関係を説明できなくてはなりません。

著者：それはそうと，どうしてこのような諸問題をご提示なさったのでしょうか？

懐疑的な読者：それは，マネジメントおよび組織の研究者にとってまさに的を射た問題だからです。

著者：それらがこの分野の研究者にとってまさに的を射た問題であるとあなたはどうして分かるのですか？

懐疑的な読者：分かっているから分かるのですよ。

著者：それにしても，分かっているとどうして分かるのですか？

懐疑的な読者：分かっているから分かると言ったでしょ。[1]

そしてにわかにオートポイエーシス・プロセスが立ち現われて…

注
1 このユニークな対話は King（1993）からヒントを得た。

【特別寄稿論文】

知のニュー・フロンティアへ
―21世紀の組織認識論―

髙橋　量一

ジレンマ，トリレンマの狭間で

　今，人類は，ジレンマ，トリレンマをはるかに上回る極めて複雑な問題に直面しつつある。世界中の至る所で議論され続けている地球環境問題や資源エネルギー問題，食糧問題などは，それぞれが独立して存在しているわけではない。それらは密接に結びつきながら，互いに対して強い影響力を維持しつつ，その他の諸現象（たとえば先進諸国における少子高齢化や，発展途上国の経済発展・地球規模の南北格差，貧困問題など）とも複雑かつ有機的に連関し合って存在している。

　こうした問題は，どれか一つを取り出して直線的に解決策を思考しても一向に答えがでない。ある問題に対して有効と思われた対策が，まったく別のところでは深刻な問題を引き起こす結果に繋がったりもする。原因が結果となり，結果が原因となる。原因と結果は，相互作用し合いながら，その内実を変化させつつ，様々なところへ波及的に影響をもたらす。わずかな変化によって，地球規模の切実な大問題が生じたりもする。古典的な三体問題をはるかに超えた，数え切れないほどの事象が折り重なり錯交した地球規模のネットワークが生み出す問いと，われわれは直面しているのである。

　翻って，企業経営の現場においても，従来の組織論の言葉ではその本質を捉えきれない様々な現象が惹起している。たとえば，ネットワーク化の進展によって，国境や企業の壁を乗り越えたコラボレーションが地球上のあらゆる場所で立ち現れては消え，消えてはまた立ち現れている。ハリウッドの映画製作現場のように，映画製作が終了すると"組織"は雲散霧消して跡形もなく消え

去ってしまう。映画製作のように共有された目的が明らかな場合はまだ分かりやすい。そこには，少なくとも共通目的，目的への貢献意欲が存在している。ところが現実には，様々な思い，様々な目的を抱いた人びとやグループ，企業がネットワークを介して，それぞれが互いに異なる目的を達成するために，手段的に結合し合って，一時的な行為の相互連結構造を確立しては解消するといった動きが繰り返されている。ネットワークの狭間で生まれては消え，消えては生まれ続けている行為の相互連結構造には，構成要素の寿命を越えた永続性はまったく垣間見られない。そうした相互連結構造は組織と呼べるものなのか。もし呼べるとするならば，何をもってそうした組織の境界とするのか。

生命メタファーのニュー・フロンティア

　地球規模で生起している諸問題にせよ，経営現場における様々な現象にせよ，これらと対峙する際に，最も厄介な問題の一つは，重層的に錯交した，まるで一つの生き物のような巨大なネットワークの本質を十分に把持できる言葉を，われわれが持ち合わせていないことであった。近代自然科学が誕生して以来，われわれが依拠し続けてきた要素還元論的思考法と，そこから生み出される言葉のみに拠れば，ネットワークの本質が置き去りにされてしまう。ネットワークの本質が，要素そのものよりも，各要素が相互作用しあうプロセス，すなわち要素と要素の関係性にこそ宿っているためである。

　さらに，互いに影響し合う非線形ネットワークが紡ぎだす複雑な様相を捉えるためには，プロセスと要素間の関係にのみ注目しただけでは不十分であると言わざるを得ない。相互連関し合う多くの要素は，時間軸から独立なまったく同一の存在などではなく，あるプロセスを経た後には，歴史依存的にその内実を変容させ，変容次第によっては従前とは正反対の影響を他の要素に及ぼすこともありうる。すなわち，互いに影響を及ぼし合う，数多の要素が織り成す事象を論じるためには，初期のシステム論が依拠した，時間独立的でリジッドな"機械"，あるいはそれを構成する"部品"というメタファーを乗り越えた新たなメタファーに基づく言葉が必要である。

ネットワーキングが生み出す現代的様相を語る言葉に求められているのは，要素還元論的機械メタファーの先にあるパースペクティブを示すことだけに限られない。新たな言葉は，ダイナミックな要素の振舞いから組み上げられた，局所的個性的な要素間プロセス（関係性）が組糸となって紡がれるテクスチャー全体のダイナミックな絵模様を，ホリスティックに描き出すものでなければならない。

　本書でKrogh & Roosが挑んだのは，こうした最も根源的な問いに答えること，すなわち，現代組織の諸相を語るための，新たな言葉とその用法を提示するという難題であった。彼らは，古典的認識論が陥ったセマンティック・アプローチの蠱惑を，Wittgensteinの言語ゲーム論に立脚しつつ巧妙に回避しながら議論を始める。透徹したセマンティック・アプローチからは，これまで語られたことのないまったく新しい概念を語る言葉は生み出し得ない。新たな組織認識論を語る言葉は，要素還元論的機械メタファーを乗り越え，ホリスティックにテクスチャーを語ることのできる，まったく新しいメタファーに基づくものでなければならず，そうした言葉は言葉そのものが用いられるコンテキストと共に提示されなければならない。

　Krogh & Roosが理論構築において拠って立ったのは，神経生物学に端を発するオートポイエーシスという生命メタファーの概念であった。チリの神経生物学者Hunberto MaturanaとFrancisco Varelaは，生命体を集合的に捉えて，細胞レベルの再産出を通して，自分自身を再産出し続けている生命の本質をオートポイエーシスと呼んだ。オートポイエーシスという語は，ギリシャ語のauto（self；自己）poiesis（production；産出）に由来し，「自己産出」あるいは「自己創造」，「自己生産」などとも訳されてきた。Maturana & Varelaの問いは，ハトの網膜における電極反応と，様々な色紙の色（物理的刺激，固有の波長）との間には，予想に反して一対一の対応関係どころか一切の対応関係が存在しなかったことに端を発する（Maturana & Varela, 1980）。こうした実験事実や，ヒトの色彩感覚の対象物が発する光の波長からの独立性[1]といった体験事実をいかに説明すべきか。彼らはさんざん悩んだ挙

---

[1] Maturana & Varela（1984）には，色彩感覚の外的刺激からの独立性にまつわる興味深い身近な事実が，いくつか紹介されている。たとえば，蜜柑を部屋の中から庭に持って出たとしても，部

句，色彩感覚が「神経システムの活動状態の，システムの構造そのものによって規定された特定のパターンに対応している」(Maturana & Varela, 1984：訳，22頁)との考えに至り，「(1)かりに感覚刺激の入力があり，それに関連する感覚印象の出力が生じた場合でも，それが入力によってもたらされたのか，入力はあるがそれとは独立に神経システムそのものが出力をつくりだしたのかを区別することはできない，(2)入力に関連する事態を，神経システムはそれじたいでつくりだすことができる」(河本, 2006, 359頁)というシステムの閉鎖性に注目し，オートポイエーシスという概念を構想し，それを次のように定義した[2]。

> オートポイエーシス・システムとは，構成素が構成素を産出するという産出(変形および破壊)過程のネットワークとして，有機的に構成(単位体として規定)されたシステムである。このとき構成素は，次のような特徴をもつ。(i)変換と相互作用をつうじて，自己を産出するプロセス(関係)のネットワークを，絶えず再生産し実現する。(ii)ネットワーク(システム)を空間に具体的な単位体として構成し，またその空間内において構成素は，ネットワークが実現する位相的領域を特定することによってみずからが存在する。
>
> (Maturana & Varela, 1980：訳，71-72頁)

すなわち，オートポイエーシス・システムは自己産出プロセスのネットワークからなるシステムであり，システムを具現化しているリアルな構成要素とは

屋の中では蛍光灯の短い波長に照らされ，屋外では太陽光の長い波長に照らされているにも関わらず，蜜柑は相変わらず「同じ」オレンジ色に見える (Maturana & Varela (1984)：訳，21頁)。

[2] "オートポイエーシス"という術語のここで述べるように緩やかな定義が後に多くの議論を引き起こすことになる。詳しくは，Luhmann (2002), Teubner (1989), 河本 (2006)などに譲るが，河本 (2006) は「理論構想のなかには，それが定式化されたとき，いったいどの程度の内実をもつものなのかを判別できないまま，提起されるものがある……将来構想の延長上に何が出てくるかがわからないまま，ともかく定式化される。そのためまず骨子となる理論構想のエッセンスを見極めることが難しい。オートポイエーシスの場合，さらに著しい特徴がある。オートポイエーシスが捉えようとした領域に対して，当初の定式化がまったく足りていなかったのである。しかもこの欠損は埋めようもない性格のものだった。つまり記述的定式化として，将来どのような展開になるかとは別に，定式化そのものを完備したかたちで行なうことが本来できないのである……この足りていない当初の定式化を理解するだけでも，膨大な知識と素養が必要であり，時間と労力がかかる。この場合，定式化されたものを精確に読み，必死で理解しようとしても，当初から足りていないものを足りているものとして読む以外にはないという，やっかいな事態が起こる」(河本, 2006, 347-348頁)とまで述べている。

独立に存在している。離散的構成要素は変わっても，生命体は持続的に存在する。構成要素，関係（プロセス），構造，組織について，Maturana & Varela (1984) は，次のように分かりやすく解説している。

　組織[3]とは，あるシステムがある特定のクラスのメンバーとなるために，そのシステムの構成諸要素相互のあいだに存在しなくてはならない諸関係のことだ。構造とは，ある特定の単体をじっさいに構成しその組織を現実のものとしている，構成要素と関係の全体をさす。
　こうして，たとえば水洗トイレを例にとると，水位調整システムの組織は水位を探知できるしかけと，水が流れ込むのを止めることのできるもうひとつのしかけとの，関係によって成立している。水洗トイレというユニットは，フロートとヴァルブを作り上げている，プラスチックと金属の混合システムからなる。とはいえこの特定の構造は，トイレとして組織を失うことのないままに，プラスチックを木に置きかえるという変更をくわえられることもできる。

(Maturana & Varela, 1984：訳, 58頁)

すなわち，オートポイエーシス理論における「〈組織〉とは，システムおよびその〈構造〉を規定するのに必要な関係であり，システムをそのようなものとしてインテグレートさせる構成要素間の実際の関係のことなのである。従って，システムが崩壊することなく，そのアイデンティティーを維持している間は，〈組織〉は不変なのである。〈構造〉は，〈組織〉的制約を満たすことができるのであれば変化することができる」(Varela, 1984, p. 84)。オートポイエーシス・システムが再産出しているのはシステムそのものを構成しているプロセスであり，プロセスの再産出によって〈組織〉的アイデンティティーが維持されるのであれば，プロセスのネットワークは変化なく維持され，そこにインプット・アウトプットは存在しえない。従って，ネットワークのシステムは

---
[3] Maturana & Varela (1980) および Maturana & Varela (1984) では，一般に組織論で展開される用語法とは異なり「組織」が「構造」よりも抽象化された上位概念として扱われている点には注意されたい。以後，「組織」・「構造」が Maturana & Varela のいう「組織」・「構造」であることを明確に示す必要があると思われる場合にはそれぞれ〈組織〉・〈構造〉と表記する。

閉じた系として背景（および他のシステム）から弁別された個体性を獲得すると同時に，自らの境界を自らで形成することになる[4]。

個体性，境界の自己決定性に加えて，オートポイエーシス・システムは，自律性，自己言及性といった特徴を有する。自律性とは自己制御あるいは自己統制を意味し，「あるシステムがそれ自身の諸法則，何が自分自身にとって固有のものなのかを特定できるとき，そのシステムは自律的」（Maturana & Varela, 1984：訳, 56頁）であるという。「自律性は，オートポイエーシス的な組織に起因する一つの示差的な現象であり，オートポイエーシス的な組織は，その作動を産出することによって具現化する」[5]（Maturana, Varela & Uribe, 1974, p. 188）。すなわち，オートポイエーシス・システムは，その自律性において，コンピューターのようなインプット・アウトプットを伴う他律的システムとは区別されなければならない[6]。

---

[4] 河本（2006）は，このオートポイエーシス・システムの作動的閉域性を取り上げて，従来のオートポイエーシス概念では生命の進化を説明し得ないと厳しく批判している。河本（2006）は「純粋産出の自己」（河本, 2006, 363頁）と「位相形成での自己」（河本, 2006, 363頁）を区別するというアイディアを提出し，オートポイエーシス・システムを「反復的に要素を産出するという産出（変形および破壊）過程のネットワークとして，有機的に構成（単位体として規定）されたシステム」（河本, 2006, 362頁）であるとした上で，構成要素の系列が産出的作動と構成要素間の「運動や物性をつうじて閉域をなしたとき，そのことによってネットワーク（システム）は具体的単位体となり，固有空間を形成し位相化する」（河本, 2006, 363頁）と論じ，産出的作動によって形成される自己と，位相空間内に形成される自己という自己の二重性を考えることで進化をオートポイエーシス理論に組み込むべく試みているが，位相的自己という構成要素を含んだ概念はオートポイエーシス理論が提示した〈組織〉概念とは相容れない概念であるとも考えられる。詳しくは河本（2006）を参照されたい。

[5] とはいえ，自律性は自己組織化（第2世代システム；動的非均衡システム，雪の結晶のような非生物でも見られる）に伴う概念であり，自己組織化（および第1世代システム（動的均衡システム））には後述するオートポイエーシス・システムの「自己言及しつつオープンであると同時にクローズドでもある」という特徴が見られない。本書で見てきたように，Krogh & Roos は2つの形態の自己組織化について論じ，いずれもオートポイエーシスとは峻別されるべきであると主張している。後述する Luhmann（2002）は「第一に，それ自身の諸作動を通じた一定の構造の生成という意味での『自己組織化』，そして第二に，後続の諸作動を可能にするところの特定時点での状態が同一のシステムの諸作動によって決定されるという意味での『オートポイエーシス』」（Luhmann, 2002：訳, 111頁）と論じている。一方で，自己組織化とオートポイエーシスはそれぞれ別個の概念体系として発展してきたとも言われている点には注意されたい（菅, 1997）。詳しくは，Maturana & Varela（1980），河本（2006），菅（1997）などを参照されたい。

[6] 「システムはオートポイエーシス的であるか，そうでないか」（Teubner, 1989：訳, 58頁）である。非オートポイエーシス的システムをアロポイエーシス・システム（allopoietic system；異種産出システム）という。

オートポイエーシス構想は，Maturana & Varela によって連結構造という概念が導入されて後，生命現象を越えて，社会的現象にまで適用されるに至る。連結構造とは，オートポイエーシス・システムであるユニットが，自己以外の存在と相互的・合同的な作動（互いの作動は互いにとって撹乱に過ぎないがそれをシグナルとして安定し連結された）構造を築き上げることをいい，連結構造によってメタ細胞体である「セカンド・オーダーのオートポイエーシス・システム」（Maturana & Varela, 1984：訳，101頁）が現出し，さらには，セカンド・オーダーのオートポイエーシス間の連結構造を言語によるコミュニケーションに求めることによって，Maturana & Varela はオートポイエーシス概念を「精神と意識」（Maturana & Varela, 1984：訳，280頁），「社会的現象」（Maturana & Varela, 1984：訳，249）へと展開できる可能性を示唆した。これを受けて，Luhmann はオートポイエーシス理論をベースに，新たな構造機能主義的社会システム理論を完成させ，Teubner は「自己言及やオートポイエーシスという概念が法の新たな理解にとって実り豊かなもの」（Teubner, 1989：訳，9頁）になると主張し，オートポイエーシス理論を「『実定法』メカニズムの解明に，非常に有効に」（土方 & 野崎，1994, 256頁）拡大応用してみせた。Luhmann や Teubner 同様，Maturana & Varela の示唆に導かれるかのように Krogh & Roos は，組織における知の体系をオートポイエーシス・システムとして捉えようと試みたのである。

Krogh & Roos は，オートポイエーシス理論で一刀両断するかのように，これまで複雑に思われてきた様々な現象を明快に読み解いていく。オートポイエーシス・システムのクローズドな側面に注目すれば，経験に基づかないイマジネーション的思考[7]（過去の蓄積に言及する「認知上の行為」とみなされる）もリアルな経験同様の役割を果たしうることが説明しうる。また，知の展開プロセスが自己言及する知とは，過去の経験に基づく自己知であり（「楽しい経験は常に過去に遡って言及してはじめて楽しい経験となる」），組織内で自己知と自己知の連結構造が現出すると，知を後追いするようにルーティンが発生すると考えれば，これまでの組織理論が扱ってきた規定的（文書化された）

---

[7] この点については後で詳述する。

ルーティンばかりではなく，文書化されない（暗黙知に基づく）ルーティンまでをも説明の射程に捉えることができる。また，組織の境界問題にも，その作動的閉域をもって境界と論じる道が開かれる。こうした洞察へはオートポイエーシス・システムという新たな概念の導入を経ずしては辿り着くことができなかったのである。

オートポイエーシスという生命メタファーの概念を導入したことで，Krogh & Roos は，要素還元論的，機械メタファーの桎梏から逃れ，非線形のネットワークをホリスティックに説明しうる新たなフロンティアに達することができたわけだが，オートポイエーシス構想はそもそもが細胞の自己再産出に拠っており，多種多様な進化を説明するのに十分とは言い難い[8]とも指摘されてきた。Krogh & Roos はこの険しい頂をカオス理論を頼りに見事に乗り越えていく。

カオス理論に基づけば，一見不規則（非決定論的）に思える現象の多くが，何らかの決定論的法則に従っていることを理解する道が開ける。カオスはフラ

---

[8] 先に脚注5で触れたが，河本（2006）がいう「自己の二重性」というアイディアは，「進化」という問いに対するオートポイエーシス理論からの一つの回答であるとみなせよう。つまり，純粋にプロセスの再産出に関わる「純粋産出の自己」（河本，2006，363頁）と位相空間内に現実のものとして構成される「位相形成での自己」（河本，2006，363頁）を峻別することで答えられるというものである。

　ここでは「自己」が本性的に二重になっていることがはっきりしてくる。産出的作動によって断続的につくりだされていく「自己（Sich）」と位相空間内にそれとして形成される「自己（selbst）」とである……マトゥラーナとヴァレラの理論展開では，自明なかたちで用いられていた「自己」の2つの定義を明示すること，とりわけルーマンが用いたのは Selbst であり，それを明示的に定義のなかに入れることによって，「純粋産出の自己」と「位相形成での自己」を区別することである。マトゥラーナとヴァレラの定義では，明示的には「産出的自己 Sich」だけが語られている。他方，巨大な応用力をもっていたルーマンは，社会，経済，芸術，科学のような各位相空間で広範な記述の体系をつくりあげたが，現実の記述のなかに組み込まれたオートポイエーシスの機構は，後者の「位相的自己 Selbst」を中心としていた（河本，2006，363-364頁）。

　こうした主張を受け容れた場合，オートポイエーシス理論は進化のみならずプロセスを越えて，知の内容までをも議論できるようになる。ただし，位相的自己（現実の位相空間内で「運動と認知」（河本，2006，364頁）によって「物理的な相互作用」（河本，2006，364頁）を行う自己）という概念は明らかに構成要素を取り込んでおり，こうした概念を導入することによってプロセス思考から構想された当初のオートポイエーシス理論の純粋性はわずかばかり損なわれることになると言っても間違いではないだろう。むしろ，本書で Krogh & Roos が展開したように，進化をオートポイエーシスのカオス的展開として捉え，言語ゲーム論によって意味的内容を説明すべく試みたほうが論として整合性が高いと考えられる。

クタル構造を含んでおり，それは初期値のわずかな変動の影響を受け大きく変動する。すなわち，ユニットのオートポイエーシスという単純な規則性から始まって，構造的カップリングを経て，サード・オーダーのオートポイエーシス・システムが現出するとき，そこには，当初予想もできなかったほどの多様な現実（ストレンジ・アトラクタ[9]）を認めうるが，組織における知のあり方がこのように多様なのは，それがまったくの非秩序的（非決定論的）なものだからではなく，オートポイエーシスのカオス的展開による結果であって，そのように考えることでこれまで理解ができなかった様々な組織現象を読み解けるようになると Krogh & Roos は考え，その驚くべきほど鮮やかで明快な説明体系と具体例を本書で提示してくれたのである。

　オートポイエーシス理論とカオス理論のインテグレーションによって読み解かれる組織知。これだけでも本書は十分に読み応えがあるが，本書には明示されていない壮大な隠された意図が宿っているように思えてならない。以下で，この点を明らかにしていきたい。

Weick 理論との高い共通性

　組織認識研究の世界においては，これまで機能主義と解釈主義の相克が繰り返されてきた。機能主義的アプローチでは機能について，「機能の概念は，観察者の見地を含み，必ずしも当事者の見地を含まない。社会的機能とは，観察

---

[9] 散逸後の安定状態をアトラクタ（attractor）という。アトラクタには一般的に，平衡点（たとえば「多少ふらついた後に静止するボール」（Kauffman, 1995：訳, 45 頁）），リミットサイクル（非均衡的な 2 次元の周期的運動），トーラス（非均衡的な 3 次元の準周期的アトラクタ；たとえば「排水管の渦巻き」や「木星の大赤斑」（Kauffman, 1995：訳, 45 頁）），ストレンジ・アトラクタが知られているが，ストレンジ・アトラクタとはその軌道が永遠に同一点を通過しない不思議な（strange）アトラクタのことである。「木星の大赤斑のような非均衡状態における秩序は，物質とエネルギーが継続的に散逸することによって維持される。このため，ノーベル賞受賞者のイリヤ・プリゴジンによって，何十年か前に『散逸構造』という名前が与えられた」（Kauffman, 1995：訳, 46 頁）。たとえば，生物の細胞は散逸構造であり，非均衡の「非常に複雑なパターンを形成することができる（Kauffman, 1995：訳, 94-108, 「生命のネットワーク」）。散逸構造について詳しくは，Prigogine が自ら説明した講演録（日本総合研究所主催，1992 年 9 月，日本総合研究所（1998）に全文が掲載されている）を参照されたい。

しうる客観的結果を指すものであって，主観的意向を指すものではない」(Merton, 1949：訳, 20頁) とした上で，組織における顕在的あるいは潜在的機能にフォーカスした研究が盛んに行われてきたのに対し，一方の解釈主義的アプローチでは「組織への解釈アプローチは，コミュニケーションを通して社会構造を創造し再創造する主観的意味，間主観的意味そして社会的に創造される意味の研究と見なされる」(Weick, 1995：訳, 93頁) という宣言の下，組織におけるセンスギビングあるいはセンスメーキングに焦点を絞った研究が行われてきた。機能主義が観察可能な客観的諸結果に注目したのに対し，解釈主義は外からの観察が容易ではない主観的意味に注目したのである。両者のスタンスの違いから容易に想像できるように，機能主義と解釈主義の研究姿勢は水と油のごとく互いにまったく相容れないものであった。

存在論，認識論，人間性，方法論の観点から機能主義と解釈主義を峻別した Burell & Morgan (1979) は，機能主義がそれぞれ実在論，実証主義，環境決定論，法則定立的立場（客観主義）によって代表されるのに対して，解釈主義は唯名論，反実証主義，主意主義，個性記述的立場（主観主義）によって代表されると論じ (Burell & Morgan, 1979：訳, 1-35頁)，それらの中間的立場での研究を鋭く批判し，両者はそれぞれの方向性を純粋に堅持すべきであると強調した。こうした指摘を背景に，共に表象主義的思考を前提とした認知主義を否定する形で登場したにも関わらず，機能主義的アプローチと解釈主義的アプローチは，1980年代に入ると完全に袂を分かち，機能主義が客観的立場から現実的で実用的な問題志向性の高いアプローチを展開したのに対し，解釈主義は主観性の領域にまで立ち入って，個人あるいは組織的レベルでの主観的意識，さらには両者の社会的結合にまで遡って諸現象を説明すべく試みてきた。

両者の溝は埋めようもなく，やがて両者は互いに相手側を厳しく批判するようになる。機能主義の側に立つ研究者達からは，解釈主義的アプローチはあまりに思弁的であり，客観科学・実証科学の態をなしていないとの容赦ない痛烈な批判が浴びせられ続けたのに対し，解釈主義の側に立つ研究者達からは，伝統的な自然科学的アプローチを直ちに社会科学に適用しようとする機能主義的アプローチには問題があるとして，「人間の行為の説明を行うためには，関係者たちが自分たちの行為に付与する意味を考慮に入れなければならない」，「ど

のような方法で日常世界が社会的に構成されかつ，現実やルーティンとして知覚されるのかということが社会学的分析の重大な関心事となる」，「実証主義的説明では，行為が，外的でしかも拘束的な社会的諸活力ないし非社会的諸力によって決定されると主張するのであるが，このような説明は受け入れがたい」（高橋・山口他，1998，22頁）といった機能主義的研究の根本を揺るがしかねない批判が相次いだ。互いに対する批判は時にやや感情的な趣さえ含まれることもあったように感じられる。

本書で展開されてきた Krogh & Roos 理論は，神経生物学の機能的研究に端を発するオートポイエーシス理論に依拠し，知の展開プロセスを観察可能であると捉えている。この点から分かるように，Krogh & Roos 理論は明らかに機能主義のスタンスから立論を出発させている。しかし，本書を読み終えた方々は既にお気づきのように，Krogh & Roos 理論は客観的で観察可能な"機能"のみならず，主観的で観察の困難な"意味"をも説明できる理論である。なぜ，Krogh & Roos はこのような離れ業を成しえたのか。ここでは，Krogh & Roos 理論と，解釈主義的研究の一大結節点であると評される K. E. Weick により展開された一連の理論（特に ESR モデルとセンスメーキング理論）とを比較検討しながら，この点について考えてみよう。

Weick[10]は，「組織の場合，『組織が行為する』と言うとき，"組織"という一つの名詞があるので，それに対応する何らかの実在—すなわち，独立した固有で不変なそして他の物と主語・述語の関係になりうる物—を想定してしまう。われわれが避けたいのは，組織をこのように独立した力とか機関として扱うことである」（Weick，1979：訳，45頁）と述べ，組織は常に経験の流れの中にあって，その中で出会う様々に多義的な出来事に対してコミュニケーションを通して，一定の答や意味を引き出しそれを共有しようとするプロセスとし

---

10 ここでは本稿の目的に照らして必要に応じて Weick 理論を参照的に紹介するに止めたい。Weick 理論について詳しくは Weick（1979），Weick（1995），遠田（1998；ワイク理論の全体像について詳細に紹介している），髙橋（2004；ワイク理論の特徴を Barnard，Simon などの理論と比較し論じている），髙橋（2005a；Weick の組織観および ESR モデルの問題点を指摘している），髙橋（2005b；Weick のセンスメーキング理論について間主観のイノベーションと集主観のコントロールに基づき検討している），髙橋（2009；解釈主義的諸研究から Weick 理論への流れを検討している）などを参照されたい。

て捉えるべきものであると主張している。Weickによる最初の単行本 "*The Sosial Psychology of Organizing*"（邦訳『組織化の社会心理学』）のタイトルからも分かるように，Weickは「多義性が削減され意味が共有される」組織化（organizing）のプロセスを研究対象として設定したのである。

さらにWeickは多義性の削減は「相互に依存関係にある2人の相互連結行動（interlocked behavior）が単位となって組み立てられたプロセスで行われる」（遠田，1998）とし，組織構造（organizational structure）[11]と「相互連結行動の概念をイコールに考え」（Weick, 1979：訳，116頁）ており，「ある組織がどのように行動しどのように見えるかということを規定する構造は，相互連結行動の規則的パターンによって確立される構造と同じである」（Weick, 1979：訳，116頁）と主張する。

「組織的といえる行為の重要なポイントは，それが孤独なものではなく社会的なものであり，その上かなり明瞭に規定されるので様々な人がパターンを存続させるに必要な構成部分に貢献できることである。このパターンは，現実の行動に若干のブレとか人びとの異動があっても持続する。組織が群衆あるいは家族あるいは患者と医者といった二者関係のような集合体とどこが違うかといえば，後者においては，"人"の交替によってその過程と結果が根本的に変わってしまうのに対して，前者すなわち組織においては互換可能な人びとの貢献によってパターンが維持される点である」（Weick, 1979：訳，45-46頁）。「組織が行為すると言うとき，過程に組み込まれる素材は孤独な行為ではなく二重相互作用だということ，そして結果を左右するのは個々人の資質ではなくて組み立てすなわち相互作用のパターンだということは銘記されてよい」（Weick, 1979：訳，46頁）。すなわちWeick（1979）によれば，組織とは持続的な相互連結行動[12]のパターンによって構成された，常時的に多義性を削減

11　ここでWeickのいう組織とオートポイエーシス理論で展開された〈組織〉とが似て非なるものである点には留意されたい。オートポイエーシス理論では「〈組織〉とはシステムおよびその〈構造〉を規定するのに必要な（構成要素間の）関係」（Varela, 1984, p. 84）であった。Weickは「相互連結行動の規則的パターン」すなわち構成要素間の関係を構造と呼ぶ。Weickのいう組織はオートポイエース理論では〈構造〉と表記すべきものである。

12　Blumer（1969）は「行為の相互連結」（Blumer, 1969：訳，21頁）こそが集団的活動の本質であると論じている。Weickの組織観は，ESRモデルにBlumerのいう「指示」概念を包摂したことも含め，Blumerらのシンボリック相互作用論から強い影響を受けている。

する組織化のプロセスであり，行為が組織的と言える重要なポイントはメンバーの互換可能性にある。

　Weick のこうした構想は，オートポイエーシス理論が提示する，プロセスとしての作動と作動が連環した，構成要素から独立したシステム（組織），さらにはセカンド・オーダーのオートポイエーシス・システムが構造的カップリングを通して，作動を連結させた安定的構造を築き上げたサード・オーダーのオートポイエーシス・システム（組織）としての組織観と通底していることは言うまでもないだろう。ファースト・オーダーのオートポイエーシス・システムが離散的構成要素の代謝を乗り越えて持続的に存続されるのと同様にサード・オーダーのオートポイエーシス・システムは人的な構成に変化が生じても，組織としてのアイデンティティーを維持しつつそれを乗り越えて存続しうる。それを裏打ちしているのは，安定的に連環したプロセス（関係性）に基づく構成要素の代謝可能性（interchangeability；相互互換性）の存在であった。

　上のような組織観に立って，Weick は ESR モデルを提示した。髙橋（2009）で論じられているように，ESR モデルには現象学的社会学が提示した意味連関から離散的断片へのフィードバックというアイディア，さらには現象学的社会学を発展させる形で登場したエスノメソドロジーにおいて提示された意味連関を「日常知の方法」と「社会的構造感」に分けて考察し，それらから離散的断片へのフィードバックが形成された意味形成モデル，さらにはシンボリック相互作用論で提示された「指示」の概念がすべて包摂される。逆に言えば，ESR モデルは，解釈主義的研究の重要な礎石である A. Schutz, H. Garfinkel, H. Blumer らの諸研究を十二分に踏まえた上で，そこに Weick の天才的独創が加わって登場したモデルであると言っても過言ではない。たとえば，ESR モデルはイナクトメント，淘汰，保持の3つのプロセスから構成されるが，淘汰および保持ステップはそれぞれほぼエスノメソドロジストのいう「日常知の方法」および「社会的構造感」と同義であると考えて間違いはない[13]。

　Weick の独創が光り輝くのは，"イナクトメント"という概念においてであ

13　詳しくは髙橋（2009）を参照されたい。ただし，本稿との関係で言えば，Weick がいう保持には「イナクトされた環境」が含まれている点で「社会的構造感」とはやや意味が異なる点には留意されたい。

る。イナクトメントについて Weick（1979）は以下のように説明している。

> 組織化にとってのイナクトメントは，自然淘汰における変異に当たる。では変異と言わずになぜあえてイナクトメントと言うかといえば，組織メンバーが（自らをやがて拘束する）環境を創造する上で果たしている（とわれわれが思っている）積極的な役割をイナクトメントという言葉がとらえているからである……経験の流れの中に違いが生じると，行為者はより深い注意を払うべく変化を隔離するような行為をする。囲い込み（bracketing）のこの行為はイナクトメントの一形態である。行為者が生態学的変化[14]を生むような何事かを行い，それが彼の次に行うことへの制約を変え，そしてそれがさらなる生態学的変化を生み……といったとき，イナクトメントの他の形態が生ずる。
>
> （Weick, 1979：訳, 169頁）

すなわちイナクトメントとは単なる「指示」ではない。Blumer（1969）の「指示」はイナクトメントの一側面「囲い込み」を表しているに過ぎない。「組織メンバーが（自らをやがて拘束する）環境を創造する上で果たしている（とわれわれが思っている）積極的な役割をイナクトメントという言葉がとらえている」（Weick, 1979：訳, 169頁）という点を見逃してはならない[15]。

Weick がイナクトされた環境と言うとき，それはむしろ組織化のインプットであるというよりもアウトプットであることを強調している。外部における「生態学的変化はイナクトしうる環境（enactable environment）すなわち意味形成（sensemaking）の素材を提供する」（Weick, 1979：訳, 169頁）が，組織は必ずしも環境に対してオープンではない。イナクトされた環境がセンスメーキングの素材を提供し続ける限りにおいては，組織は環境に対してかなり長期間にわたってクローズドでもありうる。「組織化のフォルムは伝統的なシステム像を含んではいるが，メインはオープン・システムのフォルムではない。この微妙な点を注意しないと，組織化モデルは容易に誤解されてしまう。このフォルムは，生態学的変化の役割および外生因子が生態学的変化に影響を

---

14 生態学的変化とは，ここでは経験の流れの中で生じる何らかの変化と考えていただきたい。
15 ここではイナクトメントのもう一面を「環境創造性」と考えておけばよい。

及ぼすという事実ゆえに，オープン・システムモデルに近い。しかし，生態学的変化が組織に直接作用するのはただ1ヶ所であって，それは組織のイナクトメントにである。もし組織が淘汰および保持の両過程で保持を信頼するなら，組織は事実上生態学的変化から自らを長期にわたって隔離しうるのである。われわれの記述する組織は相当の自閉症なのだ。組織とは長期自足できるものであるが，オープン・システムモデルは組織がどのようにして自己充足を予想以上に持続しうるかを解明すべく理論的努力を払ってこなかった。組織化モデルは，組織がクローズド・システムでありえかつそのように行為している，といっている」(Weick, 1979：訳, 310頁)。

オートポイエーシス・システムは「オープンであると同時にクローズド」である。オートポイエーシス・システムがオープンであるのは，撹乱という外生因子に対してであって，それはプロセスの閉じた連環であるシステムのコンポーネントにはなりえない。ESRモデルが描出する組織認識は，イナクトメントの段階で外生因子を囲い込まなければクローズドである。かつ，そうした外生因子が囲い込まれた場合においても，それが蓄積されるのは保持プロセスにおいてであって，イナクトメント・淘汰・保持といったプロセスから構成される組織認識形成プロセスそのものには何らの影響も及ぼさない。

組織のクローズド性に基づいて，Weick理論では，想像上の行為（未来完了形の行為[16]）について次のような説明がなされる。

> これらの結果は，どれも創造にはいたらないが，意味を生み出しうる。行為は表出されるだけでなく，抑制されたり，放棄されたり，チェックされたり，方

---

16 未来完了形の行為とは，未だ起こっていない行為を未来において既に起こったものと想定して，未来のある時点で回顧的に振り返って意味づけた行為である。Weick (1979) はSchutz (1967) を引用しつつ以下のように説明している。「未来完了思考の複雑な像はSchutzによって次のように描かれている。『行為者が彼の行為を投影する場合，それがまるですでに終わり，処理され，過去にあるかのように投影する。行為者は，その行為を完熟の実現された事象として心に描き，投影にあたって自分のなした経験の秩序の中に当てはめる。したがって，全く不思議なことに，行為が完了したものとして心に描かれるので，計画される行為は過去形という時間的性質を帯びる…このように，行為があたかも過去でもあり未来でもあるかのように描かれるということは，行為が未来完了時制で考えられていると述べることによって説明される』(Shutez, 1967, p. 61) もし将来の事象がすでに終わり行われたかのように扱うことができれば，その特定の結果を生み出しえたであろう特定の歴史を過去の経験にもとづいて書くことは容易となろう。将来の事象といえども有意味なものとなる」(Weick, 1979：訳, 256-257頁)。

向替えされたりもするのだから，行為は世界の中に目に見える結果を生み出さずとも，意味に影響を及ぼす．想像の中で構築され，自分だけにしかわからないような省略された行為でも有意味にされうる．したがって，行為を，刺激への単なる反応や，観察可能な行動，あるいは目標達成行動と同一視しないように注意すべきだというのが第一の注意点である．もし同一視すると，行為が意味を創り出す微妙な様を見逃してしまうからだ．絶対実行されない行為，実行されるのが遅すぎた行為，手を引くのが早すぎた行為，あるいは時機が良くなかった行為などが，無意味なことはめったになく，むしろ，その意味がわかり過ぎるくらいのことが多いようだ．

(Weick, 1995：訳, 50-51頁)

実際にも，Weickが指摘しているように，絶対に実行されない行為は無意味どころか，意味が分かりすぎている場合が多い．たとえば有名なGarfinkelのデパート実験である．何人かの学生にデパートに買い物に行かせ，そこで値切るように指示する．デパートは正札から鐚一文値引かない（想像上の行為）と思っていた学生達は，実際に値切って見るとかなり値引きしてもらえることに驚く．野茂の大リーグ挑戦などもそうである．大リーグはレベルが高く，日本人では到底敵わないという想像上の行為（未来完了形の行為）は野茂が大リーグで成功するまでは有意味だった．

一方で，上で触れたイマジネーション思考についてKrogh & Roosは本書の中で次のように述べていた．

(過去の)認知資源はイマジネーションも可能にしてくれる．新しい経験とは，観察に基づかない思考に端を発するものでもよい．ここでもまた，自己言及が重要な役割を演じることになる．(過去の)認知資源に言及することで，(新しい)状況，事象，概念などが想像される．この想像された「状態」は，具現化された行為を前もって必要とする．けれども，そのような行為に制約を受ける必要は全くない．ある意味で，そうした想像された状態とは純粋な感覚に基づいた「認知上の行為」なのである．まさにこの瞬間，イマジネーションが新たな弁別と新たな知を創り上げているのである．

(本書, 61-62頁)

Krogh & Roos (1995) のイマジネーション思考に基づいた認知上の行為は，オートポイエーシス・システムのクローズド性と自己言及性によって実現する。対して Weick のいう未来完了形の行為は，ESR モデルのクローズド性と，イナクトされた環境（保持内容）からのフィードバックによってもたらされる。両者の言説を比べれば，Weick 理論における保持からのフィードバックが，Krogh & Roos (1995) のいう自己言及性を有するものであることが理解できる[17]。

　Krogh & Roos (1995) はオートポイエーシス・システムである知の展開プロセスが，個人的および社会的に展開されるプロセスであり，両者は自己相似的であると共に言語ゲームを通じて相互に連関し合っているというアイディアを提示していた。Weick もまた「センスメーキングは，個人的活動と社会的活動にもとづいている」（Weick, 1995：訳, 7頁）と述べ，「組織とはルーティンを相互に結びつける集主観性，解釈を互いに強化する間主観性，そしてこれら二種類の形態の間を行き来する運動，を継続的コミュニケーションという手段によって結びつける社会構造である」[18]（Weick, 1995：訳, 225頁）と定義した。

　Weick, Krogh & Roos (1995) 共に，組織認識を語る上では個人的なレベルにおけるプロセスと社会的なレベルにおけるプロセス，およびそれらが結びつく様を描写すべき必要を訴えているが，Krogh & Roos (1995) がス

17　上で取り上げた Blumer (1969) も「ある一定の行為は，開始されたり停止されたりする。放棄されたり延期されたりもする。単に計画されただけであったり，空想だったりもする。仮に開始されても，変形されていく。ここでの目的は，この過程を分析することではなく，その存在と，それが人間の行為の形成の中ではたらいていることを強調することである」（Blumer, 1969：訳, 20頁）と述べて同様の理論を展開している。

18　ワイクはこの組織観への着想を Wiley (1988) から得ている。Wiley は主観性を内主観性（intra-subjectivity），間主観性（intersubjectivity），集主観性（genericsubjectivity），超主観性（supersubjectivity）の4つのレベルに分けた上で，内主観性とは個人という分析レベルでの主観性であり，「間主観性はコミュニケーションし合う2人以上の自我の交換と綜合によって」（Wiley, 1988, p. 258）内主観性から立ち現れる（創発（emergent）される）主観性であると述べている。その後，再度の創発によって生み出される「具体的で個性的な自我ではなく，集合的な自我」（Wiley, 1988, p. 258）が集主観性（genericsubjectivity）であり，「そこでは，具体的な人間，つまり主体はもはや存在しない」（Wiley, 1988, p. 258）と Wiley は主張する。超主観性は「シンボリックなリアリティーのレベルであって，主体なき文化の体系と見なされるような資本主義とか数学がその例」（Weick, 1995, p. 73：訳, 98頁）であると説明される。

ケーリングによって個人（知）と社会（知）を結び付けているのに対して，Weick は集主観性と間主観性の往還運動の中に同様のことを見出しているといってよい。

Weick によれば，集主観性はコントロールに与り組織認識を安定させ，間主観性はイノベーションに与り組織認識を変容させる。

> 間主観のイノベーションと集主観のコントロールの間で緊張が生じれば，往還運動とコミュニケーションが活発になる。組織をセンスメーキング・システムとして考えるなら，組織の目標とは，環境を安定させ，予測可能なものにするために再発的な事象を創り出し同定することである。意味ある事象とは，以前生じた何かと似ている事象である。
>
> （Weick, 1995：訳，225 頁）

Krogh & Roos（1995）は言語ゲームを安定させる機能を「暗黙の論拠」に，それに支えられた定義や命題，パラダイムに対して代替的，競合的なそれらを確立し，言語ゲームによるイノベーション（ルールと語のイノベーション）を惹起させる機能を「反作用的な論拠」に求めた。「暗黙の論拠」「反作用的な論拠」共に，言語ゲーム的コミュニケーションを通して形成され，それらはスケール横断的に個人，グループ，組織の中で共有される。さらに，Krogh & Roos によれば，暗黙の論拠には，定義に関わるもの，命題に関わるもの，パラダイムに関わるものなどがあり，それらには物語，イデオロギーなどが内包されていた。

Weick のいう集主観性にも，イデオロギー，第三次コントロール[19]，パラダイム，伝統，物語といったものが含まれる（Weick, 1995：訳，143-177 頁）。集主観性のコントロールによって組織におけるセンスメーキングは安定する。反面で，集主観性のコントロールが強くなり過ぎれば，組織は「適応が適応可能性を排除する」状態に陥り硬直化してしまう。集主観性のコントロールに対し，間主観性のイノベーションが組織の柔軟性を裏打ちしている。

---

19 第三次コントロールについて Weick（1995）は，直接的な監督によるものを第一次コントロールと言い，プログラムやルーティンによるものが第二次コントロール，最後に，自明視されている仮説や定義からなるものを第三次コントロールとしている。第三次コントロールは，前提コントロールとも言われる。

ここで，Weick の言葉「集主観性」「間主観性」を Krogh & Roos の言葉「暗黙の論拠」「反作用的な論拠」に置き換えてみても，文章に何ら齟齬は感じられない。逆もまた真である。

機能主義と解釈主義の相克を越えて

　これまで見てきたように，組織認識を語る上では個人的なレベルにおけるプロセスと社会的なレベルにおけるプロセス，およびそれらが結びつく様を描写すべき必要が考えられるが，解釈主義的研究の一大結節点である Wecik 理論と，機能主義的視点から出発した Krogh & Roos 理論は，両者共にこの必要性を満たしつつ，かつ両者によって描き出される"組織認識"観は驚くほど通底しているのである。

　こうした両者の理論展開から導かれる洞察にも極めて高い共通性を見出すことができる。一例を挙げれば戦略計画に対する考え方である。Krogh & Roos (1995) は，戦略計画について，組織知の展開プロセスの自己言及性，そこにおける言語ゲームのダイナミックさに言及した後，以下のように論じている。

> あるマネジャーのグループが戦略計画について議論するために会合を持つたびごとに，彼らの見解，議論，暗黙の論拠，明示的な論拠等々は，変わってしまうであろう。手短に言えば，社会の組織知とは相当ダイナミックなものなのである。一般プロセス論の言葉で言えば，戦略計画に言及するということは積み上げではなく反復であると言えよう。マネジャーの会合を通じて展開された戦略計画に関する新しい知は，その計画に関するそれまでの知に積み上げて追加されたというわけではない。マネジメント・チームは会合を重ねるたびごとに，それまでの知に言及したり，会話の所々を忘れたり，新たな経験を取り込んだり，戦略計画についての新たな解釈を革新的に生み出したり，といったことを通じて計画についての新しい知を展開していくのである。
> （本書，147-148頁）

　Krogh & Roos は戦略計画を文字通り「計画」とはみなさず，それは常に

進行中のプロセスであり, 組織が過去に行ってきたものに言及しつつ (反復であり, それまでの知に言及したり), その中で何らかの新たな手掛かりが気づかれたり, 新たな経験が積み重ねられ, それによって, 新たな見解, 議論, 暗黙の論拠が形成され続ける知の展開プロセスであるとみなしている。

髙橋 (2000) は Weick と Mintzberg (1989) の戦略論について次のように論じている[20]。

> Mintzberg (1989) によれば, 戦略とは「未来への計画案であると同時に, 過去からのパターン」(Mintzberg, 1989：訳, 41頁) であり,「計画的である必要はない──多かれ少なかれ自然に形を現すことがある」(Mintzberg, 1989：訳, 45頁) ものであり, 工芸制作に例えられるようなものである (Mintzberg, 1989：訳, 37-64頁)。Mintzberg (1989) は,「これまで戦略策定について書かれてきたほとんどすべてが, それを計画的な過程として描いている。まず考えて, その後で行動する。計画を立てて, その後で実施する。この進行はまったく理に適っているように見える」(Mintzberg, 1989：訳, 45頁) が, 陶芸家が工房で作業をしているのを思い浮かべると, そこでは最初から明示的な計画が存在したのではなく, むしろ「アイデアが次々に浮かんでは消え, やがて新しいパターンが形を結ぶ」(Mintzberg, 1989：訳, 45頁), すなわち「行為が思考を駆り立て」(Mintzberg, 1989：訳, 45頁)「戦略が形を現わした」(Mintzberg, 1989：訳, 45頁) と考えた方がよいのではないかと述べる……Mintzberg が主張している戦略概念, すなわち計画としてではなく, 進行しつつある流れの中で事後的に生じたものであるという考え方は, 事実そのものが回顧的に有意味に作られるという Weick の主張とも通底している……意味は過去から引き出される。われわれは事実によって自分の行為を知り, 理解するにすぎないのである。ならば, 計画性の名の下に立ち上げられた戦略というものにそもそも意味があるのだろうか。もし意味があるとするならば,「将来に関する情報は不完全であり, 現実を回顧的にとらえているため」(Scott 他, 1981：訳, 1985, 332頁)「過去に意味を与えることぐらいである。いいかえれば, 計画化という行為は, 価値ある過去の行為に意味

---

20 本書で見てきたように, Krogh & Roos (1995) も Mintberg (1989), Minzberg (1990) に言及している。

を与えるには役立つが，計画それ自体には意味を与えないのである」（Scott 他，1981：訳，332 頁）。もし意味を考えるのであれば，それはむしろ「シンボル，宣伝，ゲームそれに相互作用の口実」（Weick, 1979：訳，14 頁）として考えるべきであろう。

髙橋（2000）が指摘しているように，Weick の戦略観は，「計画」というよりも「相互作用の口実」（Weick, 1979：訳，14 頁）（相互作用のきっかけ）であり，それは進行しつつある流れの中で，回顧的に意味が形成され続けているプロセスである。こうした見解が上で紹介した Krogh & Roos（1995）の戦略観と通底していることは言うまでもないだろう。

Krogh & Roos 理論の解釈主義的研究への接近は，Krogh & Roos が，Weick らの研究を批判的にではなく好意的に評価しつつ，それらと自論との接合点を探り，さらに，それらが拠って立った先行研究を自説の根拠として慎重に取り入れながら，新たなエピステモロジーを展開していったがゆえに生じたのである。具体的には，Krogh & Roos は，Sproul & Kiesler（1991），Weick & Roberts（1993）[21]の研究を「とりわけ注目に値する」（本書，31 頁）としてポジティヴに提示しつつ，さらに解釈主義の土台となっている「Alfred Schutz（Schutz（1970），Schutz and Luckman（1989, 1985））の現象学と Peter Berger と Thomas Luckman（Berger（1981），Berger and Luckman（1966））の社会学理論」（本書，142 頁）を包摂しつつ理論展開を進める。枚挙の暇がないので省略するが，Krogh & Roos は，他にも M. Polanyi, P. Bordieu, W. Buckley, C. Geerz, G. P. Huber, I. Mitroff, G. Morgan など，解釈主義的研究が重要な礎石としてきた先行研究を丹念にレビューし，自説に吸収すべく試みている。これらの諸研究は，いずれも Weick 理論をはじめ解釈主義的諸研究の要を形成する足場となってきたものばかりである。これらの吸収に際して，接着剤の役割を果たしているのが，オートポイエーシスを始めとする諸概念であることは言うまでもなかろう。

こうした本書全体を貫く Krogh & Roos の理論展開を眺めれば，彼らが解

---

21 HRO（High Reliability Organization；高信頼性組織）に関する研究。詳しくは，髙橋（2007a），髙橋（2007b），髙橋（2008）などを参照されたい。

釈主義的アプローチが拠って立つ諸先行研究の成果を機能主義的アプローチに整合的に取り込むべく試みることで，機能主義と解釈主義の相克を越えた，プロセスのみならず内容までをも説明できる統合理論の構築を目指していたことが理解できる。Krogh & Roos の壮大な挑戦は，オートポイエーシス，カオス，言語ゲームなど新たに組織認識論の世界に導入された言葉の見事なアンサンブルを伴って，これまで考えようもなかった整合性の高い統合理論として，本書において結実した。

繰り返すが Krogh & Roos が本書に込めた意図は，機能主義と解釈主義の相克を乗り越えた統合理論を提示することにあったのである。読者の方々は本書に込められた Krogh & Roos のこの希有壮大な意図を見落とさないようにして欲しい。本書は，今後進められるであろう機能主義視点と解釈主義視点が融合した研究において，必ずや重要な礎となることであろう。

本書を通して，機能主義的だ，解釈主義的だといった視点で，組織認識研究を捉えることが最早無意味になりつつあることが感得される。かつて，Burell & Morgan (1979) は，多くの主観主義者 (subjectivist)[22]がアイディアの操作にあたって現実主義者 (realist) 的形式の存在論 (ontology) が密かに (through the back door) 忍び寄っていると強く批判し (Burell & Morgan, 1979, p. 266)，具体的に Weick (1979) の理論展開は存在論上ふらついて (ontological oscillation) おり認めがたいと述べた (Burell & Morgan, 1979, p. 266)。これに対し Weick (1995) は以下のように応じている。

> センスメーキングを研究する人は存在論上ふらつくものなのだ。なぜなら，格別存在論云々を考えたことのない日常生活を生きている人びとの行為を，センスメーキング研究者が理解しようとするとき，そのふらつきこそが理解を促してくれるからである……もし，人びとが多様なアイデンティティを持ち，多元的なリアリティーに対処しているのであれば，彼らが存在論的に純粋主義者であると予測すべき理由などあるだろうか。彼らが純粋主義者ならば，そのセンスメーキング能力は制限されてしまう。人びとは時によって，解釈主義者，

---

22 Burell & Morgan (1979) によれば主観主義かつレギュレーションの立場が解釈主義，客観主義あるいは現実主義かつレギュレーションの立場が機能主義である。従って，ここでは両者をそれぞれ解釈主義，機能主義と考えてもよい。

機能主義者，ラディカル人間主義者，ラディカル構造主義者のように行為するという方が自然である。

(Weick, 1995：訳，47頁)

Weickのいうように，組織の生は時には機能に，時には解釈に重点を置くことによってより鮮明に理解できる筈である。

Krogh & Roosのエピステモロジーは，上でWeickが「自然」と述べたことを理論的に実現すべく試みたものであると考えられる。本書で展開されたKrogh & Roosのエピステモロジーが，長らく続いてきた機能主義と解釈主義の不毛な相克を乗り越え，真新しい21世紀の組織認識論を切り開く重要な礎石となるであろうことは間違いない。

参考文献

遠田雄志 (1998)「点と線と図―カール・ワイクの世界(1)―」法政大学『経営志林　第35巻第3号』。
河本英夫 (2006)『システム現象学―オートポイエーシスの第四領域―』新曜社。
後藤将之 (1991)「解説　ハーバート・ブルーマーの社会心理学」(H. Blumer『シンボリック相互作用論―パースペクティブと方法―』勁草書房)。
菅啓次郎 (1997)「訳者あとがき」(Maturana, H & Varela, F. J. 著『知恵の樹』315-321頁)。
髙橋正泰・山口善昭・磯山優・文智彦 (1998)『経営組織論の基礎』中央経済社。
髙橋量一 (2000)「リーダーシップ―その組織認識論的考察―」法政大学大学院経営学専攻『企業家養成コース研究成果集 2000』。
髙橋量一 (2004)「組織認識論の世界 I」亜細亜大学『経営論集　第39巻第2号』。
髙橋量一 (2005a)「ESRモデル再考」亜細亜大学『経営論集　第40巻第1・2号合併号』。
髙橋量一 (2005b)「集主観性類型化の試み」亜細亜大学『経営論集　第41巻第1号』。
髙橋量一 (2007a)「HRO理論が提示する5つのプロセスに関する考察」亜細亜大学『経営論集　第43巻第1号』。
髙橋量一 (2007b)「柏崎刈羽原発直下型地震―その組織認識論的考察―」亜細亜大学『経営論集　第43巻第2号』。
髙橋量一 (2008)「食の安全をどう守るのか―その組織認識論的考察―」亜細亜大学『経営論集　第44巻第1号』。
髙橋量一 (2009)「解釈主義の結晶としてのESRモデル」亜細亜大学『経営論集　第44巻第2号』。
永井均 (1995)『ウィトゲンシュタイン入門』ちくま書房。
橋爪大三郎 (1985)『言語ゲームと社会理論　ヴィトゲンシュタイン・ハート・ルーマン』勁草書房。
土方透・野崎和義 (1994)「訳者あとがき」(G. Teubner『オートポイエーシスとしての法』未來社)。
日本総合研究所 (1998)『生命論パラダイムの時代』第三文明社。
山本信・黒崎宏 (1987)『ウィトゲンシュタイン小事典』大修館書店。
Berger, P. L. & Luckman, T (1966). The Social Construction of Reality. Penguin. (山口節郎訳 (1977)『日常世界の構成』新曜社。)
Burrell, G. & Morgan, G. (1979). *Sociological Paradigms and Organisational Analysis*：

Elements of the Sociology of Corporate Life. Heinemann.（鎌田伸一・金井一頼・野中郁次郎訳（1986）『組織理論のパラダイム―機能主義の分析枠組―』千倉書房。）

Blumer, H (1969). Symbolic Interactionism : Perspective and Method.（後藤将之訳（1991）『シンボリック相互作用論 パースペクティヴと方法』勁草書房。）

Kauffman, S. (1995). At Home in Universe : The Search For Laws of Self-Organization and Complexity. Oxford University Press.（米沢富美子訳（1999）『自己組織化と進化の論理 宇宙を貫く複雑系の法則』日本経済新聞社。）

Luhmann, N. (2002). Einfuhrung in die Systemtheorie. Carl-Auer-Systeme Verlag.（土方透監訳（2007）『システム理論入門 ニクラス・ルーマン講義【1】』新泉社。）

Maturana, H. Varela, F. J. & Uribe, R. (1974). Autopoiesis : The Organization of Living Systems, Its Characterization and a Model. *Biosystem vol. 5*, pp. 187-196.

Maturana, H. & Varela, F. J. (1980). *Autopoiesis and Cognition : the Ralization of the Living*. Reidel.（河本英夫訳（1991）『オートポイエーシス―生命システムとは何か』国文社。）

Maturana, H. & Varela, F. J. (1984). *Der Baum Der Erkenntnis*. Editorial Universitaria.（菅啓次郎訳（1997）『知恵の樹』ちくま学芸文庫、英語版 The Tree of Knowledge, Shambhala.）

Merton, R. K. (1949). Social Theory and Social Structure. Free Press.（森東吾・森好夫・金沢実・中島竜太郎訳（1961）『社会理論と社会構造』みすず書房。）

Mintzberg, H. (1989). *Mintzberg on Management*. Free Press.（北野利信訳（1991）『人間感覚のマネジメント―行き過ぎた合理主義への抗議』ダイヤモンド社。）

Schutz, A. (1967). *The Phenomenology of the Social World*. Northwestern University Press.

Schutz, A. (1970). *On Phenomenology and Social Relations*. University of Chicago Press.（森川眞規雄・浜日出夫訳（1980）『現象学的社会学』紀伊国屋書店。）

Teubner, G. (1989). Recht als Autopoietisches System.（土方透・野﨑和義訳『オートポイエーシス・システムとしての法』未來社。）

Varela, F. J. (1984). Two Principles of Self-Organization. In H. Ulrich & G. J. B. Probst (ed.) *Self-Organization and Management of Social System*. Springer Verlag.

Weick, K. E. (1979). *The Social Psychology of Organizing* (2nd ed.). Addison-Wesley.（遠田雄志訳（1997）『組織化の社会心理学 第2版』文眞堂。）

Weick, K. E. (1995). *Sensemaking in Organizations*. Sage.（遠田雄志・西本直人訳（2001）『センスメーキング イン オーガニゼーションズ』文眞堂。）

Wiley, N. (1988). The Micro-Macro Problem in Social Theory. *Sociological Theory*, 6, pp. 254-261.

【特別寄稿論文】

ニュー・オーガニゼーショナル・エピステモロジー
―その整理と意義―

松本　久良

メタファー・パラダイムと組織論

　組織とは何か？　この問題に答えるべくこれまでさまざまな研究者がさまざまな観点から諸説をまさしく展開してきた。そしてその際，理解を促すために雑多なメタファーが用いられることが多く，そのことが学際性（インターディシプリナリー）が強い領域であると言われる所以ともなってきた。中でも組織を生きている実体すなわち生物として解釈するアプローチはとりわけ採用されることが多く，またその有効性というものも組織を観察する者の多くが認めてきたところである。個別の生命体の集合体としての組織という観点に立てばそのようなことは当然の帰結ということにもなろう。

　経営学においては（企業）組織は（経営）環境および戦略との三位一体のフレームワークの中で理解されるのが一般的であるが，その場合組織が環境に適応するためのカギを握るのが戦略であるとされる。この考え方は経営学においてはまさに王道であり常識とされているが，それは自然環境（natural environment）ならぬ経営環境（managerial environment）という人為的かつ主観的な環境を想定し，それに対して組織という生命システムが適応するという，まさに組織の環境適応という経営の世界での礎石となる考え方である。このような観点から出発し近年になると環境創造という概念が付与されることになる。これは組織が自らを取り巻く環境（たとえば市場・顧客・消費者ニーズ）を主体的に操作・形成するという側面であるとともに，自然ならぬ経営の世界に特有の現象でもある。ゆえに経営学への応用・発展バージョンと言えよう。現在では，（適応に創造を含意させる場合もあるが）環境適応と環境創造

とがセットになって思考の枠組みとなっている[1]。そして，他にも住み（棲み）分け（habitat segregation），ニッチ（niche），ドメイン（domain）など生物・生命との関連を示す用語が頻繁に当然のごとく用いられている。

さらに，こうしたメタファー（metaphor）としての用法に加えて，パラダイム（paradigm）の転換ということを目的にいわゆる生命論パラダイムの類もこれまで様々なものが登場してきた。部分と全体との関係性に言及したA. O. Koestlerの「ホロン」，情報の動的秩序のふるまいによって生命を捉えようとする清水博の「場（場所）」の理論，システムが自身の組織や構造をつくり出すという性質に着目した「自己組織化」，その他にも「複雑系」など直接・間接を問わず生命と深い関連性があり，組織理論の構築に少なからず影響を及ぼしている広義の生命論は枚挙に暇がない。

そうした中で，社会心理学者K. E. Weickが1970年代に提唱したESRモデルは[2]，1990年代に入りとりわけ経営組織論の領域においてわが国でも注目されるようになった。同時にこのことは，組織研究の焦点が1900年代初頭のF. W. Taylorの「科学的管理法」に端を発する実施の側面に焦点を当てた研究，1900年代半ばのH. A. Simonに端を発する意思決定の側面に焦点を当てた研究から，組織の認識に焦点を当てた研究へと中心がシフトしてきたことの証左でもある。そのESRモデルは，別名組織化の進化論モデル（the evolutional theory of organizing）とも呼ばれ，言わずと知れたC. R. Darwinの自然選択に基づく進化論のエッセンスを組織の認識と意味形成のプロセスの理解に適用したものである。それは，変異・自然淘汰・保持という自然選択の一般的なプロセスを，それぞれイナクトメント（enactment）・淘汰（selection）・保持（retention）というプロセスにアレンジすることによって，組織の営みを進化のプロセスから理解しようとする[3]。

このように，経営・組織・企業といったことがらを生物学的なアプローチないしは生命論パラダイムによって読み解こうとする試み自体は決して斬新で

---

1 後者の観点は，イノベーションとの関連から，経済学者J. A. Schumpeterの「新結合」，経営学者P. F. Druckerの「顧客の創造」，社会心理学者K. E. Weickの「イナクトメント」という概念がそれぞれ多大な影響を与えた。

2 ESRモデルについては髙橋論文（特別寄稿論文）ならびにWeick (1979)を参照されたい。

あったり目新しいものでもない。そして，神経生物学などの英知を援用し，組織知とその展開ということを中心に据えて，組織認識の問題をオーガニゼーショナル・エピステモロジーとして論じているのがまさに Georg von Krogh & Johan Roos（1995）である。

　エピステモロジーとは知識論や認識論などと和訳されることが多いが[4]，いずれにしても個人知や個人の認識を対象とするのが一般的であり心理学・哲学などが中心的な役割を果たしてきた。エピステモロジーという考え方自体は目新しいものではないが，オーガニゼーショナル（組織の）という形容詞にこそ意味があり，経営学とりわけ組織論も（が）重要な役割を担うことになる。さらに，オーガニゼーショナル・エピステモロジーというジャンルの研究もこれまでにあるにはあったが，それらは表象主義（representationalism）に基づくコグニティビスト（cognitivist，認知主義者）または人工知能などに傾向するコネクショニスト（connectionist，結合主義者）のものであると一蹴しその限界を指摘している[5]。こうしたことから，本書は二重の意味で新しいエピステモロジー，すなわち new organizational epistemology を目指した冒険的試みの書ということができよう。

　それでは本書はどのようなことを主張したかったのか，また本書の醍醐味はどのような点にあるのだろうか。本書は人文分野から自然科学まで多岐にわたる領域にまたがるものなのですべてを網羅するわけにはいかないがそのポイントを再考してみることにしよう。

3　言うまでもなく ESR はそれぞれの頭文字をとったものである。そして，変異（variation）をイナクトメントに，自然淘汰（natural selection）を淘汰としているのは，組織の行為および意識という自然界と異なる面を示唆している。また，所与のものとしての自然環境との相違は生態的変化（ecological change）という概念によって環境の自己創出を強調している。さらに，保持はイナクトされた環境（enacted environment）ともされており，それは自らの行為および意識とは自らが創出した環境にからめとられるものだ，ということを意味している。

4　エピステモロジー（epistemology）とは，ギリシャ語の episteme（知識）と logos（理論）に由来するためこのように理解される。そして，知識創造という概念との関連で経営組織論の領域で注目されるようになった。

5　本訳書第 2 章参照。

Krogh & Roos 理論とオートポイエーシス

　「部分と全体との関係性の究明」、これは多くの学問にとって究極のテーマであるように思われる。先に言及した生物学の世界においても近年のゲノムの解明によって研究の転換点を迎えており、そして方向性のひとつとして「ゲノムという単位がどのようにして生まれ、どう変化してきたか、それを支える細胞はどう変ったかということが基本となる。次はそこからどのようなものが創出されたか、そして最後にそれらと環境との関係はどうであったかということを見なければならない」（中村, 2006, 113頁）ということがある。人間をはじめとする生物はその数と構造こそ違え個々の細胞の集合した統一体であるので、言うまでもなく各細胞間の関係および個々の細胞と全体とのつながりを解明することが重要な問題となる。そして、従来は遺伝情報を中心とした複製という観点からそうした関係性にアプローチしていたが、ゲノムというものに中心がシフトしていく中で自らが自らを創出するという観点からのアプローチが嘱望されるようになってきたのである。さらに、普遍性・秩序・統一性というこれまで理想として追い求めてきたものばかりでは限界が生じ、多様性・混沌・個別性という新たな視点をも融合した複眼的な視座も不可欠になっているようである[6]。経営学（いや世の中と言ってもよいかもしれない）においてもダイバーシティ（diversity）という名の多様性の必要がここのところ声高に叫ばれているのは偶然の一致であろうか[7]。

---

[6] こうした融合ということに関しては、組織論のマクロ・アプローチ（組織構造論）とミクロ・アプローチ（組織行動論）の問題が古くからある。また、実施と意思決定の側面を中心に展開されてきたが近年認識という問題からのアプローチが注目されるようになっていることは先にも述べたとおりである。さらに、後にも触れることになるが、Krogh & Roos が第10章で例示している ABC マネジメント・モデルにおいて B の重要性が強調されているのはまさに彼らが知の問題を根源的なテーマと考えていることに他ならない。

[7] 経営の世界で多様性との関連で付言すれば、多角化（diversification）という派生語を誰もが想起するであろうということである。多角化は製品的にも地理的にもドメイン（行動圏）を拡大する。これはそれとともに組織も多様化しなくてはならないことを意味している。多様なものには多様なもので対応する、これを必要多様性と言い表すこともあるが、この場合組織は多角化に呼応するように知を多様化する必要があることを意味する。

このような生物の世界を取り巻く状況にあって，1970年代の初頭にチリの生物学者 Humberto R. Maturana と Francisco J. Varela によって主に神経生物学などの領域に登場したオートポイエーシス（autopoiesis，自己産出）なるユニークなアイディアが注目されるようになった[8]。そして Maturana & Varela（1984）の中で彼らは次のように述べている。

〈生物は絶えず自己を産出しつづけるということによって特徴づけられている〉というものだ。生物を定義する組織をオートポイエーシス［自己創出］組織という名前で呼ぶとき，ぼくらはそのようなプロセスのことをいっているのだ。

(Maturana & Varela, 1984：訳書, 51頁)

このような生物が自身を再産出し続けるという特性に着目し，組織というものを知をオートポイエーシス的に展開するものという観点から捉えなおそうとするのが Krogh & Roos のこの斬新な試みなのである。

ここで重要な点は，組織や構造というとき固定的な実体としてとらえがちであるが，オートポイエーシス理論を特徴づけている考え方が生物をそのようにみなしているように，組織をプロセスまたは流れとみなしていることである。先にとりあげた Weick も組織（organization）ではなく組織化（organizing）という概念を採用することによって組織を静態的にとらえるというワナを回避している[9]。組織理論にオートポイエーシスという考え方を取り込もうとする

---

[8] オートポイエーシス（autopoiesis）とは，ギリシャ語に由来する auto（自己）と poiesis または poein（生産・製作・創出）による造語で自己創出・自己産出・自己生産などと訳されることが多いが，ここでは自己産出とするがいずれも同義であると考えて頂きたい。

[9] Weick の主著（1979）の原題は「The Social Psychology of Organizing」である。また，彼はシステム論からルース・カップリング（Loose Coupling，緩やかな連結）という概念を組織理論に適用した。簡約すると，ルース・カップリングとは「連結された各事象は互いに反応し合う関係にあるのだが，それぞれの事象は自身のアイデンティティーを有していたり，他と物理的ないし論理的に分離することもある」（Weick, 1976, 3頁）ような場合とか，「2つのシステムが共通する変数をあまり持たなかったり，たとえ持っていてもその影響が弱いかぎりは，2つのシステムは独立性が高い」（Weick, 1976, 3頁）ような場合に立ち現われるとし，組織の適応性という観点からその有効性が指摘されている。この点に関してさらに言えば，ルース・カップリングの概念は構成要素間のネットワークとその連結性を問題にしているが，オートポイエーシス理論は「単細胞オー

Krogh & Roos のキーワードは knowledge である。この点についてわれわれ訳者が留意しなければならなかった根源的な問題は，この用語をどのように扱うかということであった。近年，経営(学)におけるキーワードとして知識およびその創造という意味での知識創造なる語をよく見聞きするようになったが，このことは先に述べた意思決定から認識へと考察対象の重点がまさしくシフトすることを物語っていよう[10]。

　結論から言うと，われわれは knowledge＝知とすることとした[11]。「オーガニゼーショナル・エピステモロジー」で著者たちは，knowledge を固定的なものではなくオートポイエーシスというまさにプロセスを通して絶えず産出と再産出を繰り返しているものという観点から，組織認識の理論的枠組みを(再)構築するのが狙いだからである[12]。知識という言葉はすでに創造・創出されたものというイメージをもたらすことがあり，ここでは知という言葉がその微妙なニュアンスをより伝えると考えるからである[13]。加えて，knowledge は常に development とセットで考えなければならないという問題がある。ここで開発という理解はやはり知の内容ということに焦点が移ってしまい知のプロセスという点がぼやけてしまうことになる[14]。こうしたことから，ここでは知識の開発・創造というよりも知の展開という表現が好んで使われているの

　　トポイエーシス単体を構成する諸分子は，さまざまな相互作用のネットワークとして，ダイナミックに連結されていなくてはならない」（Maturana & Varela, 1984：訳書, 51頁）とした上で，さらに「この細胞のメタボリズム［物質交代］が作りだす構成要素は，それらの構成要素自身を作りだした変換ネットワークをも，作り上げている」（Maturana & Varela, 1984：訳書, 51頁）としていることからもその先進性をうかがい知ることができる。
10　最近の日本における労働環境の変化とともに再度注目されている P. F. Drucker のナレッジワーカー（知識労働者）の概念なども少なからず通底するものがある（Drucker, 1966 などを参照されたい）。
11　しかしながら，より一般的に使用されることの多い「知識」という訳語が適切な箇所についてはそちらの方を用いている。
12　これに関連して，経営（学）の世界でもしばしば適用される科学哲学者 M. Polanyi の「暗黙知」(tacit knowing) の概念（Polanyi, 1966）が想起されるだろう。「オーガニゼーショナル・エピステモロジー」における知はまさにこの暗黙知の次元とは極めて近い概念ではあるが，とくに経営（学）においてそれとペアーで用いられる表現しうる (articulate or articulable) 知としての形式知 (explicit knowledge) の概念とは距離があることに留意しなくてはならない。
13　ESR モデルとの関連で言えば，知識とはイナクトされた環境において保持される蒸留物である。その意味で知とはモデルの全体像そのものであり，知の展開とは R を包摂したプロセスの円環と考えた方がよい。
14　内容およびプロセスについては，Krogh & Roos, 1995：訳書, 12-14 頁を参照されたい。

である。そして，生命が細胞等を自己産出するごとく組織とは知を自己産出する，まさに知を展開するということによって特徴づけられる存在なのである。

ひるがえって，経営組織論の大家である J. G. March は，とりわけ意思決定を中心にしたアプローチでも知られているが，組織における意思決定とあいまい性（ambiguity）の関係へと研究の重点が置かれるようになるにつれて[15]，認識にかかわるテーマをより多く取り扱うようになっていったと思われる。彼は近著において，「組織間の生き残りをかけた戦いは，これまでのように物的資源とか市場にアクセスできるかどうかというよりは，知識にアクセスできるかどうかの方にかかっている。いわゆる知識爆発によって，知識を獲得し利用する能力が競争優位の最も重要な源泉となる」(March, 1999：181頁）とした上で以下のように述べている。

　ディシジョン・メーキングとセンス・メーキングは密接につながっている。選好，アイデンティティー，ルール，状況，期待，こういったことはすべて混沌とした世界を意味づけるということを内に含んでいる。ゆえに，意思決定を研究する者とはまさしく，個人および組織が自身の過去，性質，未来をどのようにして意味づけるのかを研究する者と言える。それと同時に，ディシジョン・メーキングがセンス・メーキングに影響を与えるという側面を見逃してはならない。個人や組織が決定すると言った時，その場合自らの選好やアイデンティティーを変えてしまったり，もしくは解釈対象としての世界そのものを創出してしまうことさえあるのだ。したがって，意味の構築とは意思決定の素材でもあり産物でもあると言える。
　　　　　　　　　　　　　　　　　　　　　　　(March, 1999：25頁）

つまり，認識と意思決定との連環というものにあらためて気付かせられるわけであるが，同時に個人と組織との連環という深遠な問題にも思いを馳せなければならないことにも気付かせてくれる。それでは，このような問題意識もふま

---

[15] のちにゴミ箱モデル（Garbage Can Model）として広く知られることになる J. P. Olsen および M. D. Cohen との共作（1972）などは転換を示すメルクマールである。

えつつ「オーガニゼーショナル・エピステモロジー」のエッセンスについて瞥見してみることにしよう。

自己言及性と組織の境界

　Krogh & Roos が提唱する新しい「オーガニゼーショナル・エピステモロジー」とは，これまでのエピステモロジーが表象主義や結合説に依拠していたのに対して，（神経）生物学から立ち現われてきた構成要素およびそのネットワークの自己産出を主題とするオートポイエーシスという考え方を基に，新たな観察スキームから新たな概念と用語を用いて説明しようとするものである。オートポイエーシス，スケーリング，言語化，自己相似，自己言及，など彼らの理論を彩るさまざまな用語をあげることができるが，それらはあたかもパズルのようなディスプレーとしてわれわれの眼前に呈示される。そこでポイントを絞って重要事項を整理するとともにその意義を考えてみることにしよう。
　組織知というものを取り扱うに際して，個人の (individualized) 組織知と社会の (socialized) 組織知とに分けているがこれは単なる二分法的な考えによるものではない。組織知とは個人の組織知と社会の組織知との往還運動を通して産出されるものであり，この往還運動のプロセスこそが組織知の展開にほかならない[16]。比喩的に表現するならば事物の内面と外面とを同時に見ることができたといわれる古代ローマの神であるヤヌスのようなイメージである[17]。

16　前掲の高橋論文でも触れられているように，Weick は N. Wiley の主観性の 4 つの区分けにしたがって組織とは間主観性から集主観性への移行にその特徴を見出せるとした上で，「組織とは，ルーティンを相互に結びつける集主観性，解釈を相互に強化する間主観性，そしてこれら二種類の形態の間を行き来する運動，を継続的コミュニケーションという手段によって結びつける社会構造である」(Weick, 1995 : 訳書, 225 頁) としている。この点に関して，Weick および Krogh & Roos ともに往還運動ととらえている点は同質性が見出せるが，わたくし（個人）レベルの主観性を意味する内主観性からわれわれレベルの主観性を意味する間主観性への移行ということにも留意しなければならない。すなわち，組織知の展開とは，内から間へというミクロ内の移行，間から集へというミクロ―マクロ間の移行（そして集から超へというマクロ内の移行もあるがここでは組織レベルの議論に限られるのでこの問題は考察の範囲外としてもよいと思う），これらを含んだより広範なものなのである。
17　アンビバレンス（両価性）の象徴としてしばしば使われるが，Weick もアンビバレンスの必要性

要素還元主義的アプローチから脱却しホロンが全体機能と部分機能を併せ持つ存在であるとされたように，個人知と社会知のどちらが部分でどちらが全体であるかというような議論よりも，それらの間での相互のやりとりから知が生み出されるということが重要な意味を持つのである。そして，そのような組織知が展開するプロセスがオートポイエーシス的な様相を呈するということに着目し，そのことをこの新たなオーガニゼーショナル・エピステモロジー論では中心に据えているのである。

オートポイエーシス理論との関連において，人の知と世界との関係について従来とは異なる説明を行うのに重要な役割を演じている考え方とそれに関連する事柄に着目してみよう。まずはじめに，自己言及性 (self-referentiality) の問題に着目してみたい。新たな知識とは旧知識の上に（忘却を伴いながら）新たに積み上げられていくものだというのが常識だと言えるが，そうではなくて反復的に展開するものそれが知であるとされる。すなわち，知とは具現化されたものであって「知られることになるものはすべて，すでに誰かに知られている」(Krogh & Roos, 1995：訳書, 56 頁) のであり，「あなたが何かを知る（世界を生み出す）時には，その知るということがあなた自身についての何かを暴露することになる」(Krogh & Roos, 1995：訳書, 63 頁) ものなのである。

これは Weick のいう回顧的意味づけ (retrospective sensemaking) と，現在の意味づけ（センスメーキング）がいかに過去にひきずられるものなのか，あるいは過去そのものであるとも言えるという点で共通している[18]。彼は，How can I know what I think till I see what I say? というフレーズを多用する。それによって，"考える→言う（未来志向，積み上げ）" に対し

を強調するに際してヤヌスの例を用いている。詳しくは松本 (2009) を参照されたい。
18　Weick はセンスメーキングと解釈との相違について次のように述べている。「センスメーキングは明らかに活動あるいは過程に関するものであり，一方，解釈も過程と言えなくもないが，どちらかといえば結果を記述するものである。… センスメーキングの真髄は過程に焦点を当てるという心構えを喚起することだが，この点は解釈にはあまり当てはまらない。… 解釈するという営みは，何かすなわち世界のあるテクストがそこにあり，発見され近似されるのを待っているということを匂わせている。しかし，センスメーキングは発見よりも発明に近い。」(Weick, 1995：訳書, 17-18 頁) こうしたことからも，Krogh & Roos の知の展開という考え方およびセンスメーキングとはともにプロセスというものをどうとらえるか（あるいは，とらえなければならない）という問題に重点を置いている点で共通していることが分かる。

て，"考える←言う（過去志向，反復）"すなわち"言ってみるまで考えていることなど知る術もない"を強調することで，"考える⇔言う（過去と未来の双方向性）"にまさに言及している。その意味では，この拙稿も書き終えられるまで私自身の知識や考えがどのようなものなのか知りえないし，自己言及の産物そのものといえよう[19]。

また，エスノメソドロジー（ethnomethodology）の提唱者である Harold Garfinkel は，その概念と用語を説明するにあたって素人の陪審員たちが互いに共有していると思う常識的知識を産出しそれに頼る様を描出している[20]。

> われわれの社会のメンバーたちは，特に陪審員になるという状況において，事実や空想，仮説や推測，証拠や証明，審理や系統だった知識などを実際に考慮しなければならない。そういうときは彼らは自分と同じ状況におかれた人たちなら，互いに何を知っているか，何を処理すべきかなどに関して，当然相手が知っているものとみなしている。問題なのは，そうした知識が利用できるということなんだ。… 彼らが実際に審議していくなかで，互いに何らかの仕方で… いま考慮されるべきことはなんであるかを，何とかして"見抜く"ということが，彼らにとっての重大な問題なんだ
>
> （Garfinkel, 1989：訳書, 15頁）

陪審員たちは来るべき判決のために一時的に集いタスクが完了したらそれぞれの本業へと帰っていく。陪審員としてのタスクを遂行するには共有された知識が必要であるが，それは新たに構築される確固としたもののようではあるが，それは各メンバーが過去の知識に自己言及した結果立ち現れる社会的構成物なのである。そしてこれは，行為者にしか分からないはずの行為の意味がな

---

19 こうしたことは，会話（Krogh & Roos, 1995：訳書, 第6章）とテキスト（Krogh & Roos, 1995：訳書, 第7章）の関連性，およびそれぞれの自己言及性の問題ととらえることもできる。
20 「「エスノ」という言葉は，ある社会のメンバーが，彼の属する社会の常識的知識を，「あらゆること」についての常識的知識として，なんらかの仕方で利用することができるということ」（Garfinkel, 1989：訳書, 14頁）とされるが，そうしたことから考えると，エスノメソドロジーとは"常識的知識とされうる方法論"とでも言えよう。こうしたこともとりわけ社会の組織知と自己言及性との関連で重要であり，エスノメソドロジーならぬエピステモロジー風に言えば，そのような常識とされる知が組織においていかに展開するのかという問題になるであろう。

ぜ他者にもわかるのか，という重大な問題を含意している。Krogh & Roos はそのことを「個人は自分自身の知の展開への「自分だけの特権的アクセス権」を持っている」(Krogh & Roos, 1995：訳書, 181頁) とした上で，従来のマネジメント・モデルはマネジャーの基準で従業員の知を判断してしまい，知のダイナミクスを理解していないと警告している。Garfinkel はエスノメソドロジーという新たな思考のフレームワークを手掛かりにしてまさしく"社会的思考の解体"を試みたと言えるが，Krogh & Roos もまた組織知というものをオートポイエーシスというフレームワークをもとにゼロベースでの洗い直しを試みていると言えよう。

さらに，こうした議論は社会学者 Robert Merton の "予言の自己成就 (self-fulfilling prophecy)" という社会学における自己言及性の問題との関連性を示唆している。人がある状況を現実であると認識すると結果においても現実となってしまうということであり，知識あるいは知との関連でいえば，それはメンバー間で共有されているある知識にしたがって思考し行動した場合その知識が現実のものとなって自己成就することを意味する[21]。

そして次に，境界の問題に着目してみたい。組織論の領域において組織と環境との境界の問題は古くて新しいテーマであり続けている。言わばできることならば避けて通りたいという常識的知識というか空気というかに覆われている。まさにタブーとも言える問題に処方箋とまではいかないものの一筋の光明を見出させてくれるといってもよいのではなかろうか。組織の環境あるいは経営環境とは主観そのものであり，まさしく知の展開による産物という観点から切り込むのは的を射ていると思われる。

では，組織そのものは客観的と呼ぶに足る存在なのであろうか。これもまたそうではないしそのような存在としてとらえることは組織の本質を見逃すことになるので知の展開ということから組織に迫るべきだ，というのがニュー・オーガニゼーショナル・エピステモロジーの最も重要な問題提起である。にもかかわらず，実際には環境と組織をともに外部に存在する所与の客観的な実体

---

[21] 予言という言葉は将来や未来といったことを想起させるが，自己成就という言葉とセットで用いられる際にはむしろ過去の側面に重点が置かれる。さらに，デジャヴ（既視感）との関連などについても興味深いところである。

とした上で，両者を分かつ目に見える壁の存在を想定するのが一般的である。
「人びとはまさに彼ら自身，環境の一部なのである。… 受動的人間の面前にそのような環境を置く，そんなことを人間以外になしえる"もの"があるだろうか。その"もの"は，能動的な人間でしかありえない。組織にいる人たちはあまりにこの事実を忘れてしまっている。"その環境（the environment）"という言葉が中立的な響きを持つので，彼らはこの響きの犠牲になっている。」(Weick, 1995：訳書, 42頁) と Weick は自身の環境観を披瀝するとともに，行為を通じての環境創造（イナクトメント）の側面を，ひいてはセンスメーキング（sensemaking）を強調している。さらに組織に関しては，「"組織的"という修飾語は"組織化（organizing）"という言葉にくらべて，固定的で硬直したニュアンスがある。それはまた，パターンやフォームよりも実体を指す言葉のように思える。しかしながらわれわれは，組織の研究において重要なのは実体ではなくてパターンやフォームにあると考えている。」(Weick, 1979：訳書, 44-45頁)と組織観を披瀝するとともに，組織（organization）というとらえかたを否定している[22]。

　Krogh & Roos もアプローチの方法こそ違えども Weick と極めて近い環境観であると言えるが[23]，Krogh & Roos はこのような問題を論じるにあたって，境界（boundary）ということではなく境界面（interface）ということを

---

[22] Weick は 1979 では organizing を中心に，1995 では sensemaking を中心にして組織とは何かを解明しようとしているが，言うまでもなく両者は繋がっている。ちなみに，「意識的な相互連結行動（interlocked behaviors）によって多義性（equivocality）を削減するのに妥当と皆が思う文法」(Weick, 1979：訳書, 4頁) と組織化を定義している。一方，センスメーキングに関しては，「何ものかをフレームの中に置くこと，納得，驚きの物語化，意味の構築，共通理解のために相互作用すること，あるいはパターン化といったようなこと」(Weick, 1995：訳書, 8頁) であるとしている。センスメーキングに関しては，明確な単一の定義は困難であろうし，またそうすることに意味があるのかといった感は否めない。しかしながら，オーガナイジングからセンスメーキングへと議論が発展するにつれて，センスメーキングとは意味の展開であると考えることも十分に可能であることからも，知の展開としてのニュー・オーガニゼーショナル・エピステモロジーにより近似してきたことも事実である。
[23] 組織とは外部環境に対して開かれた存在であるとするいわゆるオープン・システム観が経営の世界では近年の常識とされてきたが，こうしたトレンドに対して Weick はクローズド・システム観の重要性を再認識するよう訴えている。一方で，Krogh & Roos はオートポイエーシス・システムの作動的閉域という特性に着目して知の展開の閉鎖性（closure）を強調している。"外界と遮断しての生存"の可能性に言及しているというこのような共通項もまた，自律性（autonomy）などとの関連で留意すべき点として付け加えておきたい。

強く意識している。先に本節の冒頭で，組織知とは個人の組織知と社会の組織知との往還運動を通して産出されるものであるとする Krogh & Roos の見解と，組織とは集主観と間主観との往還運動をコミュニケーションという手段によって実現するものとする Weick の見解との関連性を示した。組織を知や意味のメカニズムであるとする両者だが，組織と環境との関係性とくに境界の問題に関してもこのような考え方を適用できる。境界ではなく境界面を強調するということは，単に境界に静的に横たわっている存在を意味するのではなく，境界において往還運動を展開することを意味している。Krogh & Roos は，「組織の境界とは知の問題である。境界とは，組織と環境との弁別の基準と深くかかわる，個々人の知によって生み出されるものなのである。人は組織の境界を自分自身で創り出しているのである。こうして，人は自分の知の一部である境界をダイナミックに創出することを繰り返すのである。」(Krogh & Roos, 1995：訳書，64頁) とする一方で，次のような引用を行うことで境界面にも言及している。

　認知に関する（オートポイエーシス的な）観点が，さらに刺激的な展開を見せるであろう方向性の一つが，文化と関連した知に関する領域への展開である。… 民話や，魚の名前，ジョークといった文化と関連した知の存在場所とは… 個人の心の中か？ 社会のルールの中か？ その文化の産物の中か？（中略）それを解く重要なカギが…　心，社会，文化，それぞれの境界面にある知を吟味することで得られるかもしれない。三者のどれか一つの中にとか，三者の全ての中にカギがあるのではなく，あくまでも三者の境界面にということだ。

(Krogh & Roos, 1995：訳書，69頁)

これらが意味するところは何であろうか。前者は個人の組織知に関わる文脈であり，いわば内主観から間主観への移行に関わる文脈とみなすことができる。一方，後者は社会の組織知に関わる文脈であり，間主観から集主観への移行に関わる文脈とみなすことができる[24]。

ここで重要な問題が提起されるに違いない。その問題とは，一体何がこのス

ケールの異なるものを結びつける(往還を可能ならしめる)というのであろうか, ということである。Weick はそれをコミュニケーションに求めたが, Krogh & Roos は次元の異なる二段構えのスタンスを採用している。一段目は, 方法論としてのスケーリング(scaling)と自己相似性(self-similarity)である(訳書第 5 章に詳説)。二段目は具体的ツールとしての言語化(languaging)とテキスト(text)である(それぞれ訳書第 6 章と第 7 章に詳説)。

この相違は何を意味しているのであろうか。本稿では両者の共通性・同質性に着目したわけだが, もともと全く同質のパースペクティブでないことは言うに及ばない[25]。しかしそれだけではなかろう。知(や知識)という深遠なコミュニケーションを包括するような概念を取り扱うということにかなりな部分起因していよう。そうであるがゆえに, 方法論や説明のためのツールも異質かつ複雑にならざるを得ないのもまた事実である。知はコミュニケーションの根底をなし両者はかなり深いところで結び付いているに違いない。

Krogh & Roos はその博識をいかして自然科学的な説明も多用しながらスケーリングと自己相似性に言及しているが, さらにこれらはオートポイエーシスと重要な関連性を有している。生物学において細胞の再産出(reproduction)のプロセスの研究ということはとりわけ大きな位置を占めてきたわけであるが, その営みとは自己相似的だが, ある単体から同じクラスの単体(レプリカ)を繰り返し複製する(工場での製品製造のような)レプリケーション(replication)でも, モデルとなる単体(コピーの原紙のようなもの)から次々と同じ単体を複写するコピー(copy)のようなものでもない。けれども, コピーはコピーでもある原紙をコピーし出力されたものを原紙としてさらにコ

---

24 換言すれば, これはミクロ内往還運動とミクローマクロ間往還運動の相違とも言えようが, 既述の如く, マクロ内往還運動は割愛しても十分に耐えうると思われる。こうしたことからも, 内から間というミクロ内としての個人知, および間から集というミクローマクロ間としての組織知, および集(から超)というマクロ(内)としての社会知, という分類を行いたい。そして, 中でも組織知とその展開(=(マクローミクロ間の)往還運動という見方もできよう)こそ *organizational epistemology* の考察の中核をなすと言ってよいのである。ちなみに, この点に関して心理学と社会心理学, および組織心理学との関係などが想起されるかもしれない。

25 Krogh & Roos は, 組織論などで著名な Simon や March をコグニティビストと, Weick をコネクショニストとラベリングしているが, 幾分ドラスティックかつラディカルな感は否めない。神経生物学的アプローチのパイオニアからはそう映るのももっともなことなのかもしれないが。

ピーしということを繰り返すということは，そこに漸進的な変化が生じ個体間に歴史を見出すことができる点で異なっている。しかしながら，細胞の再産出の説明要件としてはまだ不十分であり，ひとふさの葡萄を手でちぎってふたふさにする場合のように，ひとつの単体を分割した結果同じクラスのふたつの単体が出来るような場合でなければ再産出ではない。すなわち，それは複製やコピーではなく，「すべてのことは単体の中で単体の部分として起こり，〈再生産するシステム〉と〈再生産されるシステム〉とのあいだに分離はない」(Maturana & Varela, 1984：訳書，73頁) ということである[26]。そしてさらに葡萄の例でも細胞の再産出の説明要件としてはまだ不十分であり，次のような記述がいっそう重要となる。

　細胞の再生産においては，ある特別な現象が見られる。オートポイエーシスのダイナミクスこそ再生産平面の形成による細胞分割を生じさせるものだということだ。つまり外からの動因や力は必要ない。けれども初期のオートポイエーシス単体においてはそれがそうではなかっただろうこと，おそらく再生産とは，はじめはこれらの単体が外部の実体と衝突した結果としての断片化だったのだろうということは，想像がつく。そのような事件によって形成された歴史的ネットワークの中で，いくつかの変わり者の細胞が，その内的ダイナミクスの結果として，再生産的分割をみずからはじめたのだった。これらのヴァリアント［変異体］は，ある分裂のメカニズムをもち，それからひとつの〈リニイジ〉つまり安定した歴史的継続体が派生した。
　　　　　　　　　　　　　(Maturana & Varela, 1984：訳書，77頁)

　この特別な現象こそ自己再産出 (self-reproduction) のメカニズムでありオートポイエーシスの最大の特徴とも呼べるものなのである[27]。そして，"外からの動因や力は必要ない" というフレーズは，先に脚注で触れた閉鎖性およ

---

[26]　ここでの説明は Maturana & Varela, 1984 (訳書) に基づいている。さらに，再産出と再生産は既述の通り同義と考えて頂きたい。
[27]　オートポイエーシスを広く知らしめるきっかけとなった Maturana & Varela (1980) も参照されたい。オートポイエーシス理論は未だ確立された理論ではないが，複雑性の極限とも言える生命現象を説明する革新的理論として期待されているものである。

びその裏返しとしての自律性の問題と直結しているとともに，auto（自己）の意味そのものでもある。

　こうしたことからも，Krogh & Roos が細胞の自己再産出と知の自己再産出的な展開とを自己相似性ということによって方法論的に結び付けようと試みているということが理解できる。そしてその具体的な手段として，組織における言語化やテキストといった広義のコミュニケーションと関わるもので説明しようとしているのである。さらに，かなり具体的な物言いをするならばそれは，組織メンバー，オフィス，課，部門，事業部，トップ・マネジメント，さらにはプロジェクト・チームや子会社といったものも含めて，階層間の境界面で知が自己相似的な特徴を呈しながら展開・往還する様を解明しようとするいわばロマンに満ち溢れた壮大な試みであるといえよう。

オーガニゼーショナル・エピステモロジーと実践

　本節では少々趣を変えて実践に目を向けながら Krogh & Roos 理論のエッセンスを振り返ってみたいと思う。理論と実践の融合ということには理論の曲解，強引な押し付け，過度の俗化などといった問題が常につきまとうであろう。しかしながら，経営学や組織論の世界ではとりわけ実践性ということが要求されるのもまた事実であるし，Krogh & Roos も最終章となる第 10 章においてかなり趣を変えてケースをとりあげて理論の有効性を確認しようとしている。それでは，前節で取り上げたものの他にも重要と思われる項目とともに実践の可能性について考えてみよう。

　彼らは第 10 章でニュー・オーガニゼーショナル・エピステモロジーを実践する新しいマネジメント・モデルとしてセンコープ社（SENCORP）をとりあげている。これまでほとんどの理論や実践において肉体と精神との弁別[28]の結

28　弁別（distinction）という概念は重要であるが，それは観察者（observer）による観察という概念と相互作用の関係にある。なぜなら，観察とは区別と指示という 2 つの契機からなる操作だからである。（なお，訳書では便宜上ここでいう区別を弁別と同義としており，区別（distinguish）や識別という訳語は観察とさほど関連性がない場合に用いられている。）

果として肉体の方を選択してきたのに対して，センコープ社は精神の方を意識しより重点を置いてきたと言える。これまでにも精神に重点を置く理論や実践がなかったわけではないが，たとえば，それはコア・コンピタンス，ドミナント・ロジック，知識構造などに見られるように，知の内容に焦点を当てているものがほとんどであった。一方，センコープ社ではそうしたこととは一線を画しはやくから知の展開ということの重要性を認識していたという。そうした知の展開の気付きということは，知の転換の流れやプロセスを示すものとしての知の連続性（訳書，図表10.1），さらにポピュレーション・バルブ（訳書，図表10.6）という考え方に具現化されている。

　こうした知の展開プロセスや連続性ということを意識したより現実的かつ具体的な新しいマネジメント・モデルが3つの責務からなるABCモデルである。B（認識）の責務は考えること，すなわち知を展開して意思決定のためのオプションを開発することである。A（意思決定）の責務は決定すること，すなわちオプションのうちどれを実施するかについての決定である。C（実行）の責務は選択したオプションの実施である。そしてAはBとCとをつなぐ機能を担っているわけだが，従来のマネジメントはC（肉体）に偏向しているが，センコープ社の場合はB（精神）の重要性を意識するとともに，ABC間の知の連続性や流れにも十分配慮している。それだけではない。センコープ社の場合はそうしたモデルに自己相似性とかフラクタル性という側面を加味している（訳書，図表10.7，10.8，10.9，10.10）。通常はB＝トップ，A＝ミドル，C＝現場などと紋切り型にラベリングが施される場合が多いが，そうではなくてそれぞれのスケールに横断的に質的に同じではないにしろそれらの責務は存在しているのである。そしてそれぞれのスケール上でABCそれぞれの責務が極端な偏向なく機能しているということなのである。

　リーダーシップ研究が盛んなMIT（Massachusetts Institute of Technology）の研究グループによる「完全なるリーダーはいらない」という論文の中で，著者たちはリーダーの不完全性を強調し，メンバーとの相互補完による協調行動を推奨している[29]。そして，リーダーがすべきこととして，状況認

29　詳しくは，*Diamond Harvard Business Review*, 2007年9月号，46-61頁を参照されたい。

識に取り組む，人間関係を築く，ビジョンを描く，創意工夫を促す，の4点をあげリーダーの役割の中でもとりわけ認識の側面を訴えている。なるほど，Bの責務によりウエイトを置くべきであるという主張は，このカオス的な時代の中にあってもっともな主張として納得できるであろう（実はこうした認識の側面を重視するという主張は斬新と言えるのだが）。だが，スケールや自己相似性という問題にまで言及するとなるといささか不十分な感を拭い得ないだろう。

そうしたことにまで言及しようとするとやや大胆な物言いが必要となるかもしれない。まず，次のような3つのステージに分類することから始めよう。

① 主にトップ・マネジャーが（C（実行または実施）→）A（意思決定）→B（認識）へと自らの役割についてその重点を移行させるようになる。
② Bの機能（責務）をトップが占有するのではなくて，その一部を下位の者（層）と（量的にはそれほど多くはないが）共有するようになる。
③ Bの機能（責務）を（上層のそれと質的に同じではないが）下位の者（層）の役割の一つとして新たに構築するようになる。

②に関しては，エンパワーメント（enpowerment）としての大幅・大胆な権限委譲ということが考えられる。たとえば，実践においては現場主義という考え方が広く普及したが，この場合の権限とは（階層を下ってくる指示・命令を忠実に実行するということからの転換である）考える権限という表現がより適切であろう。

日産自動車のカルロス・ゴーン氏はトップに就任以来，現場主義もそうであるがクロス・ファンクショナル（cross functional，部門横断的な（コミュニケーション））ということを重要視してきたが，Krogh & Roos のいうアクロス・スケール（across scale，スケール横断的に（相似））ということの一つの実践形態としてはさらにクロス・レイヤー（cross layer，階層横断的な）とでもいうべきものをより強く意識する必要がある。というのも，個人から組織全体に到るあるレイヤーにおいてAの責務を欠いている場合，それは相似とは言えないのである。

このような考え方を現実組織に適用するのはもともと大きな困難を伴う作業

であると考えるが，GAS のトリレンマのうちとりわけ精確性より大胆という立場からさらに考えてみよう[30]。

本節の記述および ABC モデルでは従来の一般的な組織構造が前提になっているが，そのような組織においてとりわけ ③ を実践するのは簡単ではなかろう。そこで，近頃マネジメントの実践現場でよく見聞きするようになった，マネジャーのいない（少ない）組織，マネジャー不要論，フラット型組織，（ディスインターメディエーションなどによる）脱ピラミッド組織，などということとともに考えたい。

ビジネス組織ではなくまた小規模な組織ではあるが，指揮者のいない楽団として知られている"オルフェウス室内管弦楽団"という注目を浴びる組織がある[31]。1972 年にニューヨークで産声を上げて以来，おおよそ 26 人ほどの（2001 年度は 27 名うち日本人 2 名）楽団員たち一人ひとりが指揮者としての役割を共有しながら唯一絶対のマネジャーとしての指揮者を擁さずに組織運営を行い，音楽界最高の栄誉であるグラミー賞の栄冠に輝いたこともある。オルフェウスでは通常のコンサート・マスターに相当するミドルは形式上存在するのだがマネジメント上の権限というものはなく，基本的には階層は存在せず全メンバーがフラットな状態にある。つまり，（このケースでは各個人にということになるが）② を超越して ③ の領域へと踏み込んでおり，各メンバーは B の機能を禅譲されることで ABC の機能の自律性（autonomy）を有することになる。「オートポイエーシス・システムはそれ自身のコンポーネントを再産出し，それ自身の組織とアイデンティティーを再創造しているがゆえに，その自律性を確保しているのである。オートポイエーシス・システムが機能するためのルールは，システム組織と，システム自身を再産出する方法の中に見出される。」（Krogh & Roos, 1995：訳書，43 頁）ということからも分かるように，オートポイエーシス・システムにとって自律性はたいへん重要な特徴であることを思い出していただきたい。楽団としての組織というオートポイエーシス・システムと演奏者・楽団員としての個人というオートポイエーシス・シス

---

[30] G（general，普遍），A（accurate，正確），S（simple，簡潔）のうち 2 つを追い求めると 3 つ目が犠牲になりがちであるという考え方。トレード・オフ（trade-off）の関係のもう一つの説明。
[31] 詳しくは，H. Seifter & P. Economy, 2001 を参照されたい。

テムは，社会の組織知と個人の組織知がそうであるように，自律性という共通の特徴の下に結びついているのである[32]。

オルフェウスの組織には差異的な特徴が多々見られるが，中でも最も重要な特徴でありそのような組織を可能ならしめていると考えられるのがユニークなコミュニケーションである。コミュニケーションを密にしなければならないとか，現場の声にも耳を傾けるべきだ，といった言はよく耳にするものである。ところが，指揮者やコミュニケーションの結節点となるべきメンバーがいないオルフェウスでは，コミュニケーションも自律的でなければならない。忌憚のないとはよく言うには言うが，本当の意味での true communication（うそ偽りのないコミュニケーション）が不可欠となる。受容のみならず，否定や拒否といったものも同等に存在しなければならないので，年齢・性別・経験の有無を問わずよくないと感じる演奏に対しては自由にダメ出しとしての NO をつきつけるとともに双方が納得するまで話し合われる[33]。

こうした自律性やコミュニケーションの問題は，オートポイエーシス・システムのさらなる重要な特徴の一つである"オープンであると同時にクローズド"という事柄を浮かび上がらせる[34]。すなわち，（ここでは個または個人ということが中心になるが）外部に対してクローズドであるということは受容に対する拒絶であり，まさしく真のコミュニケーションこそがオープンであると同時にクローズドということを可能にしているとの解釈も可能である。生物の用語で言えば，細胞やニューロン（神経細胞）における言語等による連結の問題とも言えよう。

現実の企業のケースとして，最近メディアなどでも取り上げられ注目される

---

32 なお，より経営学的な物言いとなるかもしれないが，演奏者である各楽団員はもともと自立可能なプロフェッショナルである（したがって，自律性を容易にしている）。こうしたことも ABC の各機能の獲得という観点からの自立性の獲得ということと併せて考えるべきであろう。

33 たとえば，企業の世界でこのところ選択型人事とか FA 制度などと称する仕組みが注目され取り入れられているが，その場合でも参画の域を出ずここでいう自律とは異なる。また，オルフェウスではオフサイトには家族ぐるみの付き合いなどのコミュニケーションも存在し，組織全体としての価値の共有に資するようである。こうしたことはオートポイエーシスとも関係するが，いわゆる自律性の暴走を抑制するメカニズムとして機能しているものと思われる。

34 このことは本稿脚注 23 で若干触れたように，Weick のクローズド・システム観，Krogh & Roos やオートポイエーシス理論の閉鎖性・閉域，と深く関連している。

ことが多くなった（メガネの）21という組織が存在する。創業は1986年で広島に本拠地を置き中国地方を中心に展開するメガネチェーン店である[35]。たいへんユニークな組織でありいろいろと面白い仕組みがあるようだが、たとえば"ギブアップ宣言"は合わないメンバーとは無理に合わせようとするのではなく、宣言した方またはされた方が異動となる（宣言された方にも左遷という意味合いはない）。通常であれば、そのようなことは言い難いし我慢してなんとかしてしまおうとなりがちであるが、それではtrueとはならず単なるコミュニケーションに終始することとなろう。さらに、社員はネットにアクセスすれば社長のも含め全社員の報酬を閲覧することが可能であり、その他会社のあらゆる情報が公開されているそうだ。

「細胞を例に挙げれば、細胞はエネルギーに関してはオープンであるが、情報や統制に関してはクローズドである。この意味するところは、情報も知も環境からピックアップされたり、取り込まれたりするのではなく、それらはオートポイエーシス・システムの中で形作られるということである。」(Krogh & Roos, 1995 : 訳書, 45頁)という表現の中に簡約されているように、オープンであると同時にクローズドという特徴は、オートポイエーシス・システムを可能ならしめる重要な要件の一つである。つまり、個としてのメンバーも全体としての組織もともにこの両面が不可欠であり、とりわけこうした実践例の中に個のアンビバレント・スタンスを見出すことができよう[36]。ちなみに、21では"いい分散・いい集合"という一見相反することを目指さしているのだが、その矛盾を克服しそれを現実のものとしてると言える。

そして、何よりも21という組織を特徴づけているものが、ここでも指揮者ならぬマネジャーのいない組織ということである。トップとしての社長は存在するにはするが、交替制の名誉職であって実権は持たず言うなれば良い意味でのおかざりである。一般の社員についても役職や序列は一切なく、皆が平等な立場である完全フラットな組織を実現している。こうしたことは、③の領域

---

35 詳しくは、平本、2009を参照されたい。
36 前掲の高橋論文では、WeickのESRモデルの保持から淘汰およびイナクトメントへと向かう2本のフィードバック・ループそれぞれの信用（＋）および懐疑（－）という問題が、この両価性の要求に関する組織レベルでの表出であるとの指摘は興味深い。

への移行，ABC機能および自律性の獲得ということを可能にしていると言えるだろう。21では，社員は従業員でもあり，出資者でもあり，経営者でもあるとされる。また，意思決定（A）に関しても，すべて社内ウェブ上で行われるとともに，人事・総務・経理などの部門も持たない。一方で，ここでもまた，自律性やオープン－クローズといったことを良質のものとするために，あるいはゆるやかな価値の共有を図るために，メンバーとの緊密なつながりということを強く意識している。それは，出資ということのみならず，社内結婚の勧めとか，縁故入社の受け入れであるとか，ある意味でかつての家族主義的経営を彷彿とさせるものとも言えるユニークなものである。

結びにかえて

　これまで，Krogh & Roosの「オーガニゼーショナル・エピステモロジー」について訳者の一人として，要点を整理するとともにその意義を論じてきたつもりである。そして前節では，一つの可能性としてオーガニゼーショナル・エピステモロジーの実践面への応用を試みてみた。生物学にかかわるメタファーから企業組織を考察するということは以前から行われてきた。トヨタの生産方式の強みを生命システムとしてとらえ精緻な分析を行なっている研究の中に，「神経組織のように，TPSの切れ目のない流れと規律は，増大する多様性と高品質を低コストで生み出す「内部関係づくりのダンス」を踊りながら，トヨタの各部分を結ぶ網の目を形成していく。さらにいうなら，このダンスは動物の神経組織における関係づくりのダンスのように，自分で方向を決めていく。中央からの制御システムによって動いているのではない。」（T. Johnson & A. Bröms, 2000：訳書，145頁）という一節があるが，これはトヨタ生産システム（Toyota Production System）の特徴を，まさにMaturana & Varelaのオートポイエーシス理論の言葉で説明している。また，古くはトヨタ生産方式の生みの親である大野耐一氏は，「企業全体は，しばしば人間のからだと比較して論じられる。人間のからだには，意思とは無関係にはたらく自律神経であるとか，筋肉を支配する運動神経などさまざまな神経というものがある。…

私どもの生産現場についていえば，自律神経とは，現場の自主判断機能ということである。… いちいち人間の身体でいえば脳に相当する生産管理部や工務部などに問い合わせなくとも自らの判断でできるような現場にするということである。」(大野, 1978：81-82頁) と述べており，自らが礎を築いたシステムにその生命（や神経）との共通性をすでに感じていたのではないかと思われる。

先にも少々触れたが，知や知識というテーマを切り開く端緒となったものとして一連の知識創造の研究があるが，その重要な理論的支柱の一つとして既述の社会知と個人知の往還運動と深い関連性があると考えられるものに"知識スパイラル"なる概念がある。そして，その知識スパイラルを促進する要件の一つとして自律性があげられており，「生命体はさまざまな器官から構成され，それらはまた多くの細胞から成っている。生命体－器官－細胞の関係は，支配－被支配のそれでもなく，全体－部分の関係でもない。それぞれの単位が，自律的細胞のように自分の内部に起こるすべての変化をコントロールするのである。さらには，各単位は自己増殖によって自分の領域を決めている。この自己言及性が自己創造システムの本質である。」(野中 & 竹内, 1996：113頁) と述べ，Maturana & Varela のオートポイエーシス理論と知識創造理論との関連性をはやくから指摘している。

Krogh & Roos 著 *organizational epistemology* は，Maturana & Varela のオートポイエーシス理論を理論的枠組みとして，エピステモロジーの観点から組織を知の展開プロセスとしてとらえようとするものである。いわば未開の地への冒険という性質上，理論的完成度という点からは十分とはいえない部分もあると思われるが，組織に関する生命システムのアナロジーとしては表面的な考察に終始せずかなり深く入り込んでいるものと言えるだろう。混迷を極める現代の企業経営において，組織は成果主義などの報酬制度，非正規社員などの雇用制度，脱ピラミッドなどの組織構造，たとえばこのようなことに関してパラダイムを転換しより精緻なものにすべく励んでいる。だが一方で，こうした変更にのめりこみ組織や制度を精緻化するほどますます非合理的なものの影響を受けるようになり，あいまい性，多義性，センスメーキングなどといった問題がいっそう顕在化してこよう。ユニクロの柳井正氏がドラッカーの理論を実践に応用して成果に結びつけていることは知られているが，さ

まざまな違いから同じように応用するのは難しいと思われるがなにがしかのヒントは得られるはずである。また，社会的にもたとえば裁判員制度のような全く新たな仕組みが導入されるなど何かと大きく転換しているが，裁判員が判断を下すあるいは量刑を決定するなどといった側面に注目が集まる中，そうした決定ということとともに認識の側面がいっそう重要なものとなり自己言及性など新たなアプローチがより意味を持つことにもなるであろう。さらに，地球規模で環境や平和に関する問題への取り組みが必要とされる昨今，今一度生命あるいは命ということに真剣に思いを馳せることが大切になっているのではないか。経営に関心がある方のみならず多方面の方々もこれをご覧になると思われるが，企業経営と生命の問題との距離はますます近づいているように感じられる。こうしたことからも，生物学のオートポイエーシスという考え方に基づいて，組織に知の展開プロセスというパースペクティブからアプローチする新しいオーガニゼーショナル・エピステモロジーは注目するに値する理論であると思う。

Georg von Krogh and Johan Roos, *Organizational Epistemology.* Palgrave Macmillan, 1995. (高橋量一・松本久良訳『オーガニゼーショナル・エピステモロジー』文眞堂，2010年3月）本稿は上記の翻訳書に特別寄稿論文として収録されたものである。

参考文献
大野耐一（1978）『トヨタ生産方式』ダイヤモンド社。
中村桂子（2006）『自己創出する生命 普遍と個の物語』ちくま学芸文庫。
野中郁次郎（1990）『知識創造の経営 日本企業のエピステモロジー』日本経済新聞社。
野中郁次郎・竹内弘高(1996)『知識創造企業』東洋経済新報社。
平本清（2009）『会社にお金を残さない』大和書房。
松本久良（2009）「新・経営者の役割―ディシジョン・メーカーからコグニティブ・マッパーへ―」法政大学イノベーション・マネジメント研究センター『ワーキング・ペーパー・シリーズNo.72』。
Cohen, M. D. & March, J. G. & Olsen, J. P. (1972). A garbage can model of organizational choice, *Administrative Science Quarterly*, 17, pp.1-25.
Drucker, P. F.(1966). *The Effective Exective.* Harper Collins Publishers.（上田惇夫訳(2006)『ドラッカー名著集1　経営者の条件』ダイヤモンド社。)
Garfinkel, H. (1968). The Origin of the Term "Ethnomethodology". In R. Turner (ed.) *Ethnomethodology*, Penguin, 1974, pp.15-18 (originally published as Purdue Symposium on Ethnomethodology, 1968).（山田富秋・好井裕明・山崎敬一編訳（1987)「エスノメソドロジー命名の由来」『エスノメソドロジー―社会学的思考の解体』せりか書房, 9-18頁。)
Johnson, H. T. & Bröms, A.(2000). *Profit beyond Measure*. Free Press.（河田信訳（2002)『トヨタはなぜ強いのか』日本経済新聞社。)
March, J. G. (1999). *The Pursuit of Organizational Intelligence.* Blackwell.

参考文献

Maturana, H. & Varela, F. J. (1980). *Autopoiesis and Cognition* : *The Realization of the Living.* Reidel Publishing. (河本英夫訳(1991)『オートポイエーシス—生命システムとは何か』国文社。)
Maturana, H. & Varela, F. J. (1984). *Der Baum der Erkenntnis.* Editorial Universitaria. (菅啓次郎訳(1997)『知恵の樹』ちくま学芸文庫, 英語版 The Tree of Knowledge, Shambhala.)
Polanyi, M. (1966). *The Tacit Dimension.* Routledge & Kegan Paul. (佐藤敬三訳(1980)『暗黙知の次元 言語から非言語へ』紀伊國屋書店。)
Seifter, H. & Economy, P. (2001). *Leadership Ensemble.* Times Books. (鈴木主税訳(2002)『オルフェウス プロセス』角川書店。)
von Krogh, G. & Roos, J. (1995). *Organizational Epistemology.* Palgrave Macmillan.
Weick, K. E. (1976). Educational organizations as loosely coupled systems, *Administrative Science Quarterly*, 21, pp.1-19.
Weick, K. E. (1979). *The Social Psychology of Organizing* (2nd ed.). McGraw-Hill. (遠田雄志訳(1997)『組織化の社会心理学 第2版』文眞堂。)
Weick, K. E. (1995). *Sensemaking in Organizations.* Sage Publications. (遠田雄志・西本直人訳(2001)『センスメーキング イン オーガニゼーションズ』文眞堂。)

参考文献

Abell, D. F. (1993) *Managing with Dual Strategies: Mastering the Present, Preempting the Future* (New York, NY: The Free Press). (小林一・二瓶喜博訳 (1995)『デュアル・ストラテジー——混迷の時代を生き抜く戦略』白桃書房。)

Ackoff, R. L. and F. E. Emery (1972) *Purposeful Systems* (London, UK: Travistock).

Alberts, R. S. and M. A. Runco (eds) (1990) *Theories of Creativity* (Beverly Hills, Calif.: Sage).

Aldrich, H. (1986) *Population Perspectives on Organizations* (Uppsala, Sweden: Acta Universitatis Upsaliensis).

Allison, G. T. (1971) *Essence of Decision* (Boston, Mass.: Little, Brown and Co.). (宮里政玄訳 (1977)『決定の本質——キューバ・ミサイル危機の分析』中央公論新社。)

Anderson, J. R. (1983) *The Architecture of Cognition* (Cambridge, Mass.: Harvard University Press).

Andrew, A. M. (1989) *Self-Organizing Systems* (New York: Gordon and Breach Science Publishers).

Andrews, K. R. (1970) *The Concept of Corporate Strategy* (Homewood, Ill: Dow-Jones-Irwin). (山田一郎訳 (1976)『経営戦略論』産業能率短期大学出版部。)

Ansoff, H. I. (1965) *Corporate Strategy: An Analytic Approach to Business Policy for Growh and Expansion* (New York: McGraw-Hill). (広田寿亮訳 (1969)『企業戦略論』産業能率短期大学出版部。)

Arber, A. (1954) *The Mind and the Eye* (Cambridge, UK: Cambridge University Press).

Argyris, C. and D. Schon (1978) *Organizational Learning* (Reading, Mass.: Addison-Wesley).

Ashby, W. (1960) *An Introduction to Cybernetics* (London, UK: Chapman and Hall). (篠崎武・山崎英三・銀林浩共訳 (1967)『サイバネティクス入門』宇野書店。)

Astley, W. G. and R. F. Zammuto (1992) 'Organization Science, Managers, and Language Games', *Organization Science*, 3, pp. 443-61.

Bak, P. and K. Chen (1991) 'Self-Organization Criticality', *Scientific American*, January, pp. 26-33.

Ballard, D. H. and S. D. Whitehead (1992) 'Learning Visual Behaviours', in H. Wechsler (ed.), *Neural Networks for Perception*, vols I and II (Boston, Mass.: Academic Press).

Barnard, C. (1938) *The Functions of the Executive* (Boston, Mass.: Harvard University Press). (山本安次郎・田杉競・飯野春樹訳 (1968)『経営者の役割　新訳版』ダイヤモンド社。)

Barney, J. B. (1991) 'Firm Resources and Sustained Competitive Advantage', *Journal of Management*, 17, pp. 99-120.

Barney, J. B. and W. G. Ouchi (1986) *Organizational Economics* (San Francisco: Jossey-Bass Publishers).

Bartlett, C. A. and S. Goshal (1989) *Managing Across Borders: The Transnational Solution* (Boston, Mass.: Harvard Business School Press). (吉原英樹監訳 (1990)『地球市場時代の

企業戦略―トランスナショナル・マネジメントの構築』日本経済新聞社。)
Bartlett, S. C. (1932) *Remembering: A Study in Exeperimental and Social Psychology* (Cambridge, UK: Cambridge University Press). (宇津木保・辻正三訳 (1983)『想起の心理学―実験的社会的心理学における一研究』誠信書房。)
Becker, A. (1991) 'A Short Essay on Languaging', in F. Steier (ed.), *Research and Reflexivity* (Beverly Hills, Calif.: Sage), pp. 226-34.
Beer, S. (1959) *Cybernetics and Management* (London, UK: The English Universities Press). (宮沢光一監訳・関谷章 [ほか] 訳 (1987)『企業組織の頭脳: 経営のサイバネティックス』啓明社。)
Berger, P. (1981) *The Sacred Canopy* (Garden City: Doubleday). (薗田稔訳 (1979)『聖なる天蓋―神聖世界の社会学』新曜社。)
Berger, P. and T. Luckman (1996) *The Social Construction of Reality* (New York: Penguin). (山口節郎訳 (1977)『日常世界の構成―アイデンティティと社会の弁証法』新曜社。)
Bernstein, R. (1983) *Beyond Objectivism and Relativism: Science, Hermeneutics, and Praxis* (Philadelphia: University of Pennsylvania Press). (丸山高司 [ほか] 訳 (1990)『科学・解釈学・実践―客観主義と相対主義を超えて』岩波書店。)
von Bertalanffy, L. (1952) *Problems of Life* (London, UK: Watts and Co). (飯島衛・長野敬訳 (1954)『生命―生體論の考察』みすず書房。)
von Bertalanffy, L. (1968) *General System Theory* (New York: George Braziller). (長野敬・太田邦昌訳 (1973)『一般システム理論―その基礎・発展・応用』みすず書房。)
Berthelemy, M. (1971) *L'Ideologie du Hasard et de la Necessité* (Paris: Seuil).
Best, J. B. (1963) 'Protopsychology', *Scientific American*, February, pp. 54-62.
Biederman, I. (1987) 'Recognition-by-Components: A Theory of Human Image Understanding', *Psychological Review*, 94, pp. 115-47.
Bittner, E. (1974) 'The Concept of Organization', in R. Turner (ed.), *Ethnomethodology* (Harmondsworth, UK: Penguin), pp. 267-311.
Blankenburg, E. (1984) 'The Powerty of Evolutionism: A Critique of Teubner's Case for Reflexive Laws', *Law and Society*, vol. 18, pp. 273-89.
Blau, P. (1964) *Exchange and Power in Social Life* (New York: Jhon Wiley). (間場寿一 [ほか] 共訳 (1974)『交換と権力―社会過程の弁証法社会学』新曜社。)
Bolognesi, T. (1983) 'Automatic Composition: Experiments with Self-Similar Music', *Computer Music Journal*, vol. 7 no. 1 (Spring) pp. 25-36.
Bonner, J. T. (1969) *The Scale of Nature* (New York: Pegasus).
Bourdieu, P. (1977) *Outline of a Theory of Practice* (Cambridge, UK: Cambridge University Press).
Boyatzis, R. E. (1982) *The Competent Manager: A Model for Effective Performance* (New York: Wiley).
Brockriede, W. And D. Ehninger (1960) 'Toulmin on Argument: An Interpretation and Application', *Quarterly Journal of Speech*, 46, pp. 44-53.
Bruner, J. S. (1964) 'Going Beyond the Information Given', in H. E. Gruber, K. R. Hammond and R. Jesser (eds), *Contemporary Approaches to Cognition* (Boston, Mass.: Harvard University Press), pp. 41-69. (平光昭久・大沢正子訳 (1978)『認識の心理学―与えられる情報をのりこえる』明治図書出版。)
Bruner, J. S. and J. M. Anglin (1973) *Beyond the Information Given* (New York: Norton and

Co.).（平光昭久・大沢正子訳（1978）『認識の心理学―与えられる情報をのりこえる』明治図書出版。）
Buckley, W. (1967) *Sociology and Modern System Theory* (Englewood Ciffs, NJ: Prentice-Hall).（新睦人・中野秀一郎訳（1980）『一般社会システム論』誠信書房。）
Cabane, M., P. Rannou, E. Chassefière and G. Israel (1993) 'Fractal Aggregates in Titan's Atmosphere', *Planet. Space. Sci.*, vol. 41, no. 4, pp. 257-67.
Calvino, I. (1990) *Six Memos for the Next Millennium* (London, UK: Cage).（米川良夫訳（1999）『カルヴィーノの文学講義―新たな千年紀のための六つのメモ』朝日新聞社。）
Campbell, D. J. (1988) 'Task Complexity: A Review and Analysis', *Academy of Management Review*, vol. 13, no. 1, pp. 40-52.
Cantril, H. (1963) 'A Study of Aspirations', *Scientific American*, February, pp. 41-5.
Chakravarthy, B. S. and P. Lorange (1991) *Managing in the Strategy Process* (Englewood Cliffs, NJ: Prentice Hall).
Chellam, S. and M. R. Wiesner (1993) 'Fluid Mechanics and Fractal Aggregates', *Water Research*, vol. 27, no. 9, pp. 1493-6.
Cherniak, C. (1986) *Minimal Rationality* (Cambridge, Mass: Mit Press).（中村直行・村中達矢・岡庭宏之訳（2009）『最小合理性』勁草書房。）
Churchman, C. W. (1968) *The Systems Approach* (New York: Delta Publishing).
Churchman, C. W. and A. H. Schainblatt (1965) 'The Researcher and the Manager: A Dialectic og Implementation', *Management Science*, 11, pp. B69-B87.
Clayton, D. E. (1932) 'A Comparative Study of the Non-Nervous Elements in the Nevous Systems of Invertebrates', *Journal of Entomology and Zoology*, 24, pp. 3-22.
Cookson, C. (1994) 'Is the Quark Hunt Over?', *Financial Times*, 8 May.
Cornford, F. M. (1937) *Plato's Cosmology: The 'Timaens' Translated with a Commentary* (London: Routledge and Kegan Paul).
Crutchfield, J. P., J. Doyne Farmer, N. P. Packard and R. S. Shaw (1986) 'Chaos', *Scientific American*, December, pp. 38-49.
Cyert, R. M. and J. G. March (1963) *A Behavioural Theory of the Firm*, Reprint 1992 (London, UK: Blackwell).（松田武彦監訳・井上恒夫訳（1967）『企業の行動理論』ダイヤモンド社。）
Cyert, R. M. and J. R. Williams (1993) 'Organizations, Decision Making and Strategy: Overview and Comment', *Strategic Management Journal*, Special Issue (Summer) 14, pp. 5-11.
Cyert, R. M., P. Kumar and J. R. Williams (1993) 'Information, Market Imperfection, and Strategy', *Strategic Management Juornal*, Special Issue (Summer) 14, pp. 47-59.
Daft, R. L. and K. E. Weick (1984) 'Toward a Model of Organizations as Interpretation Systems', *Academy of Management Review*, 9, pp. 284-95.
Dahl, R. (1991) *The Vicar of Nibbleswicke* (London, UK: Century Random).（柳瀬尚紀訳（2007）『したかみ村の牧師さん　ロアルド・ダールコレクション　19』評論社。）
Deal, T. and A. Kennedy (1982) *Corporate Cultures: The Rites and Rituals of Corporate Life* (Reading, Mass.: Addison-Wesley Publishing Company).（城山三郎訳（1997）『シンボリック・マネジャー』岩波書店。）
Deggau, H. G. (1988) 'The Communicative Autonomy of the Legal System', in G. Teubner (ed.), *Autopoietic Law: A New Approach to Law and Society* (Berlin: Walter de Gruyter),

pp. 128-51.
Derrida, J. (1978) *Writing and Difference* (Chicago, Ill.: University of Chicago Press). (若桑毅訳 (1977)『エクリチュールと差異 上』法政大学出版局, 梶谷温子訳 (1983)『エクリチュールと差異 下』法政大学出版局。)
Derrida, J. (1982) *Margins of Philosophy* (Chicago, Ill.: University of Chicago Press). (高橋允昭・藤本一勇訳 (2007)『哲学の余白 上』法政大学出版局, 藤本一勇訳 (2008)『哲学の余白 下』法政大学出版局。)
Derrida, J. (1988) *Limited Inc.* (Evanston, Ill.: Northwestern University Press). (高橋哲哉・増田一夫・宮崎裕助訳 (2002)『有限責任会社』法政大学出版局。)
Dewey, J. (1960) *The Quest for Certainty: (A Study for the Relation of Knowledge and Action)* (New York: G. P. Putnam). (植田清次訳 (1963)『確実性の探究—知識と行為との関係の一考察 改訂版』春秋社。)
Doedel, E. (1981) 'Auto — A Program for the Automatic Bifurcation Analysis of Autonomous Systems', *Congressus Numerentium*, vol. 30, pp. 265-84.
Donaldson, T. and T. W. Dunfee (1994) 'Toward a Unified Conception of Business Ethics: Integrative Social Contracts Theory', *Academy of Management Review*, vol. 19, no. 2, pp. 252-84.
Dressler, A. (1987) 'The Large-Scale Streaming of Galaxies', *Scientific American*, September, pp. 38-46.
Dreyfus, H. and S. Dreyfus (1986) *Mind over Machine* (New York: MacMillan Free Press). (椋田直子訳 (1987)『純粋人工知能批判—コンピュータは思考を獲得できるか』アスキー。)
Dupeuy, J-P (1988) 'On the Supposed Closure of Normative Systems', in G. Teubner (ed), *Autpoietic Law: A New Appoach to Law and Society* (Berlin: Walter de Gruyter), pp. 51-69.
Dutton, G. H. (1981) 'Fractal Enhancement of Cartographic Line Detail', *The American Cartographer*, vol. 8, no. 1, pp. 23-40.
Dutton, J. and J. Dukerich (1991) 'Keeping An Eye in the Mirror: The Role of Image and Identity in Organizational Adaption', *Academy of Management Journal*, 34, pp. 517-54.
Edelman, S. (1992) 'A Network Model of Object Recognition in Human Vision', in H. Wechsler (ed.), *Neural Networks for Perception*, vols I and II (Boston, Mass.: Academic Press).
Edgar, G. A. (ed.) (1993) *Classics on Fractals* (Reading, Mass.: Addison-Wesley).
Eisenberg, E. M. (1984) 'Ambiguity as a Strategy in Organizational Communication', *Communications Monographs*, 51, pp. 227-42.
Eisenberg, E. M. and M. G. Witten (1987) 'Reconsidering in Openness in Organizational Communication', *Academy of Management Review*, 12, pp. 418-26.
Emery, F. E. (1969) *Systems Thinking* (Harmondsworth, UK: Penguin).
Eoyang, E. (1989) 'Chaos Misread: or, There's a Wonton in My soup!', *Comparative Literature Studies*, vol. 26, no. 3, pp. 271-84.
Fabbri, R. *et al.* (1980) 'Measurement of the Cosmic-Background Large-Scale Anisotrophy in Millimeteric Region', *Physical Review Letters*, vol. 44, no. 23 (June) pp. 1563-68.
Feder, J. (1988) *Fractals* (New York: Plenum Press). (松下貢・早川美徳・佐藤信一訳 (1991)『フラクタル』啓学出版。)
Feldman, J. A. and D. H. Ballard (1982) 'Connectionist Models and Their Properties',

Cognitive Science, 6, pp. 206-15.

Feldman, M. (1987) 'Electronic Mail and Weak Ties in Organizations', *Office: Technology and People*, 3, pp. 83-101.

Feyerabend, P. (1972) 'How To Be a Good Empiricist', in H. Morick (ed.), *Challenges to Empiricism* (California: Bellmont).

Fiol, C. M. (1989) 'A Semiotic Analysis of Corporate Language: Organizational Boundaris and Joint venturing', *Administrative Science Quarterly*, 34, 2, pp. 227-303.

Fiol, C. M. (1990) 'Narrative Semiotics: Theory, Procedure, and Illustration', in A. Huff (ed.), *Mapping Strategic Thought* (Chichester, UK: Wiley), pp. 337-402.

Fiol, C. M. (1991) 'Managing Culture as a Competitive Resource: An Identity-Based View of Sustainable Competitive Advantage', *Journal of Management*, 17, pp. 191-211.

Fletcher, K. E. and A. S. Huff (1990) 'Argument Mapping', in A. S. Huff (ed.), *Mapping Strategic Thought* (Chichester: John Wiley and Sons), pp. 335-75.

von Foerster, H. (1962) *Principles of Self-Organization* (New York: Pergamon Press).

von Foerster, H. (1972) 'Responsibilities of Competence', *Journal of Cybernetics*, vol. 2, no. 2, pp. 1-6.

von Foerster, H. (1981) *Observing Systems* (Seaside, Cal.: Inter Systems Publications).

Foucault, M. (1980) *Power/Knowledge* (Brighton; Havester Press).

Frost, P., L. F. Moore, M. R. Louis, C. C. Lundberg and J. Martin (eds) (1991), *Reframing Organizational Culture* (Newburry Park, Calif.: Sage).

Gaines, B. R. (1979) 'General Systems Research: Quo Badis?', *General Systems Yearbook*, vol. 24, pp. 1-9.

Galbraith, J. R. (1977) *Organization Design* (Reading, Mass.: Addison-Wesley).

Gardner, H. (1985) *The Mind's New Science: A History of the Cognitive Revolution* (New York: Basic Books). (佐伯胖・海保博之訳 (1987)『認知革命―知の科学の誕生と展開』産業図書。)

Gardner, H. (1990) *Creating Minds* (New York: Basic Books).

Geertz, C. (1973) *The Interpretation of Cultures* (New York: Basic Books). (吉田禎吾 [ほか] 訳 (1987)『文化の解釈学』岩波書店。)

Geschwind, N. (1972) 'Language and the Brain', *Scientific American*, April, p. 76.

Geyer, F. (1992) 'Autopoiesis and Social Systems-1', *international Journal of General Systems*, vol. 21, pp. 175-83.

Ghemawat, P. and J. E. Ricart i Costa (1993) 'The organizational Tension Between Static and Dynamic Efficiency', *Strategic Management Journal*, Special Issue, 14 (Summer) pp. 59-76.

Ginsberg, A. (1988) 'Measuring and Modelling Changes in Strategy: Theoretical Foundations and Empirical Directions', *Strategic Management Journal*, 9, pp. 559-75.

Ginsberg, A. (1990) 'Connecting Diversifications to Performance: A Socio-Cognitive Approach', *Academy of Management Review*, 15, pp. 514-35.

Gioia, D. A. and C. C. Manz (1985) 'Linking Cognition and Behaviour: A Script Processing Interpretation of Vicarious Learning', *Academy of Management Review*, 10, pp. 527-39.

Gioia, D. A. and K. Chittipendi (1991) 'Sensemaking and Sensegiving in Strategic Change Initiation', *Strategic Management Journal*, 12, pp. 433-48.

Gleick, J. (1987) *Chaos: The Making of a New Science* (New York: Viking Press). (大貫昌

子訳（1991）『カオス：新しい科学をつくる』新潮社。）
Goguen, J. A. and F. J. Varela (1979) 'Systems and Distinctions; Duality and Complementarity', *International Journal of General Systems*, 5, pp. 31-43.
Goldberger, A. L. and B. J. West (1987) 'Fractals in Physiology and Medicine', *The Yale Journal of Biology and Medicine*, 60, pp. 421-35.
Goldberger, A. L., D. R. Rigney and B. J. West (1990) 'Chaos and Fractals in Human Physiology', *Scientific American*, February, pp. 35-41.
Goldman, A. I. (1986) *Epistemology and Cognition* (Cambridge, Mass.: Harvard University Press).
Goldman, A. I. (1993) *Philosophical Applications of Cognitive Science* (Boulder, Col.: Westview Press).
Gomez, P. and G. J. B. Probst (1983) 'Organizational Closure in Management — a Complementary View to Contingency Approaches', paper presented at the American Society for Cybernations Meeting on Autonomy, Intervention and Dependence, Philadelphia, and Working Paper, University of Geneva, 1992.
Gregersen, H. and L. Sailer (1993) 'Chaos Theory and Its Implications for Social Science Research', *Human Relations*, vol. 46, no. 7, pp. 777-802.
Grinyer, P., D. G. Mayes and P. McKiernan (1988) *Sharpbenders* (Oxford, UK: Blackwell).
Hærem, T. (1993) 'Knowledge Transfer: The Key to Change', MSc thesis, Norwegian School of Management.
Hærem, T., G. von Krogh and J. Roos (1993) 'Knowledge Based Strategic Change', paper presented at the Strategic Management Siciety Conference, Chicago, 15-17 September.
Hage, J. and C. H. Powers (1992) *Post-Industrial Lives: Roles and Relationships in the 21st Century* (Newsbury Park, Calif.: Sage).
Hall, N. (ed.) (1991) *Exploring Chaos: A Guide to the New Science of Disorder* (New York: W. W. Norton and Co.).
Hamel, G. (1991) 'Competition for Competence and Inter-Partner Learning Within International Strategic Alliances', *Strategic Management Journal*, 12, pp. 83-103.
Handy, C. (1989) *The Age of Unreason* (London, UK: Arrow).（平野勇夫訳（1994）『ビジネスマン価値逆転の時代—組織とライフスタイル創り直せ』阪急コミュニケーションズ。）
Hannan, M. T. and J. Freeman (1977) 'The Population Ecology of Organizations', *American Journal of Sociology*, vol. 82, pp. 929-64.
Hannan, M. T. and J. Freeman (1989) *Organizational Ecology* (Cambridge, Mass.: Harvard University Press).
Haspeslagh, P. (1982) 'Portfolio Planning: Uses and Limits', *Harvard Business Review*, January-February, pp. 58-73.
Hawking, S. W. and G. F. R. Ellis (1973) *The Large Scale Structure of Space-Time*, 11th edn (Cambridge, UK: The Press Syndicate of the University of Cambridge).
von Hayek, F. A. (1975) 'Kinds of Order in Society', *Studies in Social Theory*, no. 5 (Menlo Parl, Calif: Insitiure for Humane Studies).
von Hayek, F. A. (1988) *The Fatal Conceit: The Errors of Socialism* (Chicago, Ill.: University of Chicago Press).（渡辺幹雄訳（2009）『致命的な思いあがり（ハイエク全集　第2期）』春秋社。）
Hayles, N. K. (ed.) (1991) *Chaos and Disorder: Complex Dynamics in Literature and Science*

(Chicago, Ill.: The University of Chicago Press).
Hedberg, B. (1981) 'How Organizations Learn and Unlearn', in P. C. Nystorm and W. Starbuck (eds), *Handbook of Organizational Design*, vol. I (New York: Oxford University Press), pp. 3-27.
Hedberg, B., P. Nystorm and W. Starbuck (1976) 'Camping on the Seesaws: Prescriptions for Designing Self-Designing Organizations', *Administrative Science Quarterly*, 21, pp. 41-65.
Hedlund, G. (1986) 'The Hypermodern MNC — a Heterarchy?', *Human Resource Management*, 25, 1, pp. 9-35.
Heimer, C. (1976) *Uncertainty and Vulnerability in Social Relations* (mimeo-graphed: University of Chicago).
Hempill, J. K. (1959) 'Job Descriptions for Executives', *Harvard Business Review*, vol. 37, no. 5.
Henshel, R. L. (1990) 'Credibility and Confidence Loops in Social Prediction', in F. Geyer and J. Van der Zouwen (eds), *Self-Referencing in Social Systems* (Salinsa, Calif.: Intersystems Publications) pp. 31-58.
Herbert, E. (1937) *De Veritate* (Bristol, UK: Thoemmes Press).
Herriot, S. R., D. A. Levinthal and J. G. March (1985) 'Learning from Experience in Organizations', *American Economic Review*, 75, pp. 298-302.
Herrmann, H. (1994) 'Spontaneous Density Waves in Traffic Flow and Related Dissipative Transport', paper Presented at the 1994 Gordon Research Conference on Fractals, 1-6 May, San Miniato, Tuscany, Italy.
Hirsch, F. (1978) *Social Limits to Growth* (Cambridge, Mass.: Harvard University Press). (都留重人訳 (1980)『成長の社会的限界』日本経済新聞社。)
Hergan, J. (1994) 'Profile: Philip W. Anderson', *Scientific American*, November, pp. 19-22.
Hosmer, LaRue (1994) 'Strategic Planning as if Ethics Mattered', *Strategic Management Journal*, Special Issue, Summer, pp. 17-34.
Hout, T., M. E. Porter and E. Rudden (1982) 'How Global Companies Win Out', *Harvard Business Review*, September-October, pp. 98-108.
Huber, G. P. (1991) 'Organizational Learning: The Contributing Processes and the Literatures', *Organizational Science*, 2, pp. 89-115.
Huemer, L. (1994) 'Trust in Interorganizational Relationships: A Conceptual Model', Conference Proceedings from thr 10th I.M.P. Conference in Groningen.
Huff, A. S. (1983) 'Industry Influence on Strategy Reformulation', *Strategic Management Journal*, 3, pp. 119-31.
Huff, A. S. (ed.) (1990) *Mapping Strategic Thought* (Chichester, UK: Wiley).
Hymer, S. (1977) *The International Operations of National Firms: A Study of Direct Investment* (Chicago, Ill,: MIT Press). (宮崎義一訳 (1979)『多国籍企業論』岩波書店。)
in't Veld R. J., L. Schaap C. J. A. M. Termeer, and M. J. W. van Twist (1991) *Autopoiesis and Configuration Theory: New Approaches to Social Steering* (Dordrecht: Kluwer Academic Publishers).
International Herald Tribune (1994) 'Cardinals Dive Into the Population Fray: Big Effort on to Block Abortion Issue at World Conference', by Alan Cowell, 15 June, p. 1.
Jantsch, E. (1980) *The Self-Organizing Universe: Scientific and Human Implications of the*

Emerging Paradigm of Evolution (Oxford and New York: Pergamon Press). (芹沢高志・内田美恵訳 (1986)『自己組織化する宇宙：自然・生命・社会の創発的パラダイム』工作舎。)
Jarillo, J. C. (1988) 'On Strategic Networks', *Strategic Management Journal*, 9, pp. 31-43.
Joachim, H. H. (1969) *The Nature of Truth: An Essay* (New York: Greenwood Press), reprint of the 1906 edition.
Joseph, R. (1993) *The Naked Neuron: Evolution and the Language of the Body and Brain* (New York: Plenum Press).
Jurgens, H., H-O. Peitgen and D. Saupe (1990) 'The Language of Fractals', *Scientific American*, August, pp. 40-7.
Jurgens, H., H-O. Peitgen and D. Saupe (1992) *Chaos and Fractals: New Frontiers of Science* (New York: Springer-Verlag).
Kahneman, D. and A. Tversky (1973) 'On the Psychology of Prediction', *Psychological Review*, 80, pp. 237-51.
Kauffman, S. A. (1990) 'Requirements for Evolvability in Complex Systems: Orderly Dynamics and Frozen Components', *Physica D*, vol. 42, pp. 135-52.
Kauffman, S. A. (1991) 'Antichaos and Adaptation', *Scientific American*, August, pp. 64-70.
Kauffman, S. A. (1993) *The Origins of Order: Self-Organizing and Selection in Evolution* (New York/Oxford: Oxford University Press).
Keller, J, M., R. M, Crownover and R. U. Chan (1987) 'Characteristics of Natural Scenes Related to the Fractal Dimension', *IEEE Transactions on Pattern Analysis and Machine Intelligence*, 9, pp. 621-7.
Kellert, S. H, (1993) *In the Wake of Chaos* (Chicago, Ill.: The University of Chicago Press).
Kemp-Smith, N. (ed.) (1947) *Hume's Dialogues Concerning Natural Religion* (London and Edinburgh: Nelson Publishing).
Kennealy, P. (1988) 'Talking About Autopoiesis—Order From Noise?' in G. Teubner, (ed.), *Autopoietic Law: A New Approach to Law and Society* (Berlin: Walter de Gruyter), pp. 349-68.
Kenny, A. (1973) *Wittgenstein* (Harmondsworth, UK: Penguin). (野本和幸訳 (1982)『ウィトゲンシュタイン』法政大学出版局。)
Kiesler, S., J. Siegel and T, W. McGuire (1984) 'Social Psychological Aspects of Computer-Mediated Communication', *American Psychologist*, vol. 39, no. 10, pp. 1123-34.
Kilduff, M. (1993) 'Deconstructing Organizations', *Academy of Management Review*, January, pp. 13-31.
King, A. (1993) 'The "Truth" About Autopoiesis', *Journal of Law and Society*, vol. 20, no. 2 (Summer) pp. 218-36.
Kirsh, A. D. (1979) 'The Spin of the Proton', *Scientific American*, May, pp. 66-80.
Klein, K. J., F. Dansereau and R. J. Hall (1994) 'Levels Issues in Theory Development, Data Collection, and Analysis', *Academy of Management Review*, vol. 19, no. 2, pp. 195-229.
Knoespel, K. J. (1991) 'The Employment of Chaos: Instability and Narrative Order', in N. K. Hayles (ed.), *Chaos and Disorder: Complex Dynamics in Literature and Science* (Chicago, Ill.: University of Chicago Press) pp. 100-22.
Kripke, S. (1982) *Wittgenstein On Rules and Private Language* (Cambridge, Mass.: Harvard University Press). (黒崎宏訳 (1983)『ウィトゲンシュタインのパラドックス—規則・私的言

語・他人の心』産業図書。)
Krishna, D. (1989) 'Thinking vs. Thought: Strategies for Conceptual Creativity', in D. M. Topping, D. C. Crowell and V. N., Kobayashi (eds), *Thinking Across Cultures: The Third International Conference on Thinking* (Hillsdale, NY: Lawrence Erlbaum Associates) pp. 195-204.

von Krogh, G. and J. Roos (1992) 'From Knowledge to Competitive Advantage: An Empirical Study of Strategic Arguments', paper presented at the conference on 'Knowledge Workers in Contemporary Organisations', University of Lancaster, September.

von Krogh, G. and S. Vicari (1993) 'An Autopoiesis Approach to Experimental Strategic Learning', in P. Lorange, B. Chakravarthy, J. Roos and A. Van de Ven, *Implementing Strategic Processes: Change, Learning and Co-operation* (London: Blackwell) pp. 394-410.

von Krogh, G., A. Sinatra and H. Singh (eds) (1994) *The Management of Corporate Acquisitions* (London: Macmillan).

von Krogh, G., J. Roos and K. Slocum (1994) 'An Essay on Corporate Epistemology', *Strategic Management Journal*, Special Issue, Summer, pp. 53-71.

Krohn, W. and G. Kuppers (1989) 'Self-Organization: A New Approach to Evolutionary Epistemology', in K. Hahlweg and C. A. Hooker (eds), *Issues in Evolutionary Epistemology* (Albany, NY: State University of New York Press), pp. 151-70.

Lai, L. (1992) 'Selective Attention in Problem Finding', Doctoral Dissertation, The Norwegian School of Economics and Business Administration, Norway.

Langton, C. (1990) 'Computation at the Edge of Chaos: Phase Transitions and Emergent Computation', *Physica D.*, vol. 42, pp. 12-37.

Lant, T. K. and S. J. Mezias (1990) 'Managing Discontinuous Change: A Simulation Study of Organizational Learning and Entrepreneurship', *Strategic Management Journal*, 11, pp. 147-79.

Lant, T. K., F. J. Milliken and B. Batra (1992) 'The Role of Managerial Learning and Interpretation in Strategic Persistence and Reorientation: An Empirical Exploration', *Strategic Management Journal*, 13, pp. 585-608.

Latour, B. (1987) *Science in Action: How to Follow Scientists and Engineers Through Society* (Cambridge, Mass.: Harvard University Press). (川崎勝・髙田紀代志訳 (1999)『科学が作られているとき:人類学的考察』産業図書。)

Latour, B. (1991) 'The Politics of Explanation: An Alternative', in S. Woolgar (ed.), *Knowledge and Reflexivity: New Frontiers in the Sociology of Knowledge* (London, UK: Sage).

Leonard-Barton, D. (1992) 'Core Capabilities and Core-Rigidities: A Paradox in Managing New Product Development', *Strategic Management Journal*, 13, pp. 111-25.

Levinthal, D. A. and J. G. March (1993) 'The Myopia of Learning', *Strategic Management Journal*, Special Issue (Summer) 14, pp. 92-112.

Lewis, D. (1990) 'Languages and Language', in A. P. Martinich (ed.), *The Philosophy of Language* (New York: Oxford University Press).

Li, T. Y. and J. A Yorke (1975) 'Period Three Implies Chaos', *American Mathematics Monthly*, 82, pp. 481-5.

Lorange, P. (1980) *Corporate Planning* (Englewood Cliffs, NJ: Prentice-Hall).

Lorange, P. and J. Ross（1992）*Strategic Alliances: Formation, Implementation and Evolution* (Oxford, UK: Basil Blackwell).

Lorenz, E. N.（1963）'Deterministic Nonperiodic Flow', *Journal of the Atmospheric Science*, vol. 20, pp. 130-41.

Lorenz, E. N.（1993）*The Essence of Chaos* (Seattle: University of Washington Press).（杉山勝・杉山智子訳（1997）『ローレンツ カオスのエッセンス』共立出版。）

Luhmann, N.（1979）*Trust and Power* (Chichester, UK: Wiley).（大庭健・正村俊之訳（1990）『信頼―社会的な複雑性の縮減メカニズム』勁草書房。）

Luhmann, N.（1982）*The Differentiation of Society* (New York: Columbia University Press).

Luhmann, N.（1984）*Soziale Systeme: Grundriss einer Allgemeine Theorie* (Frankfurt: Suhrkamp).

Luhmann, N.（1985）*A Sociological Theory of Law* (London: Routledge and Kegan Paul).

Luhmann N.（1986）'The Autopoiesis of Social Systems', in F. Geyer and J. Van der Zouwen (eds), *Sociocybernetic Paradoxes — Observation, Control, and Evolution of Self-Steering Systems* (London, UK: SAGE) pp. 172-92.

Luhmann, N.（1987）'The Representation of Society Within Society', *Current Sociological*, vol. 35, pp. 101-8.

Luhmann, N.（1988）'The Unity of the Legal System', in G. Teubner (ed.), *Autopoietic Law: A New Approach to Law and Society* (Berlin: de Gruyter), pp. 12-35.

Luhmann, N.（1990a）*Die Wissenschaft der Gesellschaft* (Frankfurt: Suhrkamp).

Luhmann, N.（1990b）*Essays on Self-Reference* (New York: Columbia University Press).

Luhmann, N.（1992）*Ecological Cmmunication* (Cambridge, UK: Polity Press).（庄司信訳（2007）『エコロジーのコミュニケーション―現代社会はエコロジーの危機に対応できるか?』新泉社。）

Luhmann, N.（1993）*Risk: A Sociological Theory* (Berlin: De Gruyter).

Lyles, M. and C. Schwenk（1992）'Top Management, Strategy and Organizational Knowledge Structures', *Journal of Management Studies*, 29（March）pp. 155-74.

Lyotard, J. F.（1984）*The Post-Modern Condition: A Report on Knowledge* (Minneapolis: University of Minnesota Press).（小林康夫訳（1994）『ポスト・モダンの条件：知・社会・言語ゲーム』水声社。）

Mahoney, J. T. and J. R. Pandian（1992）'The Resource-Based View Within the Conversation of Strategic Management', *Strategic Management Journal*, 13, pp. 363-80.

Mandelbrot, B.（1967）'How Long is the Coast of Britain? Statistical Self-Similarity and Fractional Dimension', *Science*, 156, pp. 636-9.

Mandelbrot, B. B.（1983）*The Fractal Geometry of Nature* (New York: W. H. Freeman and Co.) pp. 71-86.（広中平祐訳（1984）『フラクタル幾何学』日経サイエンス。）

March, J,（1976）'The Technology of Foolishness', in J. March and J. P. Olsen (eds), *Ambiguity and Choice in Organizations* (Oslo, Norway: Universitetsforlaget) pp. 69-81.（遠田雄志, アリソン・ユング訳（1986）『組織におけるあいまいさと決定』有斐閣。）

March, J. G.（1988）*Decision and Organizations* (Oxford: Basil Blackwell).（遠田雄志・土屋守章訳（1992）『あいまいマネジメント』日刊工業新聞社。）

March, J. G. and H. Simon（1958）*Organizations* (New York: Wiley).（土屋守章訳（1977）『オーガニゼーションズ』ダイヤモンド社。）

March, J. G. and J. P. Olsen（1975）'The Uncertainty of the Past: Organizational Learning

Under Ambiguity', *European Journal of Political Research*, 3, pp. 141-61.
March, J. G. and J. P. Olsen (1976) *Ambiguity and Choice in Organizations* (Bergen, Norway: Universitetsforlaget). (遠田雄志, アリソン・ユング訳 (1986)『組織におけるあいまいさと決定』有斐閣。)
Martinich, A. P. (ed.) (1990) *The Philosophy of Language* (New York: Oxford University Press).
Mason, R. and I. Mitroff (1982) *Challenging Strategic Planning Assumptions* (New York: Wiley and Sons).
Maturana, H. (1978) 'The Biology of Language: The Epistemology of Reality', in G. A. Miller and E. Lelleberg (eds), *Psychology and Biology of Language and Thought: Essays in Honor of Eric Lenneberg* (New York: Academic Press).
Maturana, H. (1988) 'Reality: The Search for Objectivity or the Quest for a Compeling Argument', *Irish Journal of Psychology*, vol. 9, no. 11, pp. 25-82.
Maturana, H. (1991) 'Science and Daily Life: The Ontology of Scientific Explanations', in F. Steier (ed.), *Research and Reflexivity* (Beverly Hills, Calif: Sage) pp. 30-52.
Maturana, H. and F. J. Varela (1978) 'Preliminary Remarks', in M. Zeleney (ed.), *Autopoiesis: Theory of the Living Organization* (Amsterdam: North-Holland).
Maturana, H. and F. J. Varela (1980) *Autopoiesis and Cognition: The Realization of the Living* (London: Reidl). (河本英夫訳 (1991)『オートポイエーシス—生命システムとはなにか』国文社。)
Maturana, H. and F. J. Varela (1987) *The Tree of Knowledge* (Boston, Mass.: Shambhala). (管啓次郎訳 (1997)『知恵の樹—生きている世界はどのようにして生まれるのか』筑摩書房。)
May, R. M. (1976) 'Simple Mathematical Models with very Complicated Dynamics', *Nature*, vol. 261, pp. 459-69.
McCulloch, W. S. and W. Pitts (1943) 'A Logical Calculus of Immanent in Nervous Activity', *Bulletin of Mathematical Biophysics*, 5. Reprinted in W. S.
McCulloch (ed.) (1965) *Embodiments of Mind* (Cambridge, Mass.: The MIT Press).
Medio, G. (1993) *Chaotic Dynamic: Theory and Applications to Economics* (Cambridge, UK: University Press).
Meeks, G. (1977) *Disappointing Marriage: A Study From the Gains of Merger* (London: Cambridge University Press).
Meherabian, A. (1971) *Silent Messages* (Belmount, Calif.: Wadsworth). (西田司〔ほか〕共訳 (1986)『非言語コミュニケーション』聖文社。)
Merleau-Ponty, M. (1963) *The Structure of Behaviour* (Boston, Mass.: Beacon Press). (滝浦静雄・木田元訳 (1964)『行動の構造』みすず書房。)
Meyer, A. D. (1984) 'Mingling Decision Making Metaphors', *Academy of Management Review*, 9, pp. 6-17.
Meyer, M. W. and L. G. Zucker (1989) *Permanently Failing Organizations* (London: Sage Publications, Inc.)
Miall, L. C. (1912) *The Early Naturalists: Their Lives and Works (1530-1789)* (London, UK: Macmillan and Co.).
Minsky, M. A. (1975) 'A Framework for Presenting Knowledge', in P. H. Winston (ed.), *The Psychology of Computer Vision* (New York: McGraw-Hill).
Minsky, M. A. (1986) *The Society of Mind* (New York: Simon and Schuster). (安西祐一郎

訳（1990）『心の社会』産業図書。）
Minsky, M. A. and S. Pappert (1987) *Perceptrons* (Cambridge, Mass.: MIT Press). (中野 馨・阪口豊訳（1993）『パーセプトロン　改訂版』パーソナルメディア。)
Mintzberg, H. (1983) *Structures in Five* (Englewood Cliffs, Nj: Prentice-Hall International).
Mintzberg, H. (1989) *Mintzberg on Management* (New York: The Free Press). (北野利信訳 (1991)『人間感覚のマネジメント―行き過ぎた合理主義への抗議』ダイヤモンド社。)
Mintzberg, H. (1990) 'Strategy Formation: Schools of Thought', in J. W. Fredrickson (ed.), *Perspectives on Strategic Management* (New York: Harper Business) pp. 105-236.
Mintzberg, H. (1991) 'Five Ps for Strategy' in H. Mintzberg and J. B. Quinn (eds), *The Strategy Process* (London, UK: Prentice-Hall).
Mintzberg, H. and J. Waters (1985) 'Of Strategies, Deliberate and Emergent', *Strategic Management Journal*, pp. 257-72.
Monod, J. (1970) *Le Hasard et la Necessité* (Paris: Seuil). (渡辺格・村上光彦訳 (1972)『偶然 と必然：現代生物学の思想的な問いかけ』みすず書房。)
Montague, W. P. (1962) *The Ways of Knowing or the Methods of Philosophy*, 6th impression (London: George Allen and Unwin Ltd.).
Moore, E. (1964) 'Mathematics in the Biological Sciences', *Scientific American*, September, pp. 149-64.
Morgan, G. (1986) *Images of Organization* (Beverly Hills, Calif.: Sage).
Morin, E. (1982) 'Can We Conceive of a Science of Autonomy?', *Human Systems Management*, 3, pp. 201-306.
Morrison, P. and P. Morrison (1982) *Powers of Ten: About the Relative Size of Things in the Universe* (New York: Scientific American Library). (村上陽一郎・村上公子訳 (1983)『パ ワーズ　オブ　テン―宇宙・人間・素粒子をめぐる大きさの旅』日本経済新聞出版社。)
Mullin, T. (ed.) (1993) *The Nature of Chaos* (Oxford: Clarendon Press).
Nelson, R. D. and S. Winter (1982) *An Evolutionary Theory of Economic Change* (Cambridge, Mass.: The Bellhop Press). (後藤晃・角南篤・田中辰雄訳 (2007)『経済変動の進化理論』慶 應義塾大学出版会。)
von Neumann, J. (1966) *Theory of Self-Reproducing Automata* (Urbana, Ill.: University of Illinois Press) (edited and completed by A. Burks). (梅本勝博訳 (1975)『自己増殖オー トマトンの理論』岩波書店。)
Newell, A. and H. Simon (1972) *Human Problem Solving* (Englewood Cliffs, NJ: Prentice-Hall).
Newell, A. and H. A. Simon (1956) 'The Logic Theory Machine: A Complex Information Processing System', *Transactions on Information Theory*, vol. IT-2, 3, pp. 61-79.
Nichols, N. A. (1993) 'Efficient? Chaotic? What's the New Finance?', *Harvard Business Review*, March-April, pp. 50-60.
Nisbett, R. and L. Ross (1980) *Human Inference; Strategies and Shortcomings of Social Judgement* (Englewood Cliffs, NJ: Prentice-Hall).
Nonaka, I. (1991) 'The Knowledge Creating Company', *Harvard Business Review*, November-December, pp. 96-104.
O'Gorman, D. (1993) 'Chaos Theory: Implications for Strategic Thought', paper presented at the 13th Strategic Management Society conference, Chicago, 12-15 September.
Oldershaw, R. L. (1981) 'Conceptual Foundations of the Self-Similar Hierarchical

Cosmology', *International Journal of General Systems*, vol. 7, pp. 151-7.
Oldershaw, R. L. (1982a) 'New Evidence for the Principle of Self-Similarity', *International Journal of General Systems*, vol. 9, pp. 37-42.
Oldershaw, R. L. (1982b) 'Empirical and Theoretical Support for Self-Similarity Between Atomic and Stellar Systems', *International Journal of General Systems*, vol. 8, pp. 1-5.
Olson, D. R. (1977) 'From Utterance to Text: The Bias of Language in Speech and Writing', *Harvard Educational Review*, 47, pp. 257-81.
Onida, P. (1968) *Economia d'azienda* (Torino: Utet).
Osborne, M. J. (1990) 'Financial Chaos', *Management Accounting*, November, pp. 32-3.
Østerberg, T. (1988) *Metasociology* (Oslo: Norwegian University Press).
Penrose, L. S. (1959) Self-Reproducing Machines, *Scientific American*, June, pp. 105-14.
Peters, T. J. and R. H. Waterman jr. (1982) *In Search of Excellence* (New York: Harper and Row Publishers). (大前研一訳 (2003)『エクセレント・カンパニー』英治出版。)
Pfeffer, J. (1981) *Power in Organizations* (Cambridge, Mass.: Ballinger Publishing Company).
Pfeffer, J. (1992) *Managing with Power: Politics and Influence in Organizations* (Cambridge, Mass.: Harvard Business School Press). (奥村哲史訳 (2008)『影響力のマネジメント—リーダーのための「実行の科学」—』東洋経済新報社。)
Pfeffer, J. and G. R. Salancik (1978) *The External Control of Organizations: A Resource Dependency Perspective* (New York: Harper and Row).
Plato/North Fowler (1987) *Plato, Vol. VII Theaetetus Sophist* (Cambridge, Mass.: Harvard University Press).
Poincaré, H. (1880) *Mémoire sur les courbes d'dfinies par les équations différentielles*, I-IV, Oeuvre I (Paris: Gaunthiers-Villars).
Poincaré, H. (1890) 'Sur les équations de la dynamique et le probléme de trois corps', *Acta Mathematica*, 13, pp. 5-270.
Poincaré, H. (1899) *Les Methods Nouvelles de la Mechanique Celeste* (Paris: Gaunthiers-Villars). (福原満洲雄・浦太郎訳 (1970)『ポアンカレ 常微分方程式—天体力学の新しい方法—』(現代数学の系譜 6) 共立出版。)
Polanyi, M. (1958) *Personal Knowledge* (Chicago, Ill: University of Chicago Press). (長尾史郎訳 (1985)『個人的知識—脱批判哲学をめざして』地方・小出版流通センター。)
Porter, M. E. (1980). *Competitive Strategy: Techniques for Analyzing Industries and Competitors* (New York: The Free Press). (土岐坤・中辻萬治・服部照夫訳 (1995)『競争の戦略』ダイヤモンド社。)
Porush, D. (1911) 'Fictions and Dissipative Structures: Prigogine's Theory and Postmodernism's Roadshow', in N. K Hayles (ed.), *Chaos and Disorder: Complex Dynamics in Literature and Science* (Chicago, Ill.: University of Chicago Press) pp. 54-84.
Prahalad, C. K. and R. Bettis (1986) 'The Dominant Logic: A New Linkage Between Diversity and Performance', *Strategic Management Journal*, 7, pp. 485-501.
Prigogine, I. and I. Stengers (1984) *Order out of Chaos: Man's New Dialogue With Nature* (London: Heinemann). (伏見康治・伏見譲・松枝秀明訳 (1987)『混沌からの秩序』みすず書房。)
Proctor, W. G. (1978) 'Negative Absolute Temperatures', *Scientific American*, August, p. 90.
Quinn, R. E. and K. S. Cameron (eds) (1988) *Paradox and Transformation: Toward a Theory of Change in Organization and Management* (Cambridge, Mass: Ballinger).

Reif, F. (1964) 'Quantized Vortex Rings in Superfluid Helium', *Scientific American*, December, p. 116.
Rempel, J. K., J. G. Holmes and M. P. Zanna (1987) 'Trust in Close Relationships', *Journal of Personality and Social Psychology*, 49, 1, pp. 95-12.
Rittel, H. W. (1972) 'One the Planning Crisis: System Analysis of the First and Second Generation', *Bedriftsøkonomen*, 8, pp. 390-6.
Roos, J., and G. von Krogh (1992) 'Figuring out Your Competence Configuration', *European Management Journal*, 4 (December) pp. 422-7.
Roos, J., G. von Krogh and G. Yip (1994) 'An Epistemology of Globalizing Firms', *International Business Review*, 3, 4.
Rorty, R. (1980) *Philosophy and the Mirror of Nature* (Princeton, NJ: Princeton University Press). (野家啓一監訳 (1993) 『哲学と自然の鏡』産業図書。)
Rorty, R. (1989) *Contingency, Irony, and Solidarity* (New York: Cambridge University Press). (齋藤純一・山岡龍一・大川正彦訳 (2000) 『偶然性・アイロニー・連帯：リベラル・ユートピアの可能性』岩波書店。)
Rorty, R. (ed.) (1992) *The Linguistic Turn: Essays in Philosophical Method* (Chicago, Ill.: University of Chicago Press).
Rosen, R. (1987) 'Some Comments on Systems and Systems Theory', *International Journal of General Systems*, vol. 13, pp. 1-3.
Rosenau, P. M. (1992) *Post-Modernism and the Social Sciences: Insights, Inroads, and Intrusions* (Princeton, NJ: Princeton University Press).
Rousseau, D. (1985) 'Issues of Level in Organizational Research: Multilevel and Cross-Level Perspectives', in L. L. Cummings and B. M. Staw (eds), *Research in Organizational Behaviour*, vol. 7 (Greenwich, CT: JAI Press) pp. 1-37.
Ruelle, D. (1991) *Chance and Chaos* (Princeton, NJ: Princeton University Press). (田中三彦・遠山峻征訳 (1996) 『複雑系』新潮社。)
Sackman, S. (1991) *Cultural Knowledge in Organizations* (Beverly Hills, Calif.: Sage).
Sakaiya, T. (1991) *The Knowledge Value Revolution* (London, UK: Bellew). (堺屋太一 (1990) 『知価革命―工業社会が終わる　知価社会が始まる』PHP 研究所。)
Sandelands, L. E. and R. E. Stablein (1987) 'The Concept of Organization Mind Research', in *The Sociology of Organizations*, 5, pp. 135-62.
Sander, L. M. (1987) 'Fractal Growth', *Scientific American*, January, pp. 82-7.
Schank, R. and R. P. Abelson (1977) *Scripts, Plans, Goals, and Understanding: An Inquiry into Human Knowledge Structures* (Hilsdale, NJ: Lawrence Erlbaum).
Schein, E. H. (1985) *Organizational Culture and Leadership: A Dynamic View* (San Francisco: Jossey-Bass Publishers). (清水紀彦・浜田幸雄訳 (1989) 『組織文化とリーダーシップ―リーダーは文化をどう変革するか』ダイヤモンド社。)
Schendel, D. (1993) 'Introduction to the Winter 1993 Special Issue: Organization, Decision Making and Strategy', *Strategic Management Journal*, Special Issue, Winter, pp. 1-4.
Schmuckler, M. A. and D. L. Gilden (1993) 'Auditory Perception of Fractal Countours', *Journal of Experimental Psychology: Human Perception and Performance*, vol. 19, no. 3, pp. 641-60.
Schutz, A. (1970) *On Phenomenology and Social Relations* (Chicago, Ill.: University of Chicago Press). (森川眞規雄・浜田出夫訳 (1995) 『現象学的社会学』紀伊国屋書店。)

Schutz, A. and T. Luckman (1985/1989) *The Structures of the Life-World*, vols 1 and 2 (Evanston, Ill.: Northwestern University Press).

Scott, W. R. (1987) *Organizations: Rationale, Natural, and Open Systems* (Englewood Cliffs, Calif: Prentice-Hall).

SENCORP (1992) 'The Sencorp Management Model', paper presented at the 30th Annual Strategic Management Conference, London.

Senge, P. (1990) *The Fifth Discipline* (New York: Doubleday Currency). (守部信之訳 (1995)『最強組織の法則』徳間書店。)

Shanon, B. (1991) 'Cognitive Psychology and Modern Physics: Some Analogies', *European Journal of Cognitive Psychology*, 3, pp. 201-34.

Shanon, B. (1993) 'Fractal Patterns in Language', *New Ideas in Psychology*, vol. 11, no. 1, pp. 105-9.

Silver, M. (ed.) (1991) *Competent to Manage: Approaches to Management Training and Development* (London, UK: Routledge).

Simon, H. (1957) *Models of Man* (New York: Wiley). (宮澤光一監訳 (1970)『人間行動のモデル』同文舘。)

Simon, H. (1989) *Models of Thought*, vol. 2 (New Haven, Conn.: Yale University Press).

Simon, H. (1993) 'Strategy and Organizational Evolution', *Strategic Management Journal*, Special Issue, Summer, 14, pp. 131-42.

Singh, J. (ed.) (1990) *Organizational Evolution: New Directions* (London, UK: SAGE).

Smale, S. (1967) 'Differentiable Dynamic Systems', *Bulletin of American Mathematics Society*. Vol. 73, pp. 747-17.

Smith, K. K. (1982) 'Philosophical Problems in Thinking About Organizational Change', in P. S. Goodman and associates, *Change in Organizations: New Perspectives on Theory, Research, and Practice* (San Francisco: Jossey-Bass) pp. 316-74.

Smith, S. (1991) 'Beyond "Mega-Theory" and "Multiple Sociology": A Reply to Rottleuthner', *International J. Sociology of Law*, vol. 19, pp. 321-40.

Smuts, J. (1926) *Holism and Evolution* (New York: Macmillan). (石川光男・片岡洋二・高橋史朗訳 (1996)『ホーリズムと進化』玉川大学出版部。)

Sorri, M. and J. H. Gill (1989) *A Post-Modern Epistemology: Language, Truth and Body* (Lewinston, NY: E. Mellen Press).

Spencer, H. (1851) *Social Statics* (London, UK: Johan Chapman). (松島剛訳 (1884)『社会平権論』報告堂。)

Spender, J-C. (1989) *Industry Recipes: The Nature of Sources of Managerial Judgement* (London: Blackwell).

Spender, J-C. (1993) "Workplace Knowledge', paper presented at the conference on 'Distinctive Competences and Tacit Knowledge', IFAP/IRI, Rome, 15 April.

Sproull, L. and S. Kiesler (1991) *Connections: New Ways of Working in the Networked Organization* (Cambridge, Mass.: MIT Press). (加藤丈夫訳 (1993)『コネクションズ　電子ネットワークで変わる社会』アスキー。)

Stacey, R. D. (1992) *Managing Chaos* (London: Kogan Page). (石川昭監訳 (1995)『カオスのマネジメント』NTT 出版。)

Stacey, R. D. (1993) *Organizational Dynamics and Strategic Management* (London, UK: Pitman).

Stauffer, D. (1979) 'Scaling Theory of Percolation Clusters', *Physical Reports*, vol. 54, no. 1, pp. 1-74.
Stein, D. L. (ed.) (1989) *Lectures in the Science of Complexity* (London, UK: Addison-Wesley).
Stern, L. A. (1988) *For All Practical Purposes: Introduction to Contemporary Mathematics* (New York: W. H. Freeman).
Stichweh, R. (1990) 'Self-Organization and Autopoiesis in the Development of Modern Science', *Sociology of the Sciences*, vol. 14, pp. 195-207.
Stinchcombe, A. (1990) *Information and Organizations* (Berkeley, Calif.: University of California Press).
Stoicheff, P. (1991) 'The Chaos of Mctafiction', in N. K Hayles (ed.), *Chaos and Disorder: Complex Dynamics in Literature and Science* (Chicago, Ill.: The University of Chicago Press) pp. 85-99.
Swedenborg, E. (1758) *The Earths In Oar Solar Systems Which Are Called Planets And The Earths In The Starry Heavens Their Inhabitants And Spirits And Angels*, first published in Latin, London, 1758 (Rotch Edition: Cambridge, Mass.: Houghton Mifflin, The Riverside Press).
Swenson, R. (1992) 'Autocatakinetics, Yes — Autopoiesis, No: Steps Toward a Unified Theory of Evolutionary Ordering', *International Journal of General Systems*, vol. 21, pp. 207-28.
Swift, J. (1940) *Gulliver's Travels: An Account of the Four Voyages Into Several Remote Nations of the World* (New York: The Heritage Press). (平井正穂訳 (1980)『ガリバー旅行記』岩波書店。)
Taylor, F. W. (1911) *The Principles of Scientific Management* (New York: Harper and Row). (上野陽一訳 (1969)『科学的管理法　新版』産業能率短期大学出版部。)
Taylor, F. W. (1947) *Scientific Management* (New York: Harper and Brothers).
Taylor, M. C. (1986) *Deconstruction in Context* (Chicago, Ill.: University of Chicago Press).
Teubner, G. (1989) 'How the Law Thinks: Towards a Constructive Epistemology of Law', *Law and Society Review*, vol. 23, pp. 727-57.
Teubner, G. (1991). 'Autopoiesis and Steering: How Politics Profit from the Normative Surplus of Capital', in R. J. in't Veld, L. Schaap, C. J. A. M. Termeer, and M. J. W. van Twist, *Autopoiesis and Configuration Theory: New Approaches to Social Steering* (Dordrecht: Kluwer Academic Publishers) pp. 127-43.
Thagard, P. (1989) 'Explanatory Coherence', *Behavioural and Brain Sciences*, 12, pp. 435-67.
The Economist (1993) 'Holding a New Mirror to Nature', 6 November, pp. 113-14.
Thompson, J. D. (1967) *Organizations in Action: Social Science Bases of Administration* (New York: McGraw-Hill). (鎌田伸一・二宮豊志・新田義則・高宮晋訳 (1987)『オーガニゼーション イン アクション―管理理論の社会科学的基礎』同文舘。)
Toulmin, S. (1958) *The Uses of Argument* (Cambridge, Mass.: Cambridge University Press).
Toulmin, S. E., R. Rieke and A. Janik (1979) *An Introduction to Reasoning* (New York: Macmillan).
Tversky, A. and D. Kahneman (1983) 'Extensional Versus Intuitive Reasoning: The Conjunctive Fallacy in Probability Judgement', *Psychological Review*, 90, pp. 292-15.
Uhr, L. (1992) 'Cycling Logarithmically Converging Networks That Flow Information to

Behave (Perceive) and Learn', in H. Wechsler (ed.), *Neural Networks for Perception*, vols I and II (Boston, Mass.: Academic Press).

Ulam, S. (1952) 'Random Processes and Transformations', *Proceedings of the International Congress on Mathematics*, 1950, vol. 2 (Providence, RI: American Mathematical Society) pp. 264-75.

Ulrich, H. and G. J. B. Probst (eds) (1984) *Self-Organization and Management of Social Systems* (New York: Springer Verlag). (徳安彰訳（1992）『自己組織化とマネジメント』東海大学出版会。)

Van de Ven, A. (1992) 'Suggestions for Studying Strategy Process: A Research Note', *Strategic Management Journal*, 13, pp. 169-88.

Van Maanen, J. (1991) 'The Smile-Factory: Work at Disneyland', in P. Frost, L. F. Moore, M. R. Louis, C. C. Lunberg and J. Martin (eds), *Reframing Organizational Culture* (Newsbury Park, Calif.: Sage).

van der Zouwen, J. (1990) 'The Impact of Self-Referentiality of Social Systems on Research Methodology', in F. Geyer and J. Van der Zouwen (eds), *Self-Referencing in Social Systems* (Salinsa, Calif.: Intersystems Publications) pp. 69-84.

van Twist, M. J. W. and L. Schaap (1991). 'Introduction to Autopoiesis Theory and Autopoietic Steering', in R. J. in't Veld, L. Schaap, C. J. A. M. Termeer, and M. J. W. van Twist, *Autopoiesis and Configuration Theory: New Approaches to Social Steering* (Dordrecht: Kluwer Academic Publishers) pp. 31-44.

Varela, F. J. (1979) *Principles of Biological Autonomy* (Amsterdam: North-Holland). (染谷昌義・廣野喜幸訳（2001）「生物学的自律性の諸原理」『現代思想』, 29-12, 62-117ページ, 青土社。)

Varela, F. J. (1984) 'Two Principles of Self-Organization', in H. Ulrich and G. J. B. Probst (eds), *Self-Organization and Management of Social System* (New York: Springer Verlag).

Varela, F. J. (1992) 'Whence Perceptual Meaning? A Cartography of Current Ideas', in F. J. Varela and J. P. Dupuy (eds), *Understanding Origins: Contemporary Views on the Origin of Life, Mind and Society* (Dordrecht: Kluwer Academic Publishers), pp. 235-64.

Varela, F. J. and P. Bourgine (eds) (1992) *Toward a Practice of Autonomous Systems* (Cambridge, Mass.: MIT Press).

Varela, F. J., E. Thompson and E. Rosch (1992) *The Embodied Mind* (Cambridge, Mas.: MIT Press). (田中靖夫訳（2001）『身体化された心―仏教思想からのエナクティブ・アプローチ』工作社。)

Varela, F. J., H. R. Maturana and R. Uribe (1974) 'Autopoiesis: The Organization of Living Systems, Its Characterization and a Model', *BioSystems*, vol. 5, pp. 187-96.

Vicari, S. (1991) *The Living Firm* (Milano: EtasLibri) (in Italian).

Voltaire (1985) 'Micromégas', in W. Fowlie (ed.), *Frensch Stories* (New York: Dover Publications) pp. 2-43.

Waldrop, M. M. (1992) *Complexity: The Emerging Science at the Edge of Order and Chaos* (London, UK: Viking). (田中三彦・遠山峻征訳（2000）『複雑系―科学革命の震源地・サンタフェ研究所の天才たち』新潮文庫。)

Wallace, R. (1993) 'A Fractal Model of HIV Transmission on Complex Sociogeographic Networks: Towards Analysis of Large Data Sets', *Environment and Planning*, vol. 25, pp. 137-48.

Walsh, J. P. and G. R. Ungson (1991) 'Organizational Memory', *Academy of Management Review*, 16, pp. 57-91.
Wang, Y. M. and G. J. Wang (1993) 'Self-Similar and Transient Void Growth in Viscoelastic Media at Low Concentration', *International Journal of Fracture*, vol. 61, pp. 1-16.
Wathne, K., J. Roos and G. von Krogh (1994) 'Knowledge Transfer and in a Cooperative Context', paper presented at the 14th Strategic Management Society conference, Jouy-en-Jousas, Paris, 20-23 Sept.
Watson, B. (1968) *The Complete Works of Chuang Tzu* (New York: Columbia University Press). (森三樹三郎 (2001)『荘子〈1〉〈2〉(中公クラシックス)』中央公論新社。)
Weathly, M. J. (1992) *Leadership and the New Science* (San Francisco: Berrett-Koehler Publishers). (東出顕子訳 (2009)『リーダーシップとニューサイエンス』英治出版。)
Weber, M. (1947) *The Theory of Social Economic Organization*, ed. A. Henderson and T. Parsons (Glencoe, Ill.: Free Press). (厚東洋輔訳 (1975)「経済と社会集団」『マックス・ウェーバー』世界の名著, 中央公論社。)
Weber, M. (1978) 'Value-Judgements in Social Science', paper presented at the Association for Social Policy, 1913, reprinted in W. G. Runciman (ed.) (1978), *Weber: Selections in Translation* (Cambridge, UK: Cambridge University Press) pp. 69-98.
Wechsler, H. (ed.) (1992) *Neural Networks for Perception*, vols I and II (Boston, Mass.: Academic Press).
Weick, KE. (1979) *The Social Psychology of Organizing* (New York: Random House). (遠田雄志訳 (1997)『組織化の社会心理学 第2版』文眞堂。)
Weick, K. E. and M. Bougnon (1986) 'Organizations as Cognitive Maps', in H. P. Sims and D. A. Gioia (eds), *The Thinking Organization* (San Francisco, Calif.: Jossey-Bass).
Weick, K. E. and K. H. Roberts (1993) 'Collective Mind in Organizations: Heedful Interrelating on Flight Decks', *Administrative Science Quarterly*, 38 pp. 357-81.
Weiss, G. (1992) 'Chaos Hits Wall Street — The Theory, That Is', *Business Week*, 2 November, pp. 58-60.
Weiss, P. (1967) '1+1=2 (When One Plus One Does Not Equal To Two)', in T. Melnechuk and F. Schnitt (eds), *Neurosciences: A Study Program* (New York: Rockefeller University Press) pp. 801-21.
Weiss, P. (1973) *The Science of Life* (New York: Future Publishing Company).
Weissert, T. P. (1991) 'Representation and Bifurcation: Borge's Garden of Chaos Dynamics', in N. K Hayles (ed.), *Chaos and Disorder: Complex Dynamics in Literature and Science* (Chicago, Ill. University of Chicago Press) pp. 223-43.
Werner, G. (1987) 'Cognition as Self-Organizing Process', *Behavioral and Brain Science*, vol. 10, no. 2, p. 183.
Westley, F. R. (1990) 'Middle Managers and Strategy: Microdynamics of Inclusion', *Strategic Management Journal*, 11, pp. 337-51.
White, R. and G. Engelen (1993) 'Cellular Automata and Fractal Urban Form: A Cellular Modelling Approach to the Evolution of Urban Land-Use Patterns', *Environment and Planning A*, vol. 25, pp. 1175-99.
Whyte, W. F. (ed.) (1991) *Participatory Action Research* (Beverly Hills, Calif.: Sage).
Wiener, N. (1961) *Cybernetics* (New York: John Wiley). (池原止戈夫訳 (1962)『サイバネ

ティックス 第2版―動物と機械における制御と通信』岩波書店。)
Wilber, K. (ed.) (1985) *The Holographic Paradigm and Other Paradoxes* (Boston, Mass.: Shambhala). (井上忠・井上章子・伊藤笏康・山本巍・渡辺邦夫訳 (1992)『空像としての世界―ホログラフィをパラダイムとして』青土社。)
Williams, D. and B. Julesz (1992) 'Filter versus Textors in Human and Machine Texture Discrimination', in H. Wechsler (ed.), *Neural Networks for Perception*, vols I and II (Boston, Mass.: Academic Press).
Williamson, O. E. (1975) *Markets and Hierarchies: Analysis and Antitrust Implications* (New York: Free Press). (浅沼萬里・岩崎晃訳 (1980)『市場と企業組織』日本評論社。)
Winograd, T. and F. Flores (1987) *Understanding Computers and Cognition* (Norwood, NJ: Ablex Publishing). (平賀譲訳 (1989)『コンピュータと認知を理解する』産業図書。)
Winter, S. (1987) 'Knowledge and Competence as Strategic Assets', in D. J. Teece (ed.), *The Competitive Challenge* (Cambridge, Mass.: Ballinger).
Wisdom, J. (1992) 'Philosophical Perplexity', in R. Rorty (ed.), *The Linguistic Turn: Essays in Philosophical Method* (Chicago, Ill.: University of Chicago Press).
Witten, T. A. jr. (1993) 'Fractal Growth: A Continuing Mystery', *Current Contents*, no. 18, pp. 8.
Wittgenstein, L. (1953) *Philosophical Investigations* (New York: MacMillan). (藤本隆志訳 (1976)『哲学探究 ウイトゲンシュタイン全集 8巻』大修館書店。)
Wittgenstein, L. (1958) *The Blue and Brown Books* (London, UK Blackwell). (大森荘蔵・松下隆英訳 (1975)『青色本・茶色本 ウイトゲンシュタイン全集 6巻』大修館書店。)
Wolf, A. (1910) *Spinoza's Short Treatise on God, Man, and His Well-Being* (London). (畠中尚志訳 (1955)『神・人間及び人間の幸福に関する短論文』岩波文庫。)
Yip, G. (1992) *Total Global Strategy: Managing for World-Wide Competitive Advantage* (Englewood Cliffs, NJ: Prentice-Hall).
Young, T. R. (1991) 'Chaos and Social Change: Metaphysics of the Postmodern', *The Social Science Journal*, vol. 28, no. 2, pp. 289-05.
Zappa, G. (1950) *Il reddito d'impresa*, 2nd edn (Milan: Giuffrè).
Zeleny, M. (ed.) (1980) *Autopoiesis; Dissipative Structures, and Spontaneous Social Order* (Boulder, Co: Westview Press).
Zeleny, M. (1987) 'Cybernetyka', *International Journal of General Systems*, vol. 13, pp. 289-94.
Zeleny, M. (1988) 'Tectology', *International Journal of General Systems*, vol. 14, pp. 331-43.
Zeleny, M. and K. D. Hufford (1992) 'The Application of Autopoiesis in Systems Analysis: Are Autopoietic Systems Also Social Systems?', *International Journal of General Systems*, vol. 21, pp. 145-60.
Zimmerman, B. J. (1993) 'The Inherent Drive Towards Chaos', in P. Lorange, B. Chakravarthy, J. Roos and A. Van de Ven, *Implementing Strategic Processes: Change, Learning and Co-operation* (London: Blackwell) pp. 373-93.
Zimmerman, B. and D. K. Hurst (1993) 'Breaking the Boundaries: The Fractal Organization', *Journal of Management Inquiry*, vol. 2, no. 4 (December) pp. 334-55.
Zolo, N. (1992) 'The Epistemological Status of the Theory of Autopoiesis and Its Application to the Social Sciences', in A. Febbrajo and G. Teubner (eds), *Stale, Law and Economy as Autopoietic Systems: Regulation and Autonomy in a New Perspective* (Milan: Giuffre), pp. 67-124.

人名索引

A

Abell 168
Ackoff and Emery 50
Albert and Runco 75
Aldrich 102
Allison 95, 103
Anderson 34, 99, 102, 104, 168
Andrew 51, 139
Ansoff 139
Arber 100
Argyris and Schon 35, 76, 141, 142, 181
Aristotle 51, 180
Ashby 50
Astley and Zammuto 112, 139

B

Bak and Chen 101
Ballard and Whitehead 36
Barnard 64, 75
Barney 138, 141
Barney and Ouchi 138
Bartlett and Goshal 102
Bartltt 34
Becker 53, 137, 142, 145, 158
Beer 50
Berger 142, 157
Berger and Luckman 142, 157, 168, 138
Berka and Riska 99
Bernstein 8
Bertalanffy 49, 50
Berthelemy 50
Best 100
Biederman 34
Bittner 138
Blankenberg 103
Blau 159

Bogdanow 50
Bohm 142
Bolognesi 102
Bonner 99
Bonnet 50
Bordieu 58, 74
Boyatzis 34
Brockriede and Ehninger 141
Bruner 16, 35
Bruner and Anglin 34
Buckley 53

C

Calvino 158
Campell 76
Cantor 90
Cantril 100
Chakravarthy and Lorange 159
Cherbury 82, 18, 34
Chomsky 15
Churchman 50
Churchman and Schainblatt 50
Cookson 99
Cornford 36
Crutchfield *et al.* 100, 101
Cyert 172
Cyert and March 35, 67, 76
Cyert and Williams 21, 35, 36, 175
Cyert, Kumar and Wikkiams 34

D

Daft and Weick 35
Dahl 114, 139
Darwin 50, 52
Deal and Kennedy 76
Deggau 53, 159
Democrito 80

Derrida 157, 158
Descartes 180
Dewey 34
Donaldson and Dunfee 33
Dressler 99
Dreyfus and Dreyfus 66, 74, 76
Dupuy 51
Dutton 101
Dutton and Dukerich 142

E

Edgar 102
Eidman 36
Eisenberg 139
Eisenberg and Witten 139
Emery 50
Eoyang 81, 100, 101, 102
Euclid 5, 79, 85, 89, 171

F

Fabbri *et al.* 99
Feder 89, 102
Feldman 37
Feldman and Ballard 36
Feyerabend 142
Fiol 138, 157
Fletcher and Huff 140, 141, 142
Foucault 103
Fowler 8
Frost *et al.* 76

G

Galbraith 35
Galileo 89
Gardner 34, 75
Geertz 33, 137
Geschwind 100
Geyer 53
Ghemawat and Ricart i Costa 35, 21
Ginsberg 34, 35
Gioia an Manz 35
Gioia and Chittipendi 126, 141, 159
Goguen and Varela 52
Goldberger and West 102

Goldberger, Rigney and West 102
Goldman 11, 26, 33, 34, 35, 36
Gomez and Probst 51, 173, 176
Goshal and Hapseslagh 159
Grinyer, Mayes and McKiernan 35

H

Haerem 34
Haerem, von Krogh and Roos 34, 139
Hage and Power 34
Hage and Powers 76
Hamel 159
Hamel and Prahalad 180
Handy 34
Hannan and Freeman 102
Harrmann 102
Haspeslagh 138
Hausdorff 90
Hawking and Ellis 99
Hayle 88
Hayles 85, 100, 101
Hebb 27
Hedberg 35, 141, 142, 168
Hedberg, Nystrom and Starbuck 35, 142
Hedlund 104
Hegel 36, 82, 137
Heimer 159
Heisenberg 125
Hempill 34
Herbert 100
Herriot, Levinthal and March 35
Hirsch 159
Horgan 102
Hosmer 33
Hout, Porter and Rudden 102
Huber 35, 141
Huemer 159
Huff 35, 140, 157
Hymer 175

J

Jantsch 51, 52
Jarillo 37
Joachim 36, 82, 100

人名索引 273

Joseph 137

K

Kagono, Gupta, and Bambhri 168
Kahneman 18
Kahneman and Tversky 18, 34, 35
Kant 36, 100
Kauffman 50, 101
Keller, Crownover and Chen 102
Kennealy 159
Kenny 138
Kiesler, Siegel and McGuire 37
Kilduff 20, 35, 158
King 53, 103, 159, 202
Klein, Dansereau and Hall 100
Knoespel 101
Kripke 138
Krishna 176
Krohn and Kuppers 70, 77

L

Lai 75
Lant and Meszas 35
Lant and Mezias 76
Lant et al. 35
Laplace 78, 99, 100, 102
Lautour 140
Leibnitz 180
Leonard-Barton 13, 34
Levinthal and March 36
Lewis 140
Li and Yorke 100
Liebiz 102
Lorange 23, 24, 36, 158
Lorange and Roos 159, 159
Lorenz 85, 90, 100, 101, 102
Luckman 138, 142
Luhman 137
Luhmann 51, 52, 53, 53, 69, 70, 71, 72, 74, 76, 77, 97, 98, 103, 121, 127, 139, 141, 142, 146, 157, 158, 159, 161, 168
Lyles and Schon 180
Lyles and Schwenk 35
Lyotard 140

M

Maanen 109
Mahoney an Pandian 138
Mandelbort 99, 90, 101, 102
March 103, 158, 172
March and Olsen 35, 35, 68, 76, 159
March and Simon 20, 23, 35, 36, 76, 95, 103, 158
Martinich 137, 138
Mason and Mitroff 142
Maturana 53, 74, 77, 140, 141
Maturana and Varela 38, 41, 44, 49, 50, 51, 52, 53, 55, 57, 60, 72, 74, 75, 77, 97, 98, 103, 105, 107, 137, 138, 140
Maturana, Varela and Uribe 42
McCarthy 15
McCulloch and Pitts 34
Medio 101
Meeks 159
Meherabian 37
Merleau-Ponty 74
Meyer 139
Meyer and Zucker 168
Miall 50
Minsky 14, 15, 34, 36
Minsky and Pappert 36
Mintzberg 139, 159, 168
Mintzberg and Waters 139
Monod 50
Montague 33, 34
Moore 39, 50
Morgan 37, 54, 75
Morin 51, 137
Morrison and Morrison 99

N

Nelson and Winter 74, 76, 157
Newell and Simon 8, 34
Newton 85
Nichols 101
Nietzsche 7
Nisbeth and Ross 180
Nisbett and Ross 19, 24, 35, 36

Nixon 103
Nonaka 139

O

Oldershaw 99, 102
Olsen 157
Onida 50
Osborne 101
Østerbeg 76, 77

P

Parsons 76
Penrose 39, 50
Peters and Waterman 76
Pfeffer 103
Pfeffer and Salancik 103
Piaget 61, 75
Plahalad and Bettis 180
Poincare 85, 100
Polanyi 58, 74, 140
Porter 175
Porush 101
Prahalad and Bettis 22, 35, 168, 175
Prigogine and Stengers 88
Proctor 100

Q

Quinn and Cameron 141

R

Ray and Charles Eames 80
Reif 100
Rempel, Holmes and Zanna 159
Rittel 8
Roos 200
Roos and von Krogh 141, 175
Roos, von Krogh and Yip 102
Rorty 16, 34, 74, 75, 137
Rosenau 175
Rousseau 100

S

Sackman 34
Sadelands and Stablein 37

Sakaiya 34
Salancik 103
Sander 102
Schank and Ableson 34, 35
Schein 76
Schendel 176
Schmuckler and Gliden 102
Schutz 57, 74, 75, 137, 138, 141, 142, 158
Schutz & Luckman 137
Schutz and Luckman 74, 142
Scott 75
Senge 141, 142
Shannon 102
Shanon 103
Silver 34
Simon 14, 15, 23, 24, 28, 34, 36, 103, 172
Singh 102
Slocum 200
Smith 36, 54
Smuts 50
Socrates 3, 4, 5
Sorri and Gill 137, 138
Sorry and Gill 137
Spender 74, 168, 50
Spinoza 36
Sproul and Kiesler 37
Sproull and Kiesler 31
Stacey 37
Stacy 101
Stauffer 99
Stein 101
Stern 101
Stich 51
Stichweh 139
Stinchcombe 35
Stoicheff 101
Swedenborg 75
Swenson 50

T

Taylor 95, 103, 157, 179
Teubner 53, 97, 150, 159
Thagard 27, 36
Theaetetus 3, 4, 5

Thompson 76
Toulmin 117, 128, 140
Toulmin, Rieke and Janik 140

U

Uhr 36
Ulam 50
Ulrich and Probst 37
Uribe 38

V

Valera 15
Van de Ven 158
Van Maanen 138
van Twist and Schaap 53
Varela 14, 18, 19, 26, 34, 35, 36, 50, 51, 52, 55, 97, 105, 108, 137, 138, 140
Varela and Bourgin 137
Varela, Maturana and Uribe 51, 53
Varela, Rosch and Thompson 75
Varela, Thompson and Rosch 27, 36, 37, 55, 69, 72, 74, 76
Veld, Schaap, Termeer and Twist 53
Verela 53
Vicari 50, 54
Voltaire 100
Voltire 99
von Foerster 36, 50, 141, 52
von Koch 90
von Krogh 200
von Krogh and Roos 140
von Krogh and Vicari 52, 54
von Krogh, Roos and Slocum 34, 52, 54, 74, 168
von Krogh, Sinatra and Singh 159
von Krough, Sinatra, and Singh 142
von Neumann 39, 50

W

Waldrop 101

Wallace 102
Walsh and Ungson 35, 103, 157
Wathne, Roos and von Krogh 159
Weathly 54
Weber 64, 75, 179
Wechsler 28, 36, 36
Weick 35, 179
Weick & Roberts 37
Weick and Bougnon 75
Weick and Roberts 32, 103
Weiss 49, 101
Weissert 101
Werner 53
Westley 138, 159
White and Engelen 102
Whyte 142
Wiener 50
Wilber 103
Williamson 159, 179
Willizms and Julesz 36
Winograd and Flores 35, 53, 74
Winter 158
Wisdom 141
Witten 102
Wittgenstein 4, 106, 109, 114, 117, 138, 139, 140, 172
Wolf 36

Y

Yip 102
Young 91, 101, 102

Z

Zappa 50
Zeleny 50
Zimmerman 101
Zimmerman and Hurst 51, 101
Zole 103

事項索引

欧文

ABC モデル　185, 188
BCG マトリックス　163
Burton-on-the-Water　84
Enuma Elish　87
finitestate マシーン　39
Hebb の法則　27
Old New INN　84
Richtigheit　82
TQM　196
Wahrheit　82
Y 理論　179

ア行

アイデンティティー　41, 43, 64, 134, 172
新しい経験に対する順応　61
後知恵　63
アトラクタ　86
アロポイエーシス　44
アンケート調査　172
暗黙知　58
暗黙のルーティン　68
暗黙の論拠　130, 131, 133, 147
意思決定　95
　——(A)　186
以前に遭遇したことのある事象　23
イデオロギー，基本的価値，または組織の規範　121
意図的な心　15
イマジネーション　62
意味形成　126
　——と意味付与のプロセス　126
意味付与　126
イメージ　16
インターナショナル　93

インターフェース　198
エキスパート　66
エピステロモジー（epistemology）　9
大きなジャンプ　198
オーガニゼーショナル・エピステモロジー　9, 169
オッカムの剃刀　48
オートポイエーシス　38, 70, 73, 83, 96, 107, 108, 116, 122, 129, 144, 160, 165, 169, 186
オープンシステム　44
オープンであると同時にクローズド　38, 39, 43, 44, 173, 198
オペレーション志向　196
オペレーション・マネジメント　83, 186
おもてなし　110

カ行

回顧　122
会話　105, 107, 108, 117, 127, 143, 155, 156, 167
カオス　84, 85, 197
　——固有の決定論　86
科学的管理法　95
科学哲学　49
書くこと　143
学習ルール　27
角状回　106
確信　9, 20, 128, 164, 170, 173
撹乱　45
囲い込むという意味での弁別　64
価値　152
　——に関する議論　119, 123, 150
　——判断　60, 94, 123
　——判断にかかわる弁別　61
活動の自由度　56
活動のレパートリー　62
カテゴリー化　60
　——としての弁別　61

事項索引 277

カテゴリー表象 17, 18, 21
ガラスのような存在 16, 20
ガリバー旅行記 80
考えること (B)，決定すること (A)，実施すること (C) 184
環境 30, 49
還元主義 39
頑健 160
観察 56, 57, 146, 153, 175
　——可能 39, 43, 47
　——者 47, 67, 150
記憶 31, 146
機械的なメタファー 25
幾何学 79, 89
期待の構造 153
機能に関する議論 119, 150
キューバ・ミサイル危機 95
境界 41, 73, 87, 187, 198
　——面 48, 69, 72
共進化 59, 57
議論 116, 137
　——の自己相似性 119, 125, 150
具現化 56, 58, 106, 167
　——された行為 62
　——された知 60
クライシス 32
グローバル 93
経験 148
　——離れした概念 10
系統 97
ケーススタディー 172
結合可能性 170
結合した作動 46
結合主義 14, 25
決定論的非周期的流動 85
権限委譲 196
言語 105, 106
　——化 107, 108, 111, 114, 127, 129, 135, 143, 146, 149, 150, 153, 155, 172
　——ゲーム 109, 111, 118, 127, 151, 161
　——闘争 132
現象学 40
限定 118, 124, 127, 128
原初的 133, 163

コア・コンピタンス 180
航空母艦の飛行甲板 32
構造 40, 152, 153
合理的選択モデル 96
顧客満足 114
コグニティビスト 15, 23, 120, 144, 156, 171
心，社会，文化 69
個人的知識 3
個人の組織知 55, 59, 63, 65, 72, 105, 127, 144, 149, 157
言葉 167
語とルールの4つの可能な組み合わせ 112
コネクショニスト 25, 32, 171
語法 107, 110
ゴミ箱 68
コミュニケーション 70, 98, 106, 145, 161
　——の非作動 160
コレクティブ・マインド 95
根拠 118, 124, 127, 137, 162
根源的な知の連続性 183
コンピュータ 14, 24, 44, 49, 106
　——ゲシュタルト 95
コンフィギュレーション理論 49

サ行

再産出 38, 42, 48, 70, 173
サイバネティクス 47
細胞 45
　——言語 98, 105
作動的閉域 60
サバイバルにかかわる活動（肉体）197
散逸構造 88
産出 97
三体問題 85
ジェスチャー 106
シェマ 19
自我と組織との弁別 64, 65
時間性 152, 154
時間に関する議論 119, 121, 150
死語 114
自己記述 146
自己言及 39, 43, 46, 56, 60, 61, 122, 127, 129, 150, 170, 172, 174, 175, 186
　——的な特性 11

278　事項索引

自己再産出　39
自己産出　39, 175
自己相違　165, 166
自己相似　149, 165
　──性　90, 91
自己組織　14, 26, 29, 30, 44, 87
自己知　63, 127
事象─時間の弁別　63, 65
システム理論　48
したかみ村の牧師さん　114
実施(C)　186
質に基づく判断　24
シナジェテイクス　26
自分だけの特権的アクセス権　181
社会システム　48, 55, 70, 86, 98, 109
社会知　69
社会的知識　3
社会の組織知　61, 72, 108, 115, 117, 122, 125, 129, 144, 147, 148, 149, 151, 153, 157
自由意志　86
柔軟性　114
十分に留意された相互関連的な行動パターン　96, 32
主観的な経験　57
主張　118, 124, 137, 162
首尾一貫　46
　──性　111, 130, 151
準拠枠　13, 16
状況の定義　122
情報　12, 45, 46, 154, 172
諸要素に関する弁別　107
自律　39, 43, 57, 61, 117, 129, 145, 161, 174
進化　30, 42, 49
神経生物学　38
神経ネットワーク　29, 32
人工知能（AI）　19
人工的自己再産出　39
新皮質　106
信用　152
心理学的リアリズム　26
真理関数　17, 19, 21, 132
推論のプロセス　17
スケーリング　78, 89, 129, 169
スケール　78, 105, 147

　──横断　79, 83, 84, 89, 91, 125, 149, 198
ステートメント　143
精神システム　70
精神と肉体との弁別　179
成長志向　185
成長にかかわる活動（精神）　197
生命システム　43, 46, 70
世界　57, 73
「責務」チャート図　194
責務のネットワーク　193, 197
セル・オートマトン　39
センコープ社　177
センコープ・モデル　197
潜在的な源泉　22
潜在的妨害　165
全社的品質管理　174
戦術的な妙技　153
全体的特性　26
戦略　110, 111, 112, 145, 147, 154, 166, 172
　──的事業単位（SBU）　92, 163
荘子　87
相似変換　79
想像（または創造）力　62
創発　30
　──性　28
　──的行動　29
　──的パースペクティブ　14
組織　41
　──エコロジー論　94
　──横断　31
　──環境の弁別　108
　──環境弁別　119
　──構造　193
　──知　30, 55, 98, 171
　──知の展開　166
　──と環境との弁別　64, 65, 65, 119, 149, 156
　──の宇宙論　10
　──の機能　67, 120
　──の境界　64, 172, 198
　──の形而上学　10
　──の存在論　10
　──の閉鎖性　173
　──倫理　10
存続志向　185

存続と成長　185

タ行

対応ドクトリン　25
ダウンサイジング　196
確からしさの判断　16, 20, 22, 23, 29
タスク　29, 30, 56, 66
性質の悪さ　7
脱構築　20, 88
妥当性　9, 117
他人の知識　13
単定立的　145, 148
逐次　26, 56
知識構造　19, 22, 59, 180
知識の欠如　13
知識の源泉　9
知識の内容　13
知識労働者　13
知的潮流　182
知の具現化　61, 169, 170
知の産出　71
知のシステム　155
知のスケール　192, 193
知の展開　40, 62, 78, 83, 148, 149, 160, 165, 166, 170, 180, 197
知の展開，意思決定，実施という責務　191
知の転換　182
知の内部連結　194
知の内容　181
　　――ではなく知の展開のプロセス　181
定義に関わる論拠　131
ディズニーランド　109
テキスト　106, 143, 147, 148, 150
　　――の耐久性　147
テクノロジー　183
哲学の大分水嶺　9, 169
哲学の中のエピステモロジー　9
手続きに関する計画　23
伝説　164
伝統　108, 127, 128
統一理論　48
同意にとっての障壁　162
道教　87
特定的な状況　56

ドミナント・ロジック　169, 180

ナ行

内的一貫性　18, 19
日常知　49
二重性　145, 166
二重の弁別形式　107, 109
日常の経験　10
ニューラル・ネットワーク・コンピューティング　14
人間の性質のモデル化　178
人間の脳　14, 17
認知システム　56, 56, 64
認知主義　14, 15
認知上の行為　62
認知心理学　19, 21
認知的硬直化　22
認知にかかわる文化　175
ノード　29

ハ行

パーコレーション・クラスター　79
話し言葉　106, 107
パラダイム　48, 164, 174
　　――シフト　135
パラダイムに関わる論拠　134
パワー　94
　　――・オブ・テン　80
反作用的な論拠　135
反対意見　135
反表象主義　55, 106, 129, 169
ビジョン　166
非生物的システム　40
非線形　79, 85, 87
人の肉体から人の精神へとシフト　196
ヒューリスティック　18, 178, 180
表象　14, 22, 27, 56, 120, 151, 156
　　――主義　15, 144, 156, 169
不安の種　170
フォーマルな障壁　163
不確実性　18, 23, 112
不確定性原理　125
不完全な議論　151
複合的な議論　119, 123

複雑かつ適応的に　198
複雑性　152, 197
複定立的　145, 148
フラクタル　89, 167, 192, 197
　　——幾何学　89
　　——ベイスン　92
プロジェクト　188
　　——・マネジメント　186
プロセス　13, 49, 127, 146, 149
プロテスタントの労働に対する倫理観　179
文化　69, 174
文書化されたルーティン　68
弁別　40, 48, 56, 60, 62, 73, 115, 127, 145, 186
　　——形成　186
法システム　49, 64
法社会学　49
法理論　49
ポストモダン　86
ボトム・アップ　111
ポピュレーション・バルブ　189

マ行

マネジメントの責務　183
マネジメント・モデル　177
マルチナショナル　93
マンデルブロー集合　90, 92
未来時制　154
無意味な疑い　128
明示的あるいは暗示的な論拠　122

命題　17
　　——に関わる論拠　132
メタ細胞　49, 70, 97
物語　115, 163
問題解決活動　28
問題解決行動　22

ヤ行

要領のよい行為　112

ラ行

ランダム・ウォーク　88
リアリティー　156, 170
リエンジニアリング　174, 196
利他主義者，日和見主義者，利己主義者　179
リップ・サービス　162
理念化　122
量に基づく判断　24
ルーティン　65, 67, 143, 192, 197
歴史　27, 29, 30, 57, 107, 122
　　——依存　30, 40
レゾンデートル　134
レプリカ　191, 197
連結構造　45, 57, 58, 63, 67, 105, 150, 153, 154
ロジックを具現したもの　17, 19
ローマ帝国の停滞と凋落　81
論拠　118, 124, 162, 164
論理地図作成　21
論理能力　18, 20, 22, 23, 29

著者紹介

Georg von Krogh（ゲオルグ・フォン・クロー）
　スイス連邦工科大学（ETH）チューリッヒ校教授。同大学経営経済技術学部長。戦略経営およびイノベーション関連の講座を担当する。

Johan Roos（ヨハン・ルース）
　イマジネーション・ラボ・ファウンデーション代表。ストックホルム商科大学教授。

訳者略歴

髙橋　量一（たかはし　りょういち）
　亜細亜大学経営学部・亜細亜大学大学院アジア国際経営戦略研究科教授。法政大学経営学部兼任講師。法政大学大学院社会科学研究科博士後期課程単位取得。株式会社三興専務取締役、東日本国際大学経済学部講師などを経て現職。主な著書に、『最適購買への挑戦―リバースオークション編―』（ソフトバンクパブリッシング，2002 年），『ポストモダン経営学』（共著，文眞堂，2001 年），『情報化社会の人間教育』（共著，中央経済社，2005 年）などがある。

松本　久良（まつもと　ひさなが）
　法政大学大学院社会科学研究科経済学専攻博士後期課程単位取得。
　現在，産業能率大学通信教育部，自由が丘産能短期大学能率科　非常勤講師。
　専門は経営組織論で主にワイクやマーチなどの理論を研究する一方，大学では社会人を中心に実践的な教育活動を行なう。主な論文に，「新・経営者の役割～ディシジョン・メーカーからコグニティブ・マッパーへ～」（法政大学イノベーション・マネジメント研究センター　ワーキングペーパー No.72），「再考・戦略的意思決定論」（産能短期大学紀要第 38 号）などがある。

オーガニゼーショナル・エピステモロジー

2010 年 4 月 15 日　第 1 版第 1 刷発行　　　　　　　　　検印省略
2011 年 4 月 10 日　第 1 版第 2 刷発行

　　　訳　者　　髙　橋　量　一
　　　　　　　　松　本　久　良

　　　発行者　　前　野　　　弘

　　　発行所　　東京都新宿区早稲田鶴巻町 533
　　　　　　　　株式会社　文　眞　堂
　　　　　　　　電話　03（3202）8480
　　　　　　　　FAX　03（3203）2638
　　　　　　　　http://www.bunshin-do.co.jp
　　　　　　　　郵便番号（162-0041）振替00120-2-96437

印刷・モリモト印刷　　製本・イマキ製本所
© 2010
定価はカバー裏に表示してあります
ISBN978-4-8309-4674-5　C3034